# 农业水价论

冯欣 姜文来 著

中国水利水电出版社
·北京·

## 内 容 提 要

农业水价综合改革是我国农田水利改革的重要组成,以健全农业水价形成机制、推动农田水利设施良性运转和促进农业节水为根本目标,对于促进水资源高效利用、保障国家粮食安全意义重大。本书从农业水价综合改革进程、农业水价综合改革进展评价、农业水价利益相关者识别和定量评价、农业水价分担份额定量评估、农业水价合理分担机制构建等多角度开展了系列研究,取得了较为丰硕的研究成果,可供农业水价相关研究者借鉴。

本书适合水资源经济、水资源管理等专业的科研院校的广大读者阅读和参考。

## 图书在版编目(CIP)数据

农业水价论 / 冯欣,姜文来著. -- 北京 : 中国水利水电出版社, 2023.10
ISBN 978-7-5226-1959-0

Ⅰ.①农… Ⅱ.①冯… ②姜… Ⅲ.①农村给水-水价-物价改革-研究-中国 Ⅳ.①F726.2

中国国家版本馆CIP数据核字(2023)第233171号

| 书　　名 | 农业水价论<br>NONGYE SHUIJIA LUN |
|---|---|
| 作　　者 | 冯欣　姜文来　著 |
| 出版发行 | 中国水利水电出版社<br>(北京市海淀区玉渊潭南路1号D座　100038)<br>网址:www.waterpub.com.cn<br>E-mail:sales@mwr.gov.cn<br>电话:(010)68545888(营销中心) |
| 经　　售 | 北京科水图书销售有限公司<br>电话:(010)68545874、63202643<br>全国各地新华书店和相关出版物销售网点 |
| 排　　版 | 中国水利水电出版社微机排版中心 |
| 印　　刷 | 北京印匠彩色印刷有限公司 |
| 规　　格 | 184mm×260mm　16开本　14.25印张　304千字 |
| 版　　次 | 2023年10月第1版　2023年10月第1次印刷 |
| 定　　价 | **96.00元** |

凡购买我社图书,如有缺页、倒页、脱页的,本社营销中心负责调换

**版权所有·侵权必究**

# 自　序

水是农业生产不可或缺的重要资源，也是保障国计民生特别是"饭碗"的基石。我国整体上属于中度缺水国家，农业用水占用水总量的60%以上，农业用水效率整体上偏低，通过农业水价综合改革提升农业用水效率势在必行，这不仅关系到农业绿色发展，而且与生态文明建设、乡村振兴和国家水安全都休戚相关。

农业水价综合改革以促进农田水良性运转和农业节水为目标，将合理农业水价形成机制作为重中之重。过去，我主要围绕着水资源价值开展研究，1995年北京师范大学博士毕业后到中国农业科学院工作，农业水价则成为我研究的重点，发表了多篇学术论文，承担了多项国家和农业农村部等相关课题，包括国家自然科学基金项目"水资源生命周期条件下水资源增值理论、模式及其机制研究"、水利部重大课题"农业水价分担机制研究"、国家发展和改革委员会"农业水价综合改革阶段性评估研究"等，多次参与国家发展和改革委员会、财政部、水利部、农业农村部"四部委"对农业水价综合改革的督查或调研，对农业水价有了较全面深层次的了解，于是想对农业水价研究和实践做一个系统总结，并就"瓶颈"问题开展深入研究，进一步推动农业水价理论研究和农业水价综合改革落地。

2015年，冯欣从南京农业大学毕业成为我的硕士研究生，其硕士论文主题为农业水价。她硕士毕业后考取了我的博士研究生，我和她商量继续沿着硕士论文方向开展研究，集中精力攻克利益相关者农业水价合理分担的难题。在学习研究期间，她多次参与全国农业水价综合改革座谈会和基层改革情况调研，接触了农户、合作社、协会、节水企业、各级政府部门工作人员等多个层面的农业水价改革政策制定者、执行者和实践者，为研究积累了重要基础，对农业水价逐步有了较系统、理性的认识。

尽管冯欣一直围绕农业水价这一主题开展研究，积累了一定的研究基础，但如何在已有成果的基础上进一步突破，在定性分析的基础上，定量解决农业水价分担"瓶颈"问题，仍具有一定的挑战性。在博士研究生中期考核的时候，有专家对于她能否取得如愿的成果有所顾虑，在巨大的挑战面前她流露出一些畏难情绪。但我始终相信她一定能解决，并且针对具体问题，我们始终坚持及时交流探讨。在我的鼓励和支持下，她坚定信心，攻坚克难，努力思考，刻苦钻研，从农业水价综合改革进程、农业水价综合改革进展评价、农业水价利益相关者识别和定量评价、农业水价分担份额定量评估、农业水价合理分担机制构建等多角度开展系列研究，取得了较为丰硕的研究成果，主要创新点包括三个方面：一是提出了农业水价综合改革评估指标体系和评价方法，对全国农业水价综合改革进展进行了评价；二是提出了农业水价利益相关者判定和评价方法，丰富了农业水价利益相关者研究的理论；三是提出了农业水价分担份额确定方法，确定了各省份主要利益相关者的农业水价分担份额。这些成果是在新冠疫情暴发的背景下完成的，来之确实不易，值得庆贺。

非常感谢冯欣博士的不懈努力，将农业水价研究向前推进了重要一步，也了却了我多年的心愿。冯欣博士读研期间，研究积极主动，办事认真负责，特别是研究中遇到问题时，她总能及时沟通，想方设法突破。读博期间，她学术研究进步很快，在《资源科学》等中文核心期刊上发表《水资源价值模糊数学模型研究进展》等多篇学术论文，独立完成了水利部《水资源价值测算研究》、国家发展和改革委员会《农业水价综合改革阶段性评估研究》研究报告，作为主要作者参与了农业农村部《重要农业资源台账—水资源台账》的编制，以及中国农业科学院智库报告《中国农业绿色发展报告》撰写，作为主要作者起草的多份调研报告得到省部级以上领导批示，其中有两件获得正国级领导批示。在成都市负责筹备召开我所援助四川藏区规划项目的中期交流会议，会议圆满成功，参会代表十分满意。这些工作充分显示了她有较深厚的学术功底和综合处理问题的能力，是一位很有发展前景的有为青年，作为导师我由衷感到欣慰和高兴。

感谢中国农业科学院农业资源与农业区划研究所农业布局与区域发展团队首席罗其友研究员在工作、生活上对我们的大力支持，感谢研究室各位同仁鼎力相助，感谢所领导和所科研处等相关部门的无私支持！祝愿农业水价综合改革工作顺利开展，祝福冯欣博士在学术上更上一层楼，在生活上幸福安康，一切如意！

本书的研究工作得到中央级公益性科研院所基本科研业务费专项（1610132021013）、国家科技基础性工作专项（2021xjkk02003）和国家社科基金重大项目（21ZDA056）资助。在研究过程中，我们还参考了大量文献，在此深表感谢！

中国农业科学院农业资源与农业区划研究所 研究员 博士生导师

2022 年 9 月 29 日

# 目 录

自序

第1章 绪论 ································································· 1
  1.1 研究背景、意义及目的 ······································· 1
    1.1.1 研究背景 ················································ 1
    1.1.2 研究意义及目的 ········································ 3
  1.2 研究进展 ······················································· 5
    1.2.1 农业水价综合改革 ···································· 5
    1.2.2 农业水价分担 ·········································· 7
    1.2.3 农业水价补贴（补偿） ······························ 9
    1.2.4 农业水价利益相关者 ································ 10
    1.2.5 农业水价和灌溉价值计算 ··························· 12
    1.2.6 研究评述 ················································ 14
  1.3 研究内容、方法和技术路线 ································ 15
    1.3.1 研究内容 ················································ 15
    1.3.2 研究方法 ················································ 15
    1.3.3 技术路线 ················································ 16
  1.4 创新点 ·························································· 18

第2章 理论基础 ····························································· 19
  2.1 名词解释 ······················································· 19
    2.1.1 农业水价 ················································ 19
    2.1.2 农业水价综合改革 ···································· 19
    2.1.3 农业水价合理分担 ···································· 20
    2.1.4 农业水价利益相关者 ································ 21
    2.1.5 农业水价与农业水价综合改革关系辨析 ········ 21
  2.2 研究理论基础 ·················································· 22
    2.2.1 准公共物品理论 ······································· 22
    2.2.2 利益相关者理论 ······································· 23
    2.2.3 社会分工理论 ·········································· 24
    2.2.4 效用价值论 ············································· 24

# 第3章 中国农业水价综合改革进程

## 3.1 农业水价综合改革历程和制度变迁 ················ 26
### 3.1.1 农业水价综合改革历程 ················ 26
### 3.1.2 农业水价综合改革制度变迁 ················ 28

## 3.2 改革任务和进度分析 ················ 30
### 3.2.1 农业水价综合改革任务 ················ 30
### 3.2.2 农业水价综合改革实施进度 ················ 31
### 3.2.3 与2019年相比2020年改革进程变化趋势 ················ 33

## 3.3 主要任务完成情况 ················ 34
### 3.3.1 农业执行水价对运营维护成本弥补情况 ················ 34
### 3.3.2 精准补贴和节水奖励资金落实情况 ················ 34
### 3.3.3 供水计量、定额管理和管护机制配套情况 ················ 35

## 3.4 改革成效 ················ 35
### 3.4.1 节水成效显著 ················ 35
### 3.4.2 灌溉和生产效率提升 ················ 37

## 3.5 改革特点及存在问题 ················ 38
### 3.5.1 改革特征 ················ 38
### 3.5.2 存在问题 ················ 41

## 3.6 小结 ················ 42

# 第4章 全国农业水价综合改革进展评估研究

## 4.1 指标识别 ················ 44
### 4.1.1 农业水价综合改革评估的特点 ················ 44
### 4.1.2 指标选择的原则 ················ 45
### 4.1.3 指标确定依据和初步识别 ················ 45

## 4.2 指标体系构建 ················ 46
### 4.2.1 指标体系 ················ 46
### 4.2.2 权重确定 ················ 48

## 4.3 以指导政府决策为目标的农业水价综合改革进展评估 ················ 50
### 4.3.1 指标评价标准 ················ 50
### 4.3.2 模型构建 ················ 51
### 4.3.3 全国农业水价综合改革进展政策性评估结果 ················ 52
### 4.3.4 全国农业水价综合改革进展政策性评价区域性差异 ················ 52

## 4.4 基于加权TOPSIS的农业水价综合改革进展定量评估 ················ 54
### 4.4.1 模型介绍 ················ 54
### 4.4.2 基于加权TOPSIS的改革进展评价结果 ················ 55
### 4.4.3 基于加权TOPSIS的改革进展评价区域性差异 ················ 57

## 4.5 两种评价方式下的结果差异及综合结果 ··················· 58
### 4.5.1 两种评价结果差异 ··················· 58
### 4.5.2 综合考虑两种方法的综合评价结果 ··················· 60
### 4.5.3 综合评价结果的区域性差异 ··················· 61
## 4.6 小结 ··················· 62

# 第5章 农业水价利益相关者研究 ··················· 63
## 5.1 农业水价利益相关者定义与识别 ··················· 63
### 5.1.1 农业水价利益相关者识别 ··················· 63
### 5.1.2 "Mitchell" 评分法 ··················· 64
### 5.1.3 基于 "Mitchell" 评分法的利益相关者确定 ··················· 64
### 5.1.4 农业水价利益相关者分类 ··················· 65
## 5.2 农业水价利益相关者利益关系和利益诉求分析 ··················· 67
### 5.2.1 利益关系 ··················· 67
### 5.2.2 利益诉求 ··················· 68
### 5.2.3 利益相关者影响农业水价的机理 ··················· 73
## 5.3 农业水价利益相关者专家评价 ··················· 76
### 5.3.1 指标体系 ··················· 76
### 5.3.2 专家评分结果处理方法 ··················· 77
### 5.3.3 农业水价利益相关者专家评价结果 ··················· 78
### 5.3.4 科研学者与实践工作者评价结果的差异 ··················· 83
## 5.4 利益相关者对农业水价综合改革任务的合理分担 ··················· 86
### 5.4.1 分担主体识别 ··················· 86
### 5.4.2 利益相关者农业水价综合改革分担责任 ··················· 87
### 5.4.3 政府部门的分担方式 ··················· 88
### 5.4.4 用水农户及相关组织的分担方式 ··················· 91
### 5.4.5 社会机构的分担方式 ··················· 94
## 5.5 小结 ··················· 99

# 第6章 基于定量方法的农业水价分担份额研究 ··················· 100
## 6.1 基于灌溉效益的农户粮食作物农业水价分担份额研究 ··················· 100
### 6.1.1 基于模糊数学模型的水资源价值研究 ··················· 101
### 6.1.2 粮食作物单位水产出与农业单位水产出的关系 ··················· 106
### 6.1.3 基于C-D生产函数的灌溉效益分摊系数 ··················· 108
### 6.1.4 基于灌溉效益的农户水价分担份额计算 ··················· 112
## 6.2 政府内部粮食作物农业水价分担份额研究 ··················· 116
### 6.2.1 评价体系构建 ··················· 116

|       | 6.2.2 基于粮食安全的农业水价分担份额评估 | 117 |
|-------|---|---|
|       | 6.2.3 基于水资源灌溉效益的政府农业水价分担份额计算 | 123 |
|       | 6.2.4 基于生态价值的政府农业水价分担份额计算 | 124 |
|       | 6.2.5 地方及中央政府粮食作物农业水价分担份额计算 | 128 |
| 6.3   | 基于定量方法的粮食作物农业水价分担研究 | 130 |
|       | 6.3.1 基于定量评价的农业水价分担份额 | 130 |
|       | 6.3.2 基于运行维护成本各方分担的农业水价 | 132 |
|       | 6.3.3 计算结果的合理性及局限性分析 | 134 |
| 6.4   | 小结 | 135 |

## 第7章 农业水价合理分担份额确定和机制建设 136
- 7.1 基于"定量+定性"综合评价的粮食作物农业水价分担研究 136
  - 7.1.1 "定量+定性"综合评价的农业水价分担份额计算 136
  - 7.1.2 基于运行维护成本各方承担的农业水价 138
  - 7.1.3 农户分担的水价与当前执行水价之间的关系 141
  - 7.1.4 基于"定量+定性"综合评估的各方资金投入需求 142
  - 7.1.5 综合评价结果的区域性特征 144
- 7.2 基于激励和扶持机制的农业水价合理分担份额修正 147
  - 7.2.1 标准确定 147
  - 7.2.2 修正后的农业水价分担份额 149
  - 7.2.3 修正后各方承担的农业水价 150
  - 7.2.4 修正后的各方粮食灌溉水费总投入 151
  - 7.2.5 修正后分担结果的区域性特征 153
- 7.3 农业水价合理分担机制 155
  - 7.3.1 合理定价机制 155
  - 7.3.2 政策倾斜机制 158
  - 7.3.3 农户参与机制 160
  - 7.3.4 社会参与机制 162
  - 7.3.5 保障机制 164
- 7.4 小结 165

## 第8章 结论与展望 167
- 8.1 主要结论 167
- 8.2 研究展望 168

**参考文献** 170

**附录Ⅰ 农业水价承受能力研究** 180

**附录Ⅱ 我国历史时期农田水利修复和水费分担研究** 202

# 第1章 绪　　论

## 1.1 研究背景、意义及目的

### 1.1.1 研究背景

（1）全国水资源短缺和过度开发。水是人类赖以生存的重要资源，是支撑人类经济社会发展的关键要素，但伴随用水需求和人口数量持续增长，中国水资源的可持续供给正面临前所未有的挑战（黄天柱和白秀，2014）。2018年，中国人均水资源量为1971.85$m^3$，仅是世界平均水平的1/4，全年缺水量约为500亿$m^3$（国家发展和改革委员会发布）。特别是根据瑞典水文学家Falkenmark（1992）提出的"水紧缺指标"（Water-stress index）中对用水紧张和缺水的界定（陈志恺，2000），2018年中国有超过1/2的省份存在用水紧张或短缺，35.48%的省存在缺水，29%的省份严重缺水，详见表1-1。经济社会发展带来用水需求的持续增长，使得我国水资源短缺问题不断加重，加之时空分布严重不均的客观特征，导致我国许多地区都出现水资源过度开发的现象，并引发河流断流、地下水超采、土壤盐渍化和湿地退化等生态环境问题，威胁国家水资源和生态安全。农业是我国水资源消耗最多的产业，也是造成水资源短缺和过度开发的重要因素。2018年，我国农业用水量达到3693.1亿$m^3$，占全国用水量的61.4%（水利部，2018）。同时农业生产中粗放的用水方式和低效的供水服务，导致农业用水效率整体偏低，我国农业生产部门节水潜力巨大（高媛媛 等，2012）。

表1-1　　2018年我国缺水情况的省份占比情况

| 项　目 | 用水紧张或缺水 | 用水紧张 | 缺水 | 严重缺水 |
| --- | --- | --- | --- | --- |
| 人均水资源量/$m^3$ | ≤1700 | 1000～1700 | 500～1000 | <500 |
| 省份占比/% | 55.84 | 20.36 | 6.45 | 29.03 |

数据来源：国家统计局网站（2018年）。

（2）农业用水短缺与浪费并存。农业是支撑经济社会发展的基础产业，水资源则是农业生产必要条件，当前全国范围内水资源短缺的现状也辐射到农业领域。随着农业产业发展、农业生产力水平提升和灌溉条件改善，我国农业用水需求进一步增长，用水短缺情况也愈渐凸显，并成为限制农业发展、威胁国家粮食安全的关键因素。与此同时，我国农业生产仍在由粗放生产向精细管理转变的过程中，部分地区用水方式仍较为粗放、农田水利工程的供水效率也整体偏低，水资源浪费现象较为严重。我国农业生产中正面临用水短缺与浪费严重并存的矛盾现象，一方面这造成部分地区出现因缺水灌溉耕地旱作或弃种现象，另一方面粗放的用水方式又导致农田土壤、肥料和其他有害物质流失，污染周边生态环境。

第一，当前水资源供给形势难以满足持续增长的农业用水需求。近年来，水利工程建设和农业技术进步，使得国内灌溉条件持续好转、耕地有效灌溉面积持续增长、灌溉用水需求进一步提升，但耕地实际灌溉面积占灌溉面积的比例却在近年呈现下降趋势（图1-1）。实践调研中，可以发现在甘肃、内蒙古、宁夏和河北等地，都存在因农业用水短缺导致的有效灌溉耕地弃种或旱作情况。在全国水资源短缺的形势下，我国开始实行最严格水资源管理制度，农业供用水量也逐渐削减，农业生产中执行总量控制、定额管理的用水管理制度。农业用水需求增加和农业用水供给量持续削减的双重压力下，我国农业用水短缺的现象愈渐突出。

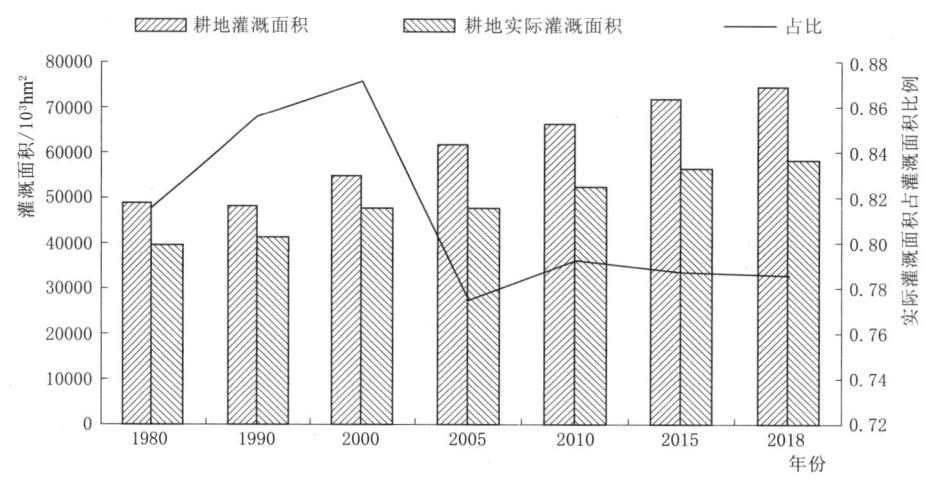

图1-1　全国耕地灌溉和耕地实际灌溉面积变化情况

第二，全国水资源时空分布严重不均的背景下，水资源与耕地资源不匹配的现象突出，进一步加剧了农业用水短缺形势。我国南方地区拥有全国81%的水资源，但仅仅匹配了全国1/3的耕地。失衡的水土匹配形势，是造成我国农业用水短缺与浪费矛盾的重要因素。南方地区水资源丰富、稀缺性不足，导致当地农业用水方式粗放、资源浪费严重，同时过量的灌溉用水形成地表径流又将化肥、农药带入周边生态环境，造成环境和水体污染。北方地区水资源稀缺、灌溉需求较大，地表水远难满足基本的灌溉需求，过度用水导致部分河流出现断流现象，部分地区严重依赖地下水，过量地开采使华北、三江平原等地形成多个地下水超采区，造成地面沉降和海水倒灌等生态问题。

第三，农田水利工程老旧破损和农民节水意识不足，造成水资源浪费严重，与水资源短缺的现状存在冲突。我国农田水利工程修建时间较早，管理体制也不甚健全，目前工程普遍在老、旧、破、损等问题（冯欣，2018）。受灌溉渠道的工程质量、供水方式和技术水平等因素影响，农田灌溉输水过程中损耗严重、供水效率偏低，2018年我国耕地灌溉有效利用系数为0.554，与发达国家的0.7～0.8仍存在较大差距（郭明远，2006；高而坤，2016）。同时，我国农业用水方式仍相对粗放和落后，存在大水漫灌、串灌串排等灌溉方式，造成农业用水浪费，与当前农业用水紧张的供需形势相矛盾，农业节水事业的发展仍然任重道远。

（3）农业水价综合改革难度大。近年来，科技进步带来了农业生产力水平的飞速发展，农业用水需求进一步增加，水资源短缺对农业发展的制约性愈渐突出。相关研究认为，农业水价偏低、农业供水成本倒挂、工程维护管理不足、农民节水意识淡薄是造成农业用水效率低的重要因素。对此，2016年我国在全国范围内全面展开了农业水价综合改革工作，希望通过合理农业水价、落实工程运维经费和管理责任等手段，推动实现农业灌溉方式的转型和农田水利工程的良性运转，以此促进农业节水，支撑和保障农业产业的高质量发展以及水资源的可持续利用。

截至2019年年底，我国累计实施农业水价综合改革面积2.99亿亩（鄂竟平，2020），2020年计划增加改革面积1.1亿亩，全国农业水价综合改革面积将超过4亿亩。改革区域在灌溉工程改善、农户用水方式改变、灌溉效率提升等方面成效显著，实现了农业节水、农产品增产、农民增收等多重效益，农业水价综合改革对促进农业产业发展和农业节水的积极作用得到充分验证。但随着改革范围的不断扩大，改革中存在的问题也逐步显现，水价提升困难、资金短缺、管护责任难以落实、基层管理人员和农户抵触等问题，限制了改革工作的进一步开展和落实。同时，全国改革进度整体偏慢，随着改革范围将逐步向经济弱、基础差、产业劣的地区拓展，改革难度将进一步增加，农业水价综合改革工作将面临更严峻的挑战。

## 1.1.2 研究意义及目的

### 1.1.2.1 研究意义

（1）补充农业水价合理分担研究理论的不足。农业水价合理分担这一理念，已经被提出很多年了，但是目前的研究多聚焦必要性分析和政策建议提出，分担对象也多为政府，分担方式则为政府补贴。农业水价合理分担的理论研究存在严重不足，对于分担对象、分担方式、分担主体、分担份额等内容的研究，多从定性分析出发，缺乏定量方法的应用，仍难解决由谁分、怎么分、分多少的关键问题。本书希望通过"定量+定性"的综合研究方法，识别和确定农业水价合理分担的对象、主体和方式，利用定量方法确定利益相关者的农业水价分担份额，弥补农业水价合理分担研究理论基础的不足。

（2）促进农田水利工程的良性运转。多年来，对于农业用水我国普遍实施较低水平的水价，这也使得农田水利工程管护资金短缺，难以维持正常的运营、管理和维护。引发工程老、旧、渗、坏等问题，水资源在运输的过程中损耗严重，渠系水损失系数偏高，不利于农业节水的实现。同时，由于工程年久失修，造成灌溉供水服务水平整体偏低，农户对于缴纳水费意愿不高，农业水费实收率偏低，资金短缺问题更加突出，形成恶性循环。对此，我国在2016年展开全国范围内的农业水价综合改革，希望通过提升农业水价、落实管护责任，促进农田水利工程的良性运转。但由于农民对农业水价的承受能力有限，执行水价仍难实现供水成本，现有资金难以保障工程的良性运转，令改革陷入困境。对此，本书希望通过农业水价合理分担研究，提出合理的农业水价分担方式、分担份额和分担机制等，解决供水成本倒挂导致的工程运行维护不足问题，促进农田水利工程的良性运转。

（3）保障国家粮食安全。农业水价综合改革希望通过提升农业水价，保障运维成本、发挥经济杠杆作用，从实现水利工程良性运转和改变农户灌溉行为两个角度促进农业节水。但由于农业生产，特别是粮食生产效益有限，农业生产的投入产出比严重失衡。根据《全国农产品成本收益汇编》数据可知，当前较低水平的水价下，除稻谷净收益为正外，其他粮食作物净收益均为负值，而随着土地、人工成本的持续增长，粮食生产效益将继续收缩。农户对于农业水价提升的经济和心理承受能力都非常有限。过高的农业水价会导致农户收益进一步收缩，也会令农户粮食（甚至农业）生产意愿下降，威胁国家粮食安全。因此必须探讨农业水价的合理分担，计算符合农民承受力的农业水价，健全农业水价分担机制，通过"一提一补"、分类、分档水价等策略在激励农户自发节水的同时，分担农户水费压力，既能保障管护资金落实，也不增加农户负担，农田水利基础设施水平得到提升，有利于促进农业生产效率提高和农民增收，对于保障国家粮食安全也同样具有重要意义。

（4）推动农业水价综合改革进程。近年来，随着农业水价综合改革工作的全面开展，政府面临着愈加严峻的资金短缺问题。改革过程中，建设和改造农田水利工程、配套计量设施、补贴运营管护费用、支持农民用水协会的长效运行以及保障节水奖励和精准补贴资金等方面，都需要大量的资金投入。而从当前改革进展来看，大部分地区都存在严重的资金短缺问题，限制了改革范围的进一步拓展。为了摆脱资金短缺困境，推动农业水价综合改革的工作进程，应该建立健全农业水价合理分担机制，探索社会群体对农业水价综合改革的合理分担。一方面，社会群体的参与能够分担政府部门的改革压力，也能通过专业化运营管理降低农业供水成本；另一方面，根据地方经济实力和农业发展情况，确定符合当地农民承载力的农业水价，明确各地方政府与中央政府在奖补资金上的分担份额，能更好地保障改革的资金落实。

#### 1.1.2.2 研究目的

以文献梳理和实践调研为基础，利用问卷调研、计量经济学等研究方法，从定量评价和定性分析两个角度展开农业水价合理分担研究。梳理我国农业水价综合改革的历程、制度变迁和改革进展，完成对全国改革进展的综合评估，发现改革过程中存在的主要问题。引入利益相关者理论，识别和确定农业水价的利益相关者，分析各方的利益诉求和其与农业水价的利益关系；开展专家评估，根据评价结果确定各方在改革中应承担的责任；从各方利益诉求出发提出各方对农业水价综合改革的分担方式。基于水资源价值理论和农业灌溉的多功能性，完成对农业水价主要利益相关者农业水价分担份额的定量评估；结合定性评估结果，确定"定量＋定性"综合评估下主要利益相关者的农业水价分担份额。以定性和定量研究结果为基础，根据改革进展评估和粮食生产功能对分担份额进行修正，初步建立起具有激励和扶持效应的农业水价合理分担机制。

## 1.2 研究进展

### 1.2.1 农业水价综合改革

#### 1.2.1.1 国内改革和农业水价研究进展

农业水价综合改革应综合考虑社会经济政治等多重因素，而非单纯的经济因素，改革对于树立农业用水有价观念、完善法规、促进水利事业发展和提升农业用水效率都有重要的推动作用（姜文来，2011）。改革要从创新管理体制、改善工程体系和合理水价制度三个角度入手，并以减轻农民负担为原则（柳长顺，2010）。要在保障农民获益的基础上吸引农民积极参与自治管理，综合考虑经济、社会、文化和生态效益等因素（龙通平，2014）。

市场可以通过价格的变化实现对资源的高效配置（崔海峰，2015），目前学术界普遍认同适宜的水价对促进水资源利用效率提升有积极作用（雷波 等，2004）。合理的农业水价能够促进农业节水（吴立娟，2015），但农业生产部门的特殊性，决定了农业水价调整过程中必须坚持政府在改革中的主体地位（崔海峰，2015）。中央政府始终坚持将补偿成本作为农业水价改革的核心原则，但目前各地方和灌区农业水价多难反映供水成本，这与当前农业水价形成机制不健全有重要关系（冯广志，2010）。农业水价具有多重目标，既要保障工程良性运转，还需促进农业节水，同时不能增加农民负担，但单一的工程水价很难发挥多种功能，要探索财政补助、优惠水价、分类水价、超定额加价、节水奖励和交易水价等多样化的定价方式（戴冠来，2012）。改革中财政补贴等政府行为对于分担农业水费和激励节水有重要作用（崔俊，2016）。在综合考虑各地节水成效、调价幅度和财力状况等情况的基础上，建立农业用水精准补贴和节水奖励机制，能够激励地方政府改革工作的开展和农户农业用水方式的转变（仕玉治 等，2018）。

不同的农业用水定价和政策方案，能够显著影响作物的种植结构（董小菁 等，2020）。提高农业水价对促进节水意义重大，但同时也会降低农业收入（刘莹 等，2015）。改革面临着维持低水价不利于用水效率提升，提升水价会导致农民增负、农业减产的"两难"状况（李然 等，2016）。而对农业水价的合理分担则能够很好地解决这个问题（尹庆民 等，2010；姜文来，2010；卢竹生，2015；崔海峰，2015；冯欣，2018）。其中政府补贴对于分担农业水费和激励节水有重要作用（崔俊，2016），但也不应局限于这一单一形式。

#### 1.2.1.2 国外农业水价和改革情况研究进展

根据对国外农业用水定价和水价改革方面研究的整理和分析，发现国外在农业用水定价、补贴和分担等方面的实践操作，对国内农业水价综合改革有一定启示作用。

（1）其他国家的农业水价定价方式。研究显示，发展中国家经济社会发展水平滞后，农业生产效益偏低，普遍根据农户承载力能力进行农业用水定价（Linda，2009）。发达国家社会经济发展水平较高，农业用水多会根据供水成本进行定价，具体包括服务成本、完全市场成本、全成本、投资机会成本和边际成本等几种定价方式，这样能够获得良好经济效益，但部分国家在采用成本定价方式的同时也会考虑农户对农业水价的承载力，详见表1-2。

表1-2　　　　　　　　　国外农业用水定价方式

| 国家类型 | 国　家 | 定　价　方　式 | 文　献 |
| --- | --- | --- | --- |
| 发展中国家 | 印度尼西亚、泰国、巴基斯坦 | 农民承载力定价 | Linda，2009 |
| | 印度 | 农民承载力定价 | Cornish et al.，2003 |
| 发达国家 | 加拿大 | 农民承载力定价 | 张雅君 等，2008 |
| | 日本部分 | 农民承载力定价 | James et al.，2010 |
| | 美国 | 东部：服务成本＋用户承受能力定价；西部：服务成本和完全市场定价；部分地区：投资机会成本定价 | John et al.，2000；段治平，2003 |
| | 英国 | 全成本法和完全市场定价 | 张雅君 等，2008 |
| | 法国 | 边际成本定价；全成本＋农户承载力定价 | Latino，2003 |
| | 以色列 | 全成本定价 | 高媛媛 等，2012 |
| | 澳大利亚 | 全成本定价 | Parker et al.，2010 |

（2）关于农业水价综合改革。Haggard等（1996）指出长期的低水价政策，减轻了农民负担，但也导致了农业用水和农业生产效率偏低等问题，需要进行农业水价改革。但对于农业用水提价等农业水价改革政策，国外的学术界仍存在一定争议。部分学者认为，在全球水资源紧缺的现状下，可以实行提价、累计加价等农业水价政策，利用经济手段刺激农户自发节水（Hewitt et al.，1995；Vega et al.，2006）。学术界认同水市场是水资源配置高效配置的最佳手段，但是对于水资源的商品化仍存在争议（Paolo et al.，2020）。Berbela et al.（2000）指出，过高的农业水价，会压缩农业生产效益、降低农民生产意愿、威胁粮食安全，不能完全依赖提价等经济手段促进农业节水。

## 1.2 研究进展

对于提价和农民承载力间的冲突问题，国外学者对定价策略进行优化，也加强了对于农业水价改革政策的研究。在定价方式上，提出了次优定价和差别定价等策略。Youn（1995）认为，为了保障粮食安全，应放弃最有效的边际生产成本定价方式，采用略低于边际成本的次优农业水价定价政策；Shira et al.（2014）则提出了差别定价法，通过对小农户和大户采取不同的定价方式，保障小农利益，同时利用提价激励大户降低农业用水量，达到农业节水的目的。在政策方面，Abuzeid（2001）指出，改革要以节约用水、回收供水成本、减轻政府的财政负担以及改造灌溉基础等内容为目标，农业用水定价要本着提升效率和保证公平的原则，考虑自然、社会、经济、文化以及当地农业发展水平和农田水利状况等多方面要素，相关政策的制定既要考虑政策的实施成本，也要达到优化水资源配置的目的（Tsur，2005）。调整水价之前，应该加强农田水利工程建设、配套水管体制的改革（Marzieh et al.，2019），提升农田水利供水服务水平（Postel et al.，1999），才能得到农户配合；组建农户用水管理合作社，鼓励农户参与管理和农业水权交易，可以提升水资源配置效率，实现群体利益的最大化（Justin et al.，2018）。

### 1.2.2 农业水价分担

#### 1.2.2.1 国内农业水价合理分担研究

农业水价合理分担机制是指由国家、地方政府、供水机构和用水农户等利益相关者，共同合理负担农业供水成本的机制，它关系到国家、地方政府、农业供水单位和用水农户等多个利益群体的利益（姜文来，2010、2011）。农业水价合理分担对于农业水价综合改革、农业用水合理利用的实现有着重要促进作用（尹庆民等，2010；姜文来，2010、2011）。但当前阶段国内对于农业水价分担的研究相对有限（姜文来 等，2015），还需要进一步展开深入研究（邱书钦，2016）。

现有研究认为农业水价合理分担，能够在提升农业水价，发挥农业水价的经济杠杆作用激励农业节水、实现农业用水高效利用的同时（尹庆民 等，2010），减轻当前农民的水费负担、促进节水技术推广，保障农民收益和国家粮食安全（卢竹生 等，2015；崔海峰，2015；冯欣，2018；张建斌 等，2020）。姜文来（2011）指出农业水价分担的对象是农业供水成本，冯欣（2018）在此基础上指出也应对能够影响供水成本的相关改革工作进行分担。而国家、地方政府和用水农户普遍被认为是农业水价分担的主体（尹庆民 等，2010；曹金萍 等，2014；崔海峰，2015），也有研究考虑将农业供水方、"农转非"用水方（徐璇 等，2013）和其他社会机构（戴冠来，2012；冯欣，2018）纳入分担体系，其他社会机构可以通过参与农业水价综合改革工作，分担政府在改革中的工作压力、节约供水成本，实现对农业水价的分担。当前阶段对于农业水价分担方式的研究，多以政府补贴的形式为主（崔海峰，2015；李生潜，2015；卢竹生 等，2015），但也有研究提出可以通过提高非农用水价格（徐璇 等，2013）、参与改革降低供水成本（徐璇 等，2013；冯欣，2018）等方式实现。而政府补贴的形式也很多样，包括全额补贴、补贴水管单位-暗补、补贴农户-直补等类型（徐璇 等，2013；李生潜，2015）。关于分担份额的计算，汪少文等（2013）提出了补偿的主观和客观分摊法，姜文来（2010）徐璇等（2013）提出农民承载力法、冯欣（2018）利用利益相关者评估方法探索农业水价分担份额计算。姜文来（2010）提出了国家和地方政府的分担份额，认为可以根据地区差异，分别按6：4、5：5和4：6的责任进行分担。进行分担计算时，应考虑受益情况、承载能力等因素，秉持补偿成本、促进节水等原则（徐璇 等，2013；崔俊，2016；冯欣，2018）。国外农业水价改革开展得较早，在农业灌溉水价分担方面的实践探索，对我国农业水价合理分担研究具有一定的启示作用，国内研究者应加强对相关政策制度的研究，探索建立适合我国国情的农业水价分担机制（姜文来，2012）。

#### 1.2.2.2 国外农业水价分担的启示

根据对国外农业水价分担方式的整理，可以发现政府和农户是农业水价的分担主体，而由于水资源禀赋和农业发展情况的差异，使各地在分担份额上多有不同。农民对于农业水价的分担多从农民承载力出发，对于贫困人口通常有倾斜性的补贴政策。而政府对于农业水价进行分担则包括投资建设农田水利工程、对运维成本不足部分进行补贴、延长贷款偿还期限或降息等形式。此外，美国和法国还有高收入人群分担、社会投资获益者分担、"农转非"用水方购买水权成立基金分担等模式。

以色列由中央政府承担对骨干工程的投资、建设和管理，对于运行维护费按农户70％、政府30％的比例分担；对于自建工程，由政府对建设和管护资金不足的部分进行补贴；全国农业用水同价，执行阶梯和超定额加价制度，通过建立补贴基金以平衡区域间的成本差异（高媛媛 等，2012；李一凡 等，2016）。加拿大水资源丰富，实行由政府直接进行补贴的"暗补"型水价，区域间根据各自情况采取差异化定价，但农业水价偏低，不利于保护当地水资源安全（张雅君 等，2008）。澳大利亚水资源较为紧缺，为了提升农业用水效率，全国正逐步推进农业全成本水价政策，实行基本＋计量的两部制水价，通过由政府补贴弥补成本不足部分，以及降低贷款利率和延长偿还期限等形式，对农业水价进行分担（Parker et al.，2010；高媛媛 等，2012；曹璐 等，2015）。美国主要实行成本型水价，供水部门不以营利为目的，但要自负盈亏。主要分担形式包括：①由获取投资收益的供水方分担水价；②可由其他可能经费来源或其他人群对低收入人群水价进行分担；③由"农转非"用水方购买农业水权分担农业水价；④工程建设成本不计利息（段治平，2003；张雅君 等，2008；Davis et al.，2014）。法国执行"全成本＋农户承载力"的农业水价，灌溉支出占生产成本的20％，政府对运维成本不足部分进行补贴，同时建立家庭扶持基金，资助贫困家庭水费支出（Garrido et al.，2010；高媛媛 等，2012）。印度灌溉水费占净收益的比例多在5％～12％，农户通过参与工程维修管护来降低供水成本，政府通过投资工程、补贴运行维护成本、补贴油电支出和低息贷款等形式进行农业水价分担（Cornish et al.，2003；高媛媛 等，2012）。日本对农业水利

## 1.2 研究进展

工程建设中,中央、地方政府和农户的分担比例进行明确,其中政府承担比例超过80%,投资资金多来自税收和债券,定价时考虑农民承载力(James,2010)。

### 1.2.3 农业水价补贴(补偿)

政府对农业水价补贴是最常见的农业水价分担方式(曹金萍 等,2014),也是补偿农业供水成本、解决改革中资金短缺问题的重要途径。农业水价补贴不仅可在不增加农民负担的同时,克服成本弥补不足造成的农田水利工程供水效率和服务水平偏低问题;良好的补贴策略,还能促进农民自发节水,保障国家粮食安全和水资源安全(杜丽娟 等,2008)。农业水价补贴研究中,多强调了政府部门的主体地位(崔海峰,2015;李生潜,2015;卢竹生 等,2015),但胡继连等(2017)也指出当前的补贴策略不利于改革开展和水资源优化配置,还要对补贴方式、方法进行改革。

我国农业生产低效益和长期执行的农业补贴政策,使农民对水费的经济和心理承受能力都相对偏低。为了更好地保障国家粮食安全和农民权益,农业用水提价的同时应结合政府补贴、节水补偿费等策略(刘渝 等,2013;杨振亚,2017),补贴标准要根据农民承受能力确定(姜文来,2010;徐璇 等,2013;冯欣,2018)。而补贴的范围既要包括补贴供水成本的政策性亏损(张妮,2015)和供水过程中产生的基本水费(刘渝 等,2013),还应包括农业技术设备(周晓熙 等,2007;冯颖,2013)、节水行为(任芳梅,2012)和生态补偿(邢夏洁 等,2017;杜俊平,2019)等方面。补贴节水设备,能在技术和设备上提高农业用水和生产效率,不仅能促进节水,还能满足农户对省工、省时、省力的诉求(周晓熙 等,2007)。对于节水行为进行补偿,能够激励各方群体自发节水(任芳梅,2012)。补贴对象应从单纯的农户向供水、用水双方拓展,对于灌区管理单位等供水者来说(张妮,2015),低水价难以体现供水成本和保障权益,导致了供水服务水平偏低,而将补贴对象扩展到供水方则有利于实现效益最大化(刘宏让,2010)。补贴时,应采取水费征收与补贴并举的方式,通过提价激励农户节水,再通过补贴保障农民收益和粮食安全(卢竹生,2015)。

将补贴直接反映在农业水价中执行低水价的"暗补"方式是低效的(孙梅英 等,2011),虽然减轻了农民负担,但不利于水资源优化配置。实行"明补"的形式更能体现水资源商品价值,激励农户节水(刘红梅 等,2006),"提价-收费-补贴方式",从管理的角度上来看是个较好政策。但若想更好地发挥激励节水效果,应实行与用水量无关的"错位补贴"(胡继连 等,2018)。现实中,农户与政府之间存在严重的信息不对称性,导致了补贴政策的低效率。应将补贴分为两部分,先对全体用水户进行整体补贴,另外再对补贴后仍利益受损的农户进行额外补贴(周晓熙 等,2005)。农民用水协会是农民参与用水自治的组织,协会参与能够避免信息不对称造成的分配不合理,补贴环节中要充分利用协会的优势,提升政策效率(陈欢 等,2009)。补贴机制建设时,要明确补贴方案、加强资金监管、执行信息公开制度，以保障农民利益、维护社会公平（顾宏 等，2015），将农业水费补贴资金纳入粮食风险基金（田贵良 等，2014），可以加强资金管理、提高利用效率。

## 1.2.4 农业水价利益相关者

为了推动农业水价综合改革，必须进行利益相关者研究，在明确利益诉求的基础上制定改革策略。目前这一领域的研究有限，但是现有的研究对象都是农业水价综合改革研究的重要组成部分，已形成的观点和应用的方法，为农业水价利益相关者的进一步研究提供了宝贵经验。主要涉及农田水利设施管理、节水补偿、农户参与管理、农业水权交易等内容。

### 1.2.4.1 利益相关者研究进展

（1）农业水价（改革）利益相关者研究。对于农业水价（改革）利益相关者的研究并不多，以理论和定性研究为主。研究显示，兼顾各方利益诉求、实现利益相容，才是推动农业水价综合改革的长久之路。

陈菁等（2008）、汪国平（2011）对农业水价和改革利益相关者进行了定义，陈菁等（2008）、冯欣（2018）对利益相关者进行了识别，刘建英等（2007）、冯欣（2018）运用"Mitchell"评分法对利益相关者进行了判定，姜翔程等（2020）对利益相关者进行了分类。相关研究围绕农业水费的核算、征缴中利益相关者寻租行为（刘建英 等，2007），改革中利益相关者角色的变化（陈菁 等，2008），利益相关者对改革的支持作用（汪国平，2011），利益相关者对农业水价的分担（冯欣，2018），利益群体间的内在关系（姜翔程 等，2020），利益相关者的利益诉求和逻辑立场（蔡威熙 等，2020）等问题进行了深入思考。并提出以下观点：农业水价综合改革应兼顾各方利益、实现利益相容，改革中存在的利益相容性缺陷，是改革推进的阻力，建议将农业水价改革收益内生化（蔡威熙 等，2020）；构建一个利益共同体，可以促进各方合作（陈菁 等，2008）；探索农业水价合理分担，吸引各方共同参与改革，可以分担政府改革压力（冯欣，2018）。

（2）农田水利管理利益相关者研究。对于农田水利管理利益相关者的研究中，多对其利益相关者进行了识别和定义，并分析了各自的行为特征、利益诉求以及冲突所在。相关研究均认为，农田水利管理中应在政府主导的基础上，激励农户和其他群体参与管理，对于提升管理效率有着积极作用。

研究中，定义了农业用水利益相关者（周晓平 等，2007）、农田水利（张鑫 等，2012）和市场管理（张宁 等，2014）的利益相关者；研究聚焦于政府部门（刘梅芳，2013）、农户、村委会（张鑫 等，2012）和农民用水协会（李凌，2005；赵文杰 等，2016；黄鑫，2018）等主体；分析了农田水利管理中利益相关者的互动过程（李凌，2005；黄鑫，2018）、利益关系（张宁和华楠，2014）、利益诉求（周晓平，2007；刘河元 等，2015）、利益冲突和博弈行为（周晓平，2007；刘河元 等，2015）以及利益群体的行为逻辑（贺雪峰 等，2010）等内容。研究发现：利益相关者互动对农田水利管理体制改革有促进作用，利益相关者研究对提升农田水利工程管理效率和改善管理环境有重要意义（周晓平，2007）。研究学者普遍认同，农田水利工程治理中，政府的宏观调控和协会、农户、村委会的共同参与，对于提升农民合作意愿、降低管理成本（张鑫 等，2012）、保障农户利益、分担政府管理压力（李凌，2005）和提升管理效率（赵文杰 等，2016）有重要意义。刘芳梅（2013）提出一方面中央政府要加强对地方的监督、建立利益补偿机制，明确政府在农田水利工程建设和管理中主体地位；另一方面也要加强农民用水协会建设，鼓励农户参与治理，实现供用水双方的对接（刘梅芳，2013）。

（3）农业节水补偿研究。研究认为农业节水补偿机制的建设应以利益相关者研究为基础，在充分分析各方利益诉求的基础上，结合博弈理论确定农业节水奖励机制，能够实现整体利益的最大化。

冯保清（2013）指出节水灌溉是对中央、地方、供水部门以及用水农户等农业节水利益群体间利益的再分配，还强调了从利益诉求出发制定策略才能更好地激励节水。汪少文等（2013）在对农业节水利益相关者利益变化、利益诉求和冲突关系进行分析后，初步构建了农业节水补偿机制。冯颖（2013）对农业节水利益相关者进行识别和分类，强调了政府在节水建设中的主体作用，并指出政府部门和农户对于节水的利益诉求要从不同角度进行分析，政府注重粮食安全、经济、生态和社会效益，而农户则关注成本节约，希望能带来增产、省工、降费等效益，并指出奖励机制对促进农户节水的重要意义。王思博等（2015）建立了节水收益分配博弈模型，并运用纳什积等方法推导模型的纳什均衡解，指出政府调控行为的收益分配作用明显。屈晓娟（2018）构建了农业节水利益相关主体的博弈模型，利用经济学优化模型解析利益主体的利益诉求和冲突，并通过"效价-手段-期望"理论改善博弈规则和方式，实现了农业节水的帕累托最优。杨振亚（2017）指出单纯的农业节水会产生"负效益"，要综合考虑灌区各节水参与方利益，在提价的同时配套补偿机制以实现多方共赢。刘艳萍（2018）从马克思主义利益理论和博弈论出发，分析了农业节水引发的利益相关群体利益变化和博弈过程，提出节水灌溉激励机制。

（4）农业水权交易。李鸿雁（2011）指出由于农业水权转让过程中政府与实际参与者之间信息不对称，严重影响了交易的公平性，应在明确利益主体、分析各方权益的基础上建立风险补偿机制。王绪颖（2013）定义并识别了引黄灌区水权转换的利益相关者，通过对利益诉求和冲突的博弈分析，发现各方间的利益冲突造成了"节水不节费"现象，并指出可以通过调整水价、调整补贴方式和建立补偿机制等政策缓解这一矛盾现状。钟玉秀等（2013）指出不能完全依赖行政手段推动水权转让，应基于各自的利益诉求和责任建立收益分配机制，来调动各利益相关者参与水权转让的积极性。潘海英等（2019）根据水权市场中利益相关主体行为偏好和利益诉求建立了利益关系框架，并构建理论模型分析解决利益相关方矛盾和冲突的利益平衡路径。

#### 1.2.4.2 利益相关者研究方法

已有研究中,运用了诸多利益相关者研究方法,奠定了农业水价利益相关者研究的基础。国内外学者 Freeman 和贾华生对利益相关者的定义,是指导农业水价利益相关者定义的重要依据。"文氏图法"(陈菁 等,2008)和"利益相关者关系图"(张鑫 等,2012;汪国平,2011)能够更直观和具体地体现利益相关者之间的利益关系和影响机理,是利益相关者分析的重要方法。"Mende-low"权利-利益矩阵(张宁 等,2014;姜翔程 等,2020)能够更好地识别和定位分析对象的权利和利益。博弈支付矩阵(黄鑫,2018;姜翔程 等,2020)是描述多个参与人策略和支付的矩阵,是博弈分析中的重要方法。"Mitchell"评分法是利益相关者识别、判定和分类的重要方法(刘建英 等,2007;冯欣,2018;潘海英 等,2019)。

### 1.2.5 农业水价和灌溉价值计算

#### 1.2.5.1 水价(水资源价值)计算方法研究进展

国外对于水资源价值的研究可以追溯至 20 世纪 70 年代(彭晓明 等,2006),最初多采用支付意愿法和机会成本法,后来的研究中还出现了余差法、线性规划模型(姜文来,1998;Fakhraei et al.,1984)、供求关系法(Warford et al.,1992;James et al.,1987)、剩余价值法(Parvaneh et al.,2018)、多数学规划模型(Sapino et al.,2020)等方法。这些方法在国内水资源价值研究中也多有应用,但模糊数学模型在国外研究中的应用则相对有限。20 世纪 80 年代水资源费概念的提出,开启了国内学术界对水资源价值的研究(彭晓明 等,2006),用于核算水资源价值的方法包括边际成本法(程文辉,2017)、影子价格法(甘泓 等,2012)、供求定价模型(秦长海,2013)、CGE 模型(赵娟,2008)和模糊数学模型(姜文来,1998)等。其中,剩余价值法(刘维哲 等,2019)、模糊数学模型(李宝萍;2008;任芳梅,2012;刘增进 等,2008;刘红艳 等,2018)、影子价格(魏帅,2019)、边际成本法(王勇 等,2008)和 CGE 模型(王勇 等,2008;赵永 等,2015)都应用在农业水价和农业用水价值的研究中。

现行的各种核算方法各有优缺点,具体如下:

(1) 影子价格法,以经济利益最大化为目标,能够提供最优计划价格、反映资源稀缺性,但考虑了经济社会因素,不能体现资源的实际价值,要求市场处于完全竞争状态(甘泓 等,2012)。

(2) 边际机会成本法,能够度量资源利用的客观影响(姜文来,1998),它对经济、社会和环境因素都进行了考虑,并能实现资源的最优配置,但存在计算困难、难以度量、忽略了水质因素等问题(程文辉,2017)。

(3) 供求定价模型,容易计算、数据易得,考虑了供求关系对水资源价格的影响,但忽略了水质、环境等因素(秦长海,2013)。

(4) 效益评估法,能够充分考虑经济、社会和生态效益三方面的价值,但忽略了水资源稀缺性,且核算难度较大。

(5) CGE 模型,被广泛应用于政策问题研究(包括环境和能源等),但是要求在完全竞争状态,且运算过程复杂(赵娟,2008)。

(6) 模糊数学模型,实现了对不便定量研究因素的定量化研究,适用于模糊且复杂的水资源价值系统研究,能够从社会、经济、生态多角度评价水资源价值(姜文来,1998)。

### 1.2.5.2 灌溉效益分摊系数计算

灌溉效益分摊系数,是在灌溉情况、种植结构、农业技术等影响农作物产量的因素同时变化时,用于评价灌溉对农作物增产贡献率的研究方法(王静 等,2016)。计算灌溉效益的方法如下:

(1) 试验法(古璇清 等,2005;董文福,2007),设计有无灌溉的试验来计算农业灌溉效益。

(2) 统计法(蔡守华 等,2008),将灌溉工程建设前后,划分无灌溉、有灌溉和技术进步三个阶段,对阶段内数据进行统计,计算灌溉效益分摊系数。

(3) 作物水分生产函数 Jensen(刘昌明 等,2005;张永久 等,2006),根据田间试验结果计算作物水敏感指数,即灌溉用水增加时的增产能力。

(4) 能值法(罗乾 等,2015),属于生态经济学的研究范畴,依赖已有文献中给出的不同物质的能值转换系数,可以将系统中不同类型、不便相互比较的物质、能量,转换成能值这一统一的度量标准,以此反映生产系统中的投入和产出情况,根据灌溉能值投入占系统能值总投入比例,可以确定灌溉效益分摊系数。

(5) 经典 C-D 生产函数(柯布-道格拉斯生产函数),最初用于反映经济系统中的投入产出关系。近年来,有学者根据农业生产的投入产出情况进行修改,建立了水资源生产函数模型,用于计算灌溉效益分摊系数(张志霞 等,2012;王静 等,2017)。

(6) 剩余价值法(刘维哲 等,2019;王西琴 等,2020)认为农业总产出价值扣除灌溉外的其他投入要素的价值后,剩下的部分可以归结为灌溉水产生的价值。

### 1.2.5.3 承载力水价研究

探索农业水价合理分担,首先要解决农户应该并能承担多少——农民水价承载力的问题,承载力研究要从经济和心理两个角度切入。

(1) 水价承载力的内涵。贾大林等(1999)认为是在某种信号刺激下人们仍能保持常态的容忍能力,包括物质与心理两方面;王浩等(2008)认为是用户能够承受某一水价水平下水费支出的能力,支付水费不会显著影响用水方生产生活;廖永松等(2004)认为农业生产的利润水平决定了农民水价承受能力;姜文来(2003)认为承载力水价是指考虑用户承受能力的水价。

(2) 承载力确定方法。农业水价承载力包括经济承载力和心理承载力两部分。农民水价经济承载力研究成果丰富,多以问卷和调研为基础(廖永松 等,2004;王密侠 等,2005;王西琴 等,2016),利用水费承受指数法(姜文来,1998;杨斌，2007）和扩展线性支出系统模型（ELES）（赵勇 等，2010；杜俊平，2018；禚元荟，2016）等方法计算，以粗糙集理论（杨斌 等，2009）和经济学理论（蒋晓婧，2014）等为指导。其中，水费承受指数法应用最广，且简单实用，能反映灌溉水费与农民生产经营活动中的成本利润情况；可根据水费占农业生产成本、总产值、净收益、增产效益、农民年收入和年支出的比例计算（杜杰，2009）。世界银行认为水费应占农民净收益比例的 25%～40%；国内学者多根据水利部水资源司的标准，按水费分别占农业生产成本、产值、净收入和总收入比例的 15%～25%、5%～15%、10%～20%、5%～12% 评价（水利部，2004）。农民水价心理承载力是指农民对灌溉水价变化的态度和行为，一般用支付意愿来衡量（王建浩 等，2018），研究中普遍采用 CVM 条件价值评估法（尹小娟 等，2016；王建浩 等，2018；杜丽永 等，2020）。

## 1.2.6 研究评述

国内外研究显示，长期的低水价不利于农业节水实现，应进行农业水价改革。但过高的农业水价不利于粮食安全，可以通过农业水价合理分担，实现在提高农业水价的同时，不增加农民负担。国内目前破解提价与农民承载力之间的困境的方法是政府补贴，是国内农业水价分担的主要途径。但当前对于农业水价补贴的研究主要集中在补贴对象（供水方、灌区、农户、节水技术推广等）、补贴方式（"明补"和"暗补"）、补贴原则等方面。

国内专家已经充分肯定了农业水价合理分担对于改革的重要意义，但对农业水价合理分担的研究仍非常有限，现有研究多强调农业水价合理分担的必要性、提出分担方式，其中政府补贴是最常见的农业水价分担方式。国内在农业水价合理分担的理论和实践研究上均存在严重不足，难以在改革中发挥科学研究的积极作用。而国外农业水价体系则相对完备，以色列、美国、法国等地的农业水价定价和分担方式对我国农业水价合理分担的研究和发展有着重要启示作用。对于国内农业水价合理分担研究，应从机制建设、合理的分担标准、系统性的分担方式、具体的分担份额等方面展开，以夯实农业水价合理分担的理论基础，推动我国农业水价综合改革的持续开展。

农业水价综合改革涉及诸多利益相关者，想要更好地进行农业水价分担研究，要以农业水价利益相关者研究为基础。但目前对于农业水价利益相关者的研究相对有限，不能为农业水价合理分担研究提供足够的理论支撑。作为改革的重要组成部分，基于利益相关者理论的农业节水、农业水利工程管理、农业水权交易研究为农业水价利益相关者的研究奠定了基础。本书要对农业水价利益相关者展开深入研究，在识别判定的基础上，进行利益评价和利益诉求分析，系统地提出农业水价合理分担的方式，确定分担份额。

## 1.3 研究内容、方法和技术路线

### 1.3.1 研究内容

（1）农业水价综合改革历程、变革、进展和问题研究。以改革的相关文件、历次座谈会材料、水利发展统计年鉴和农业水价综合改革台账数据等文字材料为基础，结合基层实践调研体会，分析我国农业水价综合改革历程、政策和制度的变迁过程，总结全国农业水价综合改革的形势和相关机制建设的进展，发现改革中存在的问题。

（2）31个省份农业水价综合改革进展评估研究。基于2019年农业水价综合改革台账数据和2015—2020年全国农业水价综合改革材料汇编，从政府决策和定量评估两个角度出发，对各省农业水价综合改革进展展开评估，分析各省份改革进展在区域和空间上的分布特征。在充分了解改革区域差异的基础上，建立农业水价合理分担机制，并根据改革进展构建激励机制。

（3）农业水价利益相关者研究。识别和确定农业水价利益相关者，分析各利益相关方在改革中的利益关系、利益诉求和对农业水价的影响机理。基于利益相关者属性设计利益评价问卷，对领域内科研学者和改革实践工作者组成的专家团队展开咨询，获得对农业水价利益相关者的评价。根据利益评价结果和对其利益诉求、影响机理的分析，提出合理的农业水价综合改革分担方式。

（4）农业水价主要利益相关者农业水价分担份额计算。将中央、地方和农户作为农业水价的主要利益相关者，以粮食作物为研究对象，进行农业水价分担份额的定量计算。从灌溉效益入手确定农户的农业水价分担份额，再根据粮食安全、灌溉效益和生态价值评估中央和地方政府的农业水价分担份额，综合上述结果确定三方对于农业水价分担份额的定量评估结果。根据利益相关者研究中专家对三方的评价，确定定性角度三方对农业水价的分担份额。综合"定量+定性"评估结果，确定更加合理的农业水价主要利益相关者的农业水价分担份额；根据改革进展评价和粮食生产特性，对分担份额进行修正，获得具有激励和倾斜机制的农业水价分担份额。以当前各省份农田水利工程运行维护成本作为目标水价，初步确定各省中央、地方和农户三方所应分担的农业水价，以及各方在粮食灌溉中的水费投入需求。

（5）农业水价合理分担机制建设。根据农业水价利益相关者评估结果，以及对各方利益诉求和农业水价分担方式的分析，结合各省农业水价综合改革进展评估结果呈现的区域特征，科学合理地提出农业水价合理分担机制。

### 1.3.2 研究方法

（1）文献研究。基于农业水价综合改革的各项文件、相关学术论文、2015—

2020 年《农业水价综合改革座谈会材料汇编》等多种类型的文献,对全国农业水价综合改革进展进行定性分析。分析改革历程、政策变迁过程,发现农业水价综合改革中存在的主要问题。通过对学术论文的梳理,初步了解农业水价综合改革领域的研究进展,发掘适合本研究的定性和定量研究方法,验证相关研究方法的可行性和研究结果的合理性。

(2) 综合评价方法。分别从政府决策和定量评估两个角度,对各省农业水价综合改革进展展开评估。基于改革目标和文件中的政策诉求,通过对政策文件的梳理确定改革进展评估指标体系、确定评价标准,完成定性评估;利用加权 Topsis 模型完成对各省农业水价综合改革进展的定量评估。利用综合评价法,分别从粮食安全、灌溉效益和生态服务价值三个角度对中央和地方政府的农业水价分担份额进行定量评估,结合利益相关者定性评价结果,确定农业水价分担份额。

(3) 专家评价法。以"Mitchell"评分法的三个属性为依据,建立农业水价利益相关者评价问卷,通过专家评价确定各方与农业水价的利益关系。通过专家咨询法,确定部分评价中的指标权重。

(4) 组合权重确定方法。权重是评价指标重要性的权数,对于综合评价的最终结果有着重要的影响。学术界将赋权方法分为主观、客观和主客结合的组合赋权法三种,其中主观赋权法以决策者意图为依据确定权重,客观赋权法以客观数据为依据,组合赋权法综合了两类方法的优点。本书根据综合评价需求和指标特点,选择了层次分析法(AHP)、熵权法、变异系数法、Critic 权重法等主客观确权方法。

(5) 农业灌溉效益核算方法。目前用于研究灌溉效益价值和农业水价的方法有很多,本书选择以模糊数学模型、C-D 生产函数和计算单位水产值的方法对灌溉效益进行分析。可以从定量的角度对粮食生产中灌溉用水的产出效益进行评估,并以此为依据确定农户对于农业水价的分担份额。

### 1.3.3 技术路线

根据文献梳理和调研体会,定性分析我国农业水价综合改革的历程、发展、现状和问题,再利用"定量+定性"的综合评价方法对各省农业水价综合改革进展进行评估,分析改革的区域差异性和特征,为农业水价合理分担研究建立理论基础。根据主要利益相关者的利益诉求,进行农业水价利益关者农业水价分担份额定量研究;结合利益评价结果,确定对主要利益相关者农业水价分担份额的综合评估结果;结合改革进展评价和粮食生产特性,对分担份额进行修正。最后,以上述研究为基础,提出农业水价合理分担机制。其技术路线如图 1-2 所示。

## 1.3 研究内容、方法和技术路线

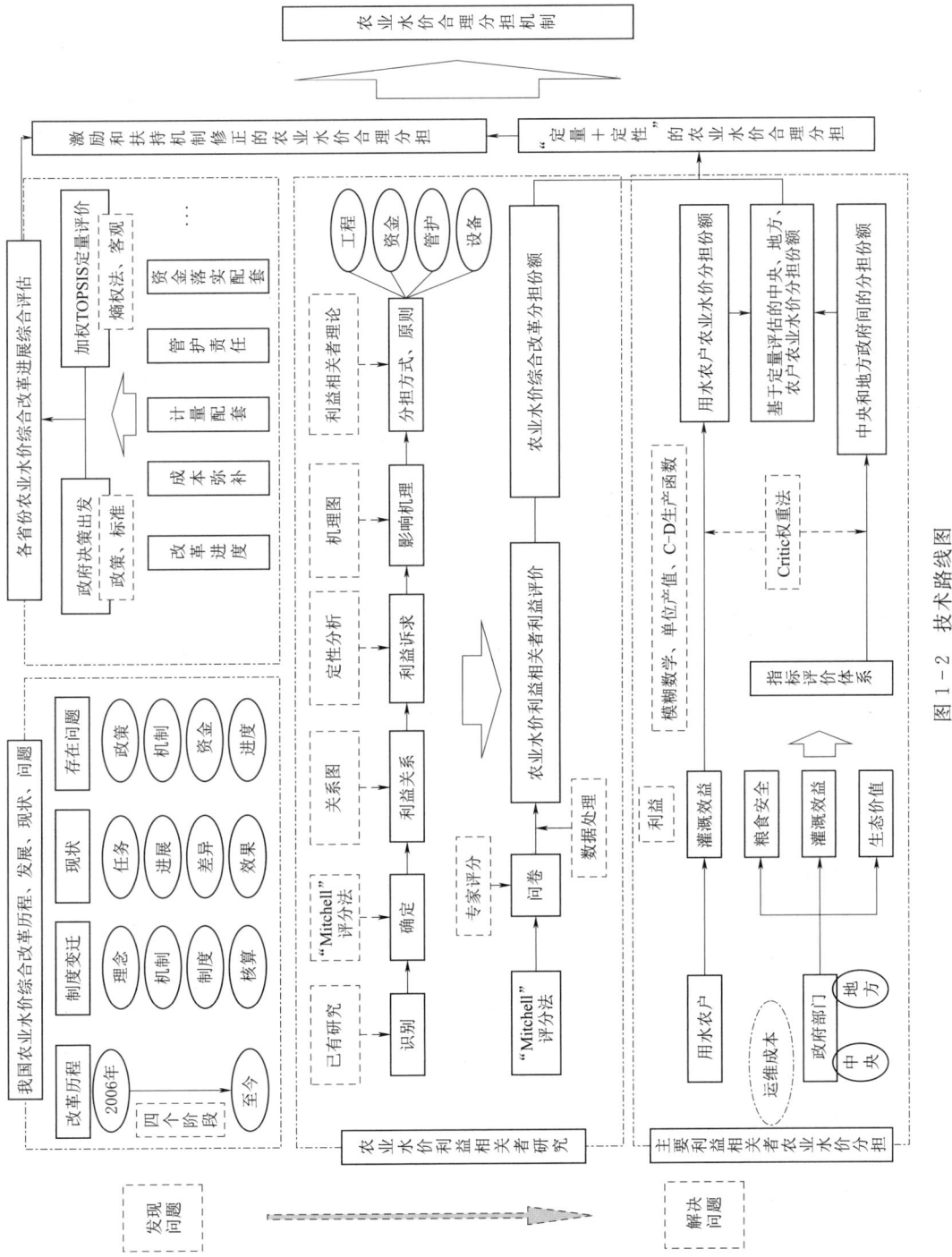

图 1-2 技术路线图

## 1.4 创新点

本书基于利益相关者理论，在充分了解国内农业水价综合改革情况的基础上，利用"定量+定性"结合的研究方法，对农业水价的合理分担展开研究。主要创新点如下：

（1）提出了农业水价综合改革评估体系，进行了各省农业水价综合评估改革进展评价。从改革目标出发，构建了农业水价综合改革进展评估指标体系，并从政策诉求和定量评估两个角度出发，利用定性分析和加权 Topsis 定量方法对全国 31 个省份（不包括港澳台）农业水价综合改革进展进行评价，确定我国农业水价综合改革进展的区域性特征。

（2）提出农业水价利益相关者的识别和评价方法，丰富了农业水价利益相关者研究的理论。利用"Mitchell"评分法进行利益相关者识别和确定；对利益相关者的利益关系、利益诉求和影响水价的机理进行分析；构建了利益相关者评价问卷、展开专家咨询，实现对诸多利益相关者的利益评价；根据利益评价结果和对利益关系、利益诉求的分析，初步提出利益相关者对农业水价综合改革任务的合理分担方式。

（3）提出了农业水价分担份额的研究方法，完成了农业水价主要利益相关者（中央、地方、农户）农业水价分担份额的计算。基于灌溉效益，利用模糊数学模型、单方水效益和 C-D 生产函数，计算用水农户对粮食作物农业水价的分担份额；从粮食安全、灌溉效益和生态价值三个角度构建指标评价体系，确定中央、地方政府对于农业水价综合改革的分担份额；基于三方利益相关者农业水价分担份额的定量评估结果和利益评价结果，进行综合分析；以激励扶持为目的对分担份额进行修正，最终确定主要利益相关者的农业水价分担份额；以运行维护成本为目标水价，确定各方应承担的农业水价；以 2018 年粮食播种和用水情况为例，计算各方粮食灌溉年均水费投入。

# 第 2 章 理 论 基 础

## 2.1 名词解释

### 2.1.1 农业水价

水价是指水资源使用者在使用水资源过程中支付的费用，农业水价是农业部门的水资源供给价格即农户使用 1 单位农业用水时应支付的相关费用。农业水价具有公益性和政策性，这与农业对灌溉的依赖性和国家粮食安全的重要性有关。广义的农业用水涉及农林牧渔各子部门，而狭义的农业用水则单指灌溉用水。农业水价综合改革是围绕灌溉用水展开的一次价格调整，所以本书中的农业水价是灌溉过程中的农业供水价格。

为了保障国家粮食安全和农民基本收益，多年来我国农业部门始终执行低水价政策，造成了用水方式粗放、供水成本倒挂、工程运维管理不足等问题，威胁水环境和生态安全。2016 年起，我国在全国范围开展农业水价综合改革，希望可以解决农业用水过程中存在的诸多问题，促进农业节水和农田水利工程良性运转。国办发〔2016〕2 号文件明确，农业用水的提价目标是要达到运行维护成本甚至全成本。就当前改革进展来看，农业水价达到运行维护成本的目标仍需努力，全成本则存在较大难度，由此确定当前阶段仍以达到农田水利工程的运行维护成本为改革目标。因此，本书定义"农业水价"为农业灌溉用水供给过程中单位用水产生的运行维护成本。

### 2.1.2 农业水价综合改革

农业水价综合改革是以促进农田水良性运转和农业节水为目标，围绕合理水价展开的一次针对农田水利管理的系统性改革。2016 年起，在全国展开为期十年的农业水价综合改革，通过健全农业水价形成机制、合理农业水价，在不增加农民负担的基础上，解决农业供水成本倒挂导致的农业水利工程运维管理不足问题，发挥价格的杠杆作用促进农业节水。

农业水价综合改革具有周期长、面积广、难度大等特性，涉及水价形成、用水管理、奖励补贴以及工程建设管护四部分内容。截至 2019 年年底，全国累计实施改革面积 2.99 亿亩，在农业节水、生产提效和农民增收等方面效益显著，但目前大部分地区执行水价仍难达到运行维护成本，农民承载力与农业水价提价需求间的矛盾仍然突出；且改革整体进度偏慢，虽有逐渐好转趋势，但区域间差异显著，改革仍受资金短缺的制约。

## 2.1.3 农业水价合理分担

对国内农户农业水价承载力的相关研究成果显示，当前农户水费支出已达其承载能力的峰值（王西琴 等，2016；尹小娟 等，2016），本书的后续研究中也验证了这一点（见5.4节）。尽管当前农业执行水价与运行维护成本之间仍存在较大缺口，但对于农户来说农业水价的提价空间已非常有限，这与农业用水提价需求间存在严重的矛盾关系，必须进行农业水价的合理分担（尹庆民 等，2010；姜文来，2010）。

（1）农业水价合理分担。姜文来（2010、2011）指出农业水价合理分担是由中央、地方政府和用水农户等农业用水受益者，对农业供水成本进行合理的共同分担，它关系到诸多利益相关方的利益。根据对各利益群体与农业用水利益关系以及利益诉求的分析，本书确定中央、地方和农户为农业水价的分担主体。结合上文对农业水价的定义，可以确定本书研究的"农业水价合理分担"，是指中央政府、地方政府和用水农户三方对于农田水利工程供水运行维护成本的合理分担。

在农业水价的诸多利益相关者中，中央政府、地方政府和用水农户是农业用水的直接受益方，与农业水价有着直接利益关系，涉及经济、社会和生态等多方效益。而协会、企业、科研、金融等其他利益群体，为了更好地提供农业用水的供给、服务、管理，实现水资源的优化配置而被引入这一利益关系中。这些利益群体的参与，能够更好地协调政府与农户间的关系、实现全社会利益的最大化，但从其利益诉求和利益关系出发，很难实现这部分群体对农业水价在经济上的分担。

（2）农业水价综合改革的合理分担。农业水价受农业水价综合改革的各项工作影响，改革中方案和策略的制定、政策的走向、改革进展以及相关利益群体的行为响应能够直接或间接影响到农业供水成本，并影响农业水价合理分担的实现。这种影响要从以下三个角度来看：一是，改革与农业水价的关系。农业水价综合改革核心任务是合理农业水价形成机制，而农业水价合理分担首先要解决农业水价的问题，即水价定多少、怎么定。二是，改革中各方行为对农业水价的影响。改革过程中各利益相关方的利益诉求和行为响应，能够显著影响农业供水成本，并决定农业水价合理分担的规模。三是，改革对农业水费收取的影响。农业水费收取要以良好的工程、精准的计量、优质的供水服务以及健全的管理体制为基础，而目前国内农田水利系统在工程、设施、管护等方面仍存在较大短板，农业水费的收取还要依托于改革的开展，夯实农田水利基础。但目前我国农业水价综合改革的总体进展缓慢，政府部门单方面的推进令改革面临着重重困难，因此在探索农业水价合理分担之前，应该研究农业水价综合改革的合理分担。

农业水价综合改革的合理分担，是指与农业水价有着直接或间接利益关系的利益相关方,从各自的利益诉求出发,发挥其在某一或某些方面的专业能力,以不同形式参与农业水价综合改革任务中,分担政府改革压力。改革的分担主体是所有农业水价利益相关者;分担对象是农业水价综合改革的各项任务;分担形式包括资金、工程建设、服务、策略、舆论等多种方式;分担原则是从各利益群体的利益诉求和专业能力出发。

(3) 农业水价合理分担机制。农业水价合理分担机制依托于农业水价合理分担份额研究,以合理农业水价定价为核心,由中央、地方政府和农户三方共同合理分担农田水利工程运行维护成本为重点,以激励农户和社会部门积极参与为辅助,以促进农业水价合理形成机制、弥补农田水利工程运行维护成本和推动农业水价综合改革开展为最终目的,包含"一个核心,四个服务"共五部分内容,一个核心是合理定价机制,四个服务包括政策倾斜、社会参与、农户参与和保障四个扶持机制。

## 2.1.4　农业水价利益相关者

对农业水价及农业水价综合改革合理分担的定义中,强调了利益相关者是分担主体,而利益群体与改革和水价的利益关系和利益诉求则是判定分担方式和规模是否合理的依据。由此可以判断,农业水价利益相关者研究是农业水价和农业水价综合改革合理分担研究的基础。

利益相关者理论源于美国对企业治理的研究,随着国内企业的发展逐渐应用于国内相关的研究。2000 年以来,利益相关者理论开始用于资源、环境和公共政策管理等社会实践领域(屈晓娟,2018)。近年来,也逐渐应用于农田水利和农业用水管理以及农业节水机制建设等研究中。关于利益相关者的定义学术界观点颇多,但普遍认同要从具有利益关系以及影响或受组织活动影响这两个角度来定义(钟炎军,2009)。国内关于农业水价利益相关者的研究相对有限,汪国平(2011)认为农业水价改革的利益相关者是"受改革影响或影响改革的各种群体和个人"。陈菁等(2008)则指出改革的利益相关者,能够影响改革目标的实现,或被改革目标实现影响。

农业水价利益相关者的定义中首先要具备利益相关者定义的两个要素,其次要注意改革对农业水价的重要影响。因此本书定义"农业水价利益相关者"为参与农业水价综合改革,受农业水价影响(或影响农业供水成本)的组织和个人。

## 2.1.5　农业水价与农业水价综合改革关系辨析

农业水价与农业水价综合改革是两个相互融合、影响、联系,但又相互区别的概念。

(1) 关联性。农业水价是农业水价综合改革的核心内容,合理农业水价是改革的重要目标;改革则是合理农业水价的实现路径。

农业水价利益相关者,是改革中影响或被水价影响的各利益群体,也是农业水价综合改革的利益相关群体。农业水价的最终定价影响各利益群体的利益，而农业水价综合改革中各群体的行为则能够影响到农业水价。

探索农业水价的合理分担，要以农业水价综合改革的实施为依托；破解当前的改革困境，要实行农业水价合理分担；解决农业水价的合理分担问题，要以农业水价综合改革的合理分担为基础；建立农业水价合理分担机制，能够有效缓解改革的推进阻力，扩大改革范围、加快工作开展。

（2）差异性。整体来看农业水价研究包含在农业水价综合改革研究中，但也应该区别农业水价与农业水价综合改革。农业水价研究是探究钱的问题，而农业水价综合改革研究中包含钱的问题，但又不限于此，还涉及工程建设、运营管理等内容。农业水价是一个经济学问题，而农业水价综合改革涉及经济学、管理学、社会学等多方面。

## 2.2 研究理论基础

### 2.2.1 准公共物品理论

公共物品理论是正确处理政府与市场关系、政府职能转变和公共服务市场化的基础理论。1954年，经济学家保罗（Paul A. Samuelson）首次定义公共物品为供全社会成员享用且不可分割的集体消费品，任何人的使用效用都不受他人影响。具有非排他性和非竞争性两个特性（杨怡红，2018；卜训娜，2019）。根据物品具备两个特性的情况，可分为纯公共物品和准公共物品两类。纯公共产品范围较小，包括国防、法律秩序等，多具有规模经济、没有"拥挤效应"，也不能进行排他性使用。纯公共物品的有限性，催生了对准公共物品的定义，布坎南（James M. Buchanan）指出准公共产品是具有有限非竞争性或非排他性的公共产品，介于纯公共产品和私人产品之间（殷俊 等，2020），如教育、医院、农田水利、农林技术推广等单位提供的物品。

准公共产品的供给中，具有多种供给途径，需要政府和市场共同参与，其中政府要占主体地位。其公共性，令相关产品使用中存在"拥挤效应"和"过度使用"问题；而不完全的非竞争性和非排他性，为私人部门的参与创造了可能（杨怡红，2018）。政府部门可以通过政策扶持和宏观调控，克服"搭便车"的问题，并能促进资源的优化配置，而其强大的财力也保障了产品供给中的资金需求（殷俊 等，2020）；私人部门的参与，能够克服公共治理中的政府失灵，提升产品供给的质量，但市场化机制的建设必须建立在产权明晰、激励有效、制度健全的基础上。

学界普遍认同农业用水和农田水利供给的准公共物品定位（梁伟森，2015；陈菁 等，2016；李青等，2016）。由于其准公共物品的特性，使得农业用水和农田水利供给过程中存在"拥挤效应"和"过度使用"问题，造成了农业用水短缺和浪费共存的矛盾现象。而农田水利工程供给中私人参与不足，政府供给效率偏低，造成我国农田水利供给总量不足、质量偏低等问题。市场化是破解水资源浪费和农田水利供给困境的重要途径，但农业用水和农田水利产权制度及政策法规的不足阻碍了市场化机制的进入。农业用水和农田水利工程供给对于保障农业生产、农民收益和国家粮食具有重要意义，产品的供给价格必须控制在合理范围内。这也决定了农田水利工程建设和管理、农业水价制定过程中政府的主体地位，政府必须掌握农业供水定价的主动权。市场机制是分担政府压力、提升资源配置效率的辅助手段，而作为准公共物品，私人参与农田水利供给还需要以政府的激励和相关制度的完善为基础。

## 2.2.2 利益相关者理论

利益相关者理论（Stakeholder Theory）始于20世纪60年代，是对企业股东利益最大化目标的反思，在诸多学者不断地探索和研究中逐渐成形。20世纪90年代，政府和国际组织的重视，使该理论在企业和社会治理中占据了绝对的权威地位。完善的理论基础，使其在经济、管理学研究中广为应用（蔡炯 等，2009）。Freeman（1984）认为利益相关者"是能够影响一个组织目标的实现，或者受到一个组织实现其目标过程影响的人"，包括股东、债权人、雇员、供应商、顾客等直接利益群体，还包括公众、社区、环境、媒体等间接影响（或被影响）企业活动的间接利益群体。Clarkson（1994）的定义则更加具体，认为"其在企业中投入了实物资本、人力资本、财务资本或一些有价值的东西，并由此而承担了某些形式的风险，或者说他们因企业活动而承受风险"，更强调利益相关者与企业的关联。

国内研究则相对晚一些，1999年后尤其是2002年以后才开启了对利益相关者的理论和实践研究，之前多是对国外思想的转述（刘利 等，2009）。贾生华和陈宏辉（2002）指出"利益相关者是在企业中进行投资，并承担一定风险，其活动能影响企业目标的实现（或受影响）的个体和群体"。利益相关者理论源于企业管理，但随着该理论的愈渐成熟，逐渐开始应用于其他社会实践研究中。如：乡村旅游（薄茜，2012）、生态补偿（马国勇 等，2014；龙开胜 等，2015）、农业保险（郑军 等，2018）等农业生态领域，以及农业水权（潘海英 等，2019）、农业节水（屈晓娟，2018）、农田水利工程管理（赵文杰 等，2016）等农业用水管理领域。开展利益相关者研究，能够科学地指导管理工作的开展；从各方的利益诉求出发，能够调动利益相关者参与组织活动；正确处理各方间的博弈关系，能够提升管理效率（周晓平 等，2007）。

本书将利益相关者理论引入农业水价研究中，是对利益相关者理论应用范畴的进一步拓展。农业水价涉及诸多利益相关者，农业水价综合改革作为利益再分配的手段，触动和影响了诸多利益相关方的利益，而这也增加了改革开展的不确定性。对农业水价利益相关者进行识别、定义和分析，在充分了解各方诉求和利益关系的基础上制定改革策略，能够有效缓解各方对于改革的抵触心理，更好地推动改革工作的开展，让利益相关者理论在农业水价政策制定和农田水利治理实践中发挥积极作用。

## 2.2.3 社会分工理论

社会分工（Division of Labour）是指人类从事各种社会劳动的社会划分，使其独立化、专业化（郭靖，2016），具有个人劳动专业化和社会劳动多样化两个属性。以柏拉图为代表的古希腊思想家看到了分工在城邦建设中所发挥的积极作用，这也成为分工的最初起源（高铭泽，2020）。经济学家通常认为分工是经济增长的源泉，分工会提高生产效率，产生专业化经济。但分工的演进是一个长期过程，因为分工中产生了交易和协调成本，在一定程度上阻碍了分工演进。

分工的发展表现为劳动的细化、专业程度的提高和生产关系组织形式的精细化（郭靖，2016）。而分工的经济效应正是来源于专业化引起的生产效率的提升、成本的下降和技术的进步（罗其友 等，2008）。分工的本质是将生产关系和生产力联结的介质，是人类劳动的社会存在形式，也是人类探究社会历史进程的重要路径。分工对于人和社会的影响要从正反两面来看：一方面，分工对人类的存在和发展有积极的推动作用，它扩大了社会劳动范围，也提高了劳动效率。而社会分工具有不断演进的内生机制，使得分工呈现"分工-效益增长-进一步分工-效率再提升……"的演进过程，进一步推动了社会的发展和生产力水平的提升。分工发展的程度能够反映社会生产力发展水平的高低，也决定了商品生产、交易的产生和发展。另一方面，对人的存在与发展具有一定的消极作用，抑制了劳动的内在动力，也异化了劳动（谢文新，2018）。

面对农业用水效率偏低和农田水利工程供给不足的困境，我国开展了农业水价综合改革，但基本由政府主导，并承担主要成本。随着改革范围逐渐扩大，政府所承担的压力加大，在工程建设、运营规划和管理调配上专业化程度的不足，又使得改革效率偏低，面对的困难也愈渐突出。社会机构的参与是解决困境的途径，节水灌溉企业、金融机构、灌溉服务队等社会机构在提供工程建设、投资融资、工程运维管理方面专业化程度更高，能更好地节约成本，这是社会分工的体现，也是改革提速增效的必然选择。作为准公共物品，效益的有限性使得社会机构的参与，需要政府在政策上进行倾斜和扶持，同时要以健全的市场化机制为基础。

## 2.2.4 效用价值论

关于水资源价值研究，学术界尚未在理论上形成统一的认识，西方效用价值论是目前最突出的价值理论之一（姜文来，1998）。效用价值论（Utility Theory of Value）认为价值是资源满足人类心理需求的能力，价值取决于其效用和稀缺性（彭补拙 等，2008）。学界对效用价值论的评价褒贬不一，但该理论已经扎根于

## 2.2 研究理论基础

当代西方经济学理论中,经济学家们普遍认为经济学就是在研究如何最有效地利用稀缺资源来满足人类的愿望(姜文来,1998)。

效用价值论的产生和发展,经历了漫长而又坎坷的历程,最终成为西方经济学的重要组成。17世纪巴赫最早提出效用价值的理念;18世纪,加利亚尼给出效用价值的定义,认为价值取决于消费者对商品效用的主观评价,由效用和物品稀缺性决定;劳动价值论的出现,使部分学者开始批判该理论;劳埃德提出边际效用价值论,指出效用取决于人的欲望和主观评价,随数量变动而变化,在满足与不满足的边际上表现;戈森定律的出现,丰富了边际效用价值的理论基础;马歇尔对效用价值论的高度概括,则体现了西方经济价值论的特点(姜文来,1998)。作为西方经济学理论的重要组成,其分析方法和数学方法广泛应用于经济学研究。该理论认为:价值源于效用,以稀缺性为基础;取决于边际效用量;是经济人的主观判断;存在边际均衡和边际递减规律。

农业用水具有明显的效用和稀缺性,符合效用价值论。对于用水农户来说,农业用水用于农业生产并产生的效益,决定了农户对于农业用水和灌溉工程价值的判断,所以农业水价要以它在农业生产中产生的效益为基础。而科学研究中常常把效益分为经济、社会和生态等多个方面。但由于农业生产的低效性和农业生产效益的有限性,对于农户来说应以经济效益为首要、也是唯一的判断要素,所以计算农户承担的农业水价时以经济效益为判断依据。但在对中央和地方政府的分担份额进行评估时,则要综合考虑农业用水用于灌溉时产生的多方面效用。

# 第3章 中国农业水价综合改革进程

## 3.1 农业水价综合改革历程和制度变迁

### 3.1.1 农业水价综合改革历程

纵观我国农业水价综合改革历程,可以分为初始、深入试点、全面推进和分类施策四个阶段。我国农业水价制度的变革历史悠久,但就当前阶段的改革重点而言,要从2006年水利部开始探索农业末级渠系水价管理算起,2007年正式围绕末级渠系开展了名为"农业水价综合改革试点"的探索,因此本书将2006年作为农业水价综合改革的起点。如图3-1概括了中国农业水价综合改革的发展历程。

#### 3.1.1.1 初始阶段(2006—2013年)

农业水价综合改革的初始阶段,是改革的第一阶段试点,主要由水利部主导、财政部支持。这一阶段的试点重点围绕末级渠系节水改造和水价改革,是一个不断探索、逐渐深入和扩大的尝试过程,累计在全国27个省份150多个县开展改革示范区建设,累计投入资金18.6亿元(其中中央资金8.6亿元)。这一阶段的试点多以其他项目为依托,具有试点周期长、资金投入分散、改革重心不断调整、参与部门逐渐增加、方案不断修正的动态特征。

#### 3.1.1.2 深入试点阶段(2014—2015年)

2014年,习近平总书记及李克强总理接连就改革做出明确指示,汪洋副总理多次召开有关会议,明确要求国家发展和改革委员会、财政部、水利部、农业农村部(原农业部)四部委联合开展改革试点。这一阶段试点任务涉及27省份80个试点县,包含不同类型灌区,到2015年共建成试点区面积202万亩。

这次试点充分吸收了改革初期试点中形成的经验,聚焦末级渠系水价,并在此基础上进行提升和优化。深入试点阶段,政策执行环境更好,统筹了国家发展和改革委员会、水利部、农业农村部、财政部四部委力量;改革试点战线较短,为2014—2015年;改革目标更加明确和务实(伊热鼓,2017),明确了明晰水权、合理水价、奖补和管理体制改革几点任务;方案更加系统和全面,涉及工程、制度、机制建设三方面;试点资金投入更加集中,一次性投入资金12.44亿元(其中中央8亿元);试点区更具代表性,涉及不同灌区类型,分布在我国的东、中、西部(冯

## 3.1 农业水价综合改革历程和制度变迁

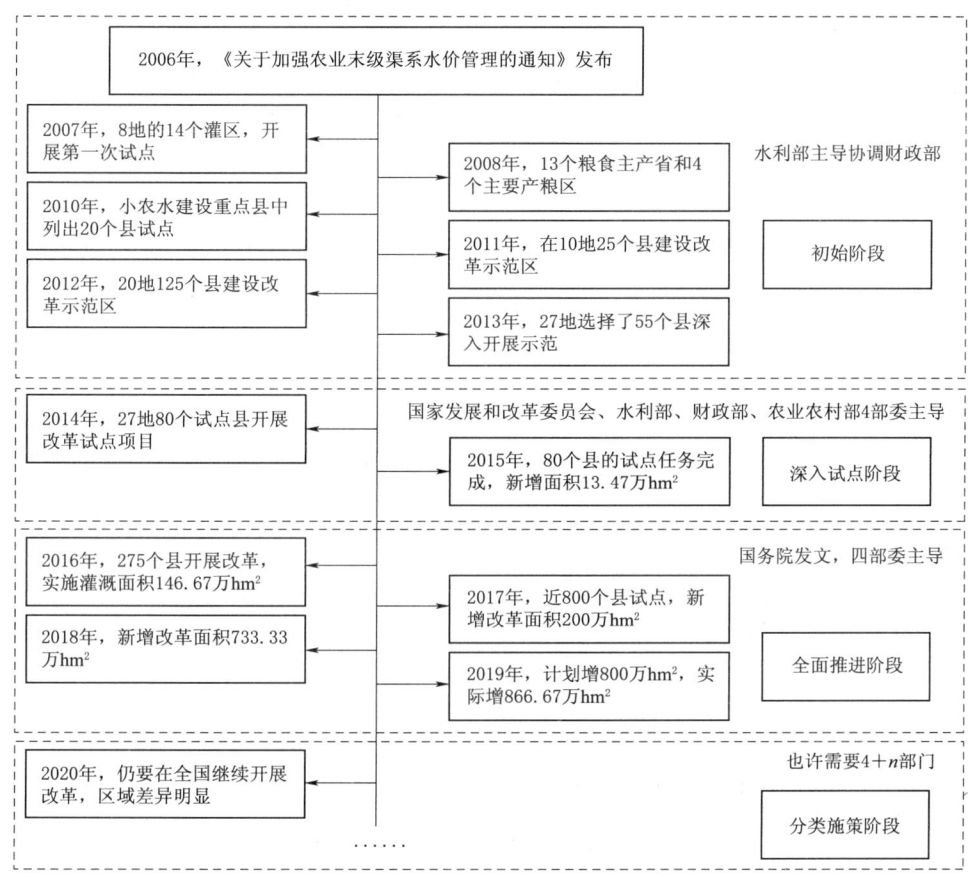

图 3-1 中国农业水价综合改革历程图

欣，2018）。

### 3.1.1.3 全面推进阶段（2016—2019 年）

2016 年 1 月，国办发 2 号文件发布，明确要求"把农业水价综合改革作为重点任务，积极落实"，改革工作进入全面推进阶段。这一阶段的工作具有以下特点：①改革范围不断扩大，年新增改革面积持续上升，农民用水协会数量不断增加，区域间改革进度差异逐渐扩大；②改革理念从"重工程"转向"重机制"，形成了合理水价、用水管理、奖补和管护四大改革机制；③建立资金管理、项目融合、部门协同、绩效考核等工作机制；④实行"试点先行、以点带面、先易后难、因地制宜"的改革策略。2016—2019 年，尽管改革整体进度偏慢，但改革形势持续好转。

### 3.1.1.4 分类施策阶段（2020 年至今）

随着改革工作的不断深入，各地在自然、经济、社会因素上的差异，导致各地改革成效和工作进展逐渐拉开差距，到 2020 年全国农业水价改革工作进入分类施策阶段。改革形势更加复杂，改革难度进一步增大，2020 年全国改革进度有下降趋势。区域间改革进度和能力间的差距愈渐凸显,进度较好的地区迎来验收,进度慢的地区困难重重。对此还需要中央与地方政府部门间的协调合作和激励引导,针对不同地区出台不同的政策。成果验收省份,建立验收标准和相关制度保障,并围绕改革展开下一步部署,将省域改革优势辐射到其他地区;未完成改革任务的省份进一步扩大改革面积,完善各项制度建设,对于困难地区出台扶持和倾斜政策。对部分已完成改革任务的区域,注意成果的巩固,既要重视对各项机制的优化和落实,也要注重水利、灌溉、计量以及智慧化设施的养护、更新和应用。

## 3.1.2 农业水价综合改革制度变迁

2006—2020年,随着农业水价综合改革的持续推进,指导改革工作的相关政策也在不断调整和优化,以推动和引导各地稳步、合理地开展改革工作,如图3-2概括了我国农业水价综合改革政策的变迁过程。从"重工程"到"关注机制"再到"工程机制协同建设",最终形成了"先建机制,后建工程"的政策导向。改革政策经历了四次关键性的变革,实现了从"重工程"到"重机制"的关键蜕变,并在不断地实践和探索中积累了诸多经验,持续完善和优化的改革政策,推动了全国改革工作的有序开展。

如图3-2所示,第一阶段试点中,更关注工程建设,制度则作为保障。第二阶段试点,在部署了管理体系改革和工程建设后,指出要加强机制和制度建设。第三阶段改革步入了全面开展阶段,改革政策也正式实现了"工程机制都重要"向"先建机制,后建工程"的转变。2016年,充分肯定了机制、体制建设对改革的重要作用;2017年,则明确要求"先建机制,后建工程",并确定了指导改革开展的四大机制。

### 3.1.2.1 改革试点阶段主要目标变化

2007年,农业水价综合改革两项政策试点,末级渠系改造奖补和农业水费财政补贴机制。2008年,农业水价综合改革的末级渠系节水改造试点。2010年,探索两部制水价、超定加价、终端水价等水价形成机制。2011年,在小型农田水利工程建设重点县建立改革示范区,解决管理体制、计量、水价改革和计收等问题,建立农田水利良性运行机制。2012年,进行探索建立小农水设施运行管护长效机制的改革示范。2013年,探索建设农业水价综合改革示范项目县。2014年,由四部委牵头深化改革试点,以建立健全农业水价形成机制为目标,分类(东北区、西北区、黄淮海区和南方区)实施计量和收费试点。

### 3.1.2.2 农业水价综合改革机制的形成过程

2007年,试点建立末级渠系改造奖补和农业水费财政补贴机制。2010年,探索建立农业水价形成机制。2012年,探索建立小农水利设施运行管护长效机制。2013年,提出建立合理水价机制,以支持终端水价制度建设。2014年,正式明确

## 3.1 农业水价综合改革历程和制度变迁

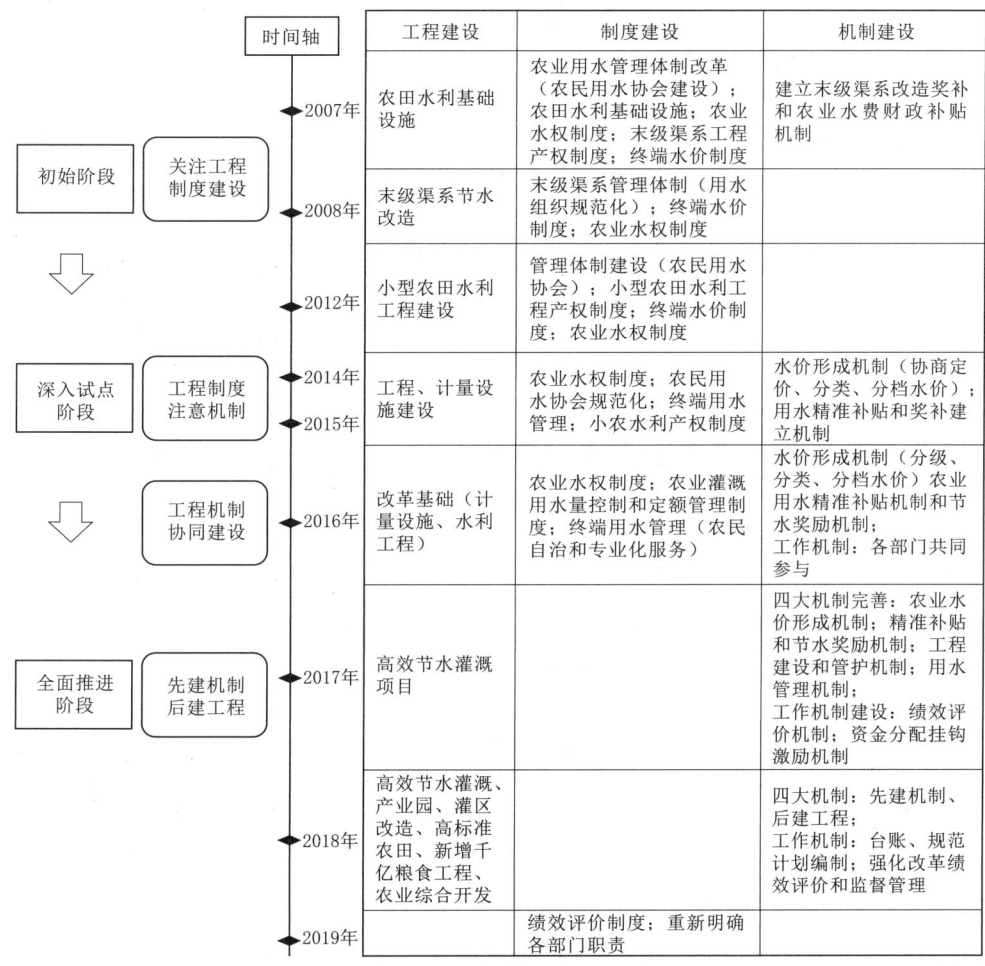

图 3-2 中国农业水价综合改革政策变迁过程

建立健全农业水价形成机制。2015年，强调建设用水精准补贴和节水奖励机制。2016年，国办《意见》中，将建设合理水价形成机制、用水精准补贴和节水补贴机制，作为改革的两大重点任务。2017年《扎实推进改革通知》中，正式形成农业水价形成机制、用水精准补贴和节水补贴机制、工程建设和管护机制以及用水管理机制，同时提出建设工作机制（绩效评价和资金挂钩激励机制）。2018年，要求进一步明确工作机制（包括台账、规划、绩效和监督）。

### 3.1.2.3 改革制度建设的变迁

2007年明确建立农业水权制度、农业终端水价制度和末级渠系工程产权制度。2012年，改称建设小型农田水利工程产权制度。2016年，确定农业灌溉用水量控制和定额管理制度，不再强调产权制度改革，改称终端用水管理（农民自治＋专业化服务）。2019年，确定建设绩效评价制度。

## 3.2 改革任务和进度分析

### 3.2.1 农业水价综合改革任务

改革台账数据显示,到 2025 年共需要完成对全国范围内 9.6 亿亩有效灌溉耕地的农业水价综合改革任务。由表 3-1 可以发现：全国 31 省份改革任务分布极度不均,从 150 万亩到 8899 万亩不等。其中,黑龙江和山东任务最重,超过 8000 万亩；7 个省份任务超过 5000 万亩,除新疆和黑龙江之外,均集中在我国东部的黄淮海平原（华北平原）地区；改革任务不足 500 万亩的共 6 省份,北京、天津、上海、海南 4 省份域土地面积本就较小,西藏和青海域内耕地有效灌溉面积较小。

表 3-1　　　　　各省改革任务情况

| 改革任务/万亩 | 省　　份 |
| --- | --- |
| 150.00～500.00 | 西藏、青海、海南、天津、北京、上海 |
| 500.00～2000.00 | 甘肃、宁夏、陕西、山西、福建、重庆 |
| 2000.00～5000.00 | 内蒙古、吉林、辽宁、四川、云南、贵州、广西、广东、湖南、湖北、江西、浙江 |
| 5000.00～9000.00 | 黑龙江、山东、河北、江苏、河南、安徽、新疆 |

用各省农业水价综合改革区域中占比最高的灌区类型来表示各省情况,可反映各地灌溉特征,如图 3-3 所示。各省改革区域内最主要的灌区类型由北向南基本呈现"井—大—中—小"递变的规律。北方地区地表水资源有限,粮食生产任务较重,因此对地下水依赖较大、域内井灌比例偏大,涉及 7 个粮食主产区省份；西北和华中地区 6 省份大型灌区的比例最高,其中 2 省份为粮食主产区；青海、西藏、湖南、江西、天津则以中型灌区的比例最大；其余分布在东南沿海和西南山区的省份则以小型灌区居多,东南沿海地区经济发达,人口密度较大,人均耕地面积小,地块面积小,分布散；西南山区则受地形地貌限制,灌区规模有限。

| | 主产区 | 非主产区 |
| --- | --- | --- |
| 井灌 | 内蒙古、吉林、辽宁、黑龙江、山东、河北、河南 | 甘肃、山西、北京 |
| 大型 | 湖北、安徽 | 新疆、宁夏、海南、陕西 |
| 中型 | 湖南、江西 | 西藏、青海、天津 |
| 小型 | 四川、江苏 | 重庆、云南、贵州、广东、广西、福建、浙江、上海 |

图 3-3　各省改革区域比例最大的灌区类型

## 3.2 改革任务和进度分析

### 3.2.2 农业水价综合改革实施进度

#### 3.2.2.1 各省累计实施面积和进度差异

自 2016 年全面实施农业水价综合改革以来，全国改革进展显著，但不同地区在改革实施面积和进度上均存在显著差异（表 3-2）。截至 2019 年年底，全国改革累计实施面积达到 2.99 亿亩，占全部改革任务的 31.15%。省域间差异明显，江苏累计实施面积最大，近 5000 万亩，并将于 2020 年全面完成改革；也有省份累计实施面积不足百万亩，改革工作任重道远。各省在实施进度上也存在显著差异。截至 2019 年年底，北京改革进度最快，达到 96.66%；共 7 个省份改革实施比例超过 50%，其中北京、上海两地超过 90%，江苏、浙江两地超过 80%，陕西、甘肃、天津 3 省（直辖市）改革累计实施面积均超过目标任务的 60%。

表 3-2　　　　　2019 年改革累计实施面积和进度

| 分类 | 范围 | 地　　区 |
|---|---|---|
| 累计实施面积<br>/万亩 | 12.85~100 | 西藏、海南 |
| | 100~500 | 北京、天津、上海、宁夏、青海、重庆、安徽、湖南、江西、福建、广西、广东 |
| | 500~1000 | 吉林、山西、湖北、贵州 |
| | 1000~2000 | 云南、四川、甘肃、陕西、河南、河北、辽宁、黑龙江、浙江 |
| | 2000~5000 | 新疆、内蒙古、山东、江苏 |
| 实施进度<br>/% | 0~10 | 西藏、海南、广东、湖南、安徽 |
| | 10~30 | 北京、天津、上海、宁夏、青海、重庆、安徽、湖南、江西、福建、广西、广东 |
| | 30~50 | 吉林、山西、湖北、贵州 |
| | 50~100 | 甘肃、陕西、天津、江苏、浙江、北京、上海 |

#### 3.2.2.2 全国分灌区类型的改革实施及完成进度

如图 3-4 所示，将改革累计实施面积和改革累计完成面积，按照灌区类型进行分类统计，均呈现"大型灌区＞中型灌区＞小型灌区＞井灌区"的形势。目前大

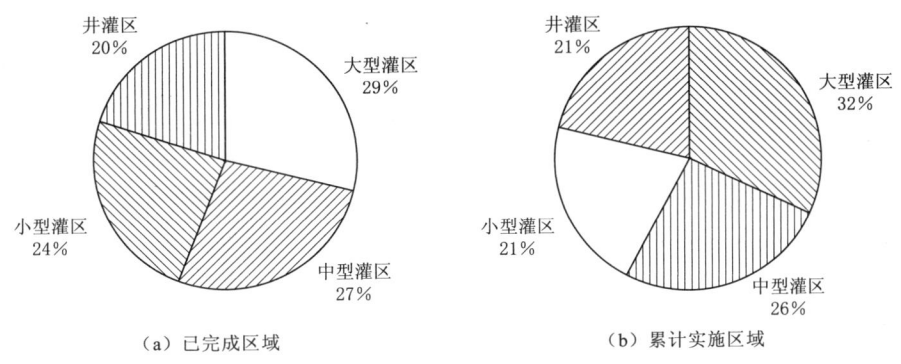

图 3-4　改革实施/完成区域灌区类型

型灌区改革累计实施和完成面积均为四类灌区之最,其次则为中型灌区。推测是因为大中型灌区工程、设施配套基础较好,且相关项目建设较为倾向大中灌区,改革工作开展有保障和支撑。而小型灌区和井灌区改革开展,受灌区规模相对偏小、地块分布较散、基础差、缺乏项目支持等诸多因素制约。

### 3.2.2.3 区域间改革进度差异

将全国31个省份按照南北方、东中西部和七大地理区域的形式进行区域划分,统计不同区域改革实施面积和实施进度,见表3-3。(注:下文区域划分方式与本表相同,不再标注。)

表3-3　　　　　　　　　　　区域改革实施进度对比

| 分类 | 地区 | 省　份 | 改革实施面积/万亩 | 占全国百分比/% | 改革实施进度/% |
|---|---|---|---|---|---|
| 南北方 | 北方 | 北京、天津、河北、山西、辽宁、吉林、黑龙江、山东、河南、内蒙古、陕西、甘肃、青海、宁夏、新疆 | 17935.16 | 59.90 | 32.68 |
| | 南方 | 上海、江苏、浙江、安徽、福建、江西、湖北、湖南、广东、广西、海南、重庆、四川、贵州、云南 | 11990.48 | 40.10 | 29.35 |
| 东中西部 | 东部 | 北京、天津、河北、辽宁、上海、江苏、浙江、福建、山东、广东、海南 | 13875.6 | 46.34 | 47.19 |
| | 中部 | 山西、吉林、黑龙江、安徽、江西、河南、湖北、湖南 | 5253.0 | 17.54 | 13.80 |
| | 西部 | 重庆、四川、贵州、云南、西藏、陕西、甘肃、青海、宁夏、新疆、广西、内蒙古 | 10135.5 | 33.85 | 35.27 |
| 七大区域 | 华东 | 上海、江苏、浙江、安徽、福建、山东 | 10493.11 | 35.05 | 46.84 |
| | 西北 | 甘肃、青海、宁夏、新疆、陕西 | 4863.65 | 16.24 | 45.09 |
| | 华北 | 北京、天津、河北、山西、内蒙古 | 5069.56 | 16.93 | 36.27 |
| | 西南 | 重庆、四川、贵州、云南、西藏 | 3367.33 | 11.25 | 31.52 |
| | 东北 | 辽宁、吉林、黑龙江 | 3010.15 | 10.05 | 21.27 |
| | 华中 | 湖北、湖南、河南、江西 | 2521.61 | 8.42 | 13.31 |
| | 华南 | 广东、广西、海南 | 614.82 | 2.05 | 11.89 |

如表3-3所示,截至2019年年底,仅东部、华东和西北地区农业水价综合改革实施进度达到预期标准(超过40%)。

从改革累计实施面积来看,全国各区域呈现"北方>南方""东部>西部>中部""华东>华北>西北>西南>东北>华中>华南"的形势。

从区域改革任务实施进度来看,与改革实施面积在排序上有相似趋势,仅在西北和华北地区在排序上略有不同。呈现"北方>南方""东部>西部>中部""华东>西北>华北>西南>东北>华中>华南"的形势。

## 3.2.3 与 2019 年相比 2020 年改革进程变化趋势

**3.2.3.1 全国农业水价综合改革开展速度略有放缓**

如图 3-5 所示,从全国改革总体实施进度来看,2020 年全国改革计划实施面积较 2019 年改革实施面积略有下降。我国农业水价综合改革工作开展采取"试点先行、先易后难"的原则,因此随着改革范围的不断扩大,后期改革难度会在一定程度上有所增加,改革速度出现下降也属正常现象。(数据来源:农村水利水电工作年度报告 2017—2020。)

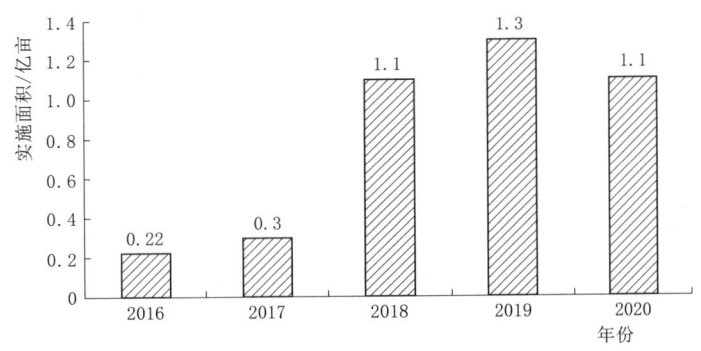

图 3-5　2016—2020 年全国农业水价综合改革实施面积

**3.2.3.2 近半省份 2020 年计划实施改革面积较上年有降低**

如图 3-6 所示,全国有近半省份(15 个)2020 年计划面积少于 2019 年新增面积,图中以青海省为界,青海及以前的省份 2020 年改革实施速度放缓,说明全国近半省份农业水价综合改革工作将进入攻坚阶段。整体进度排在全国前 15 位的省份中,12 省份 2020 年的改革速度较上年有所减缓。

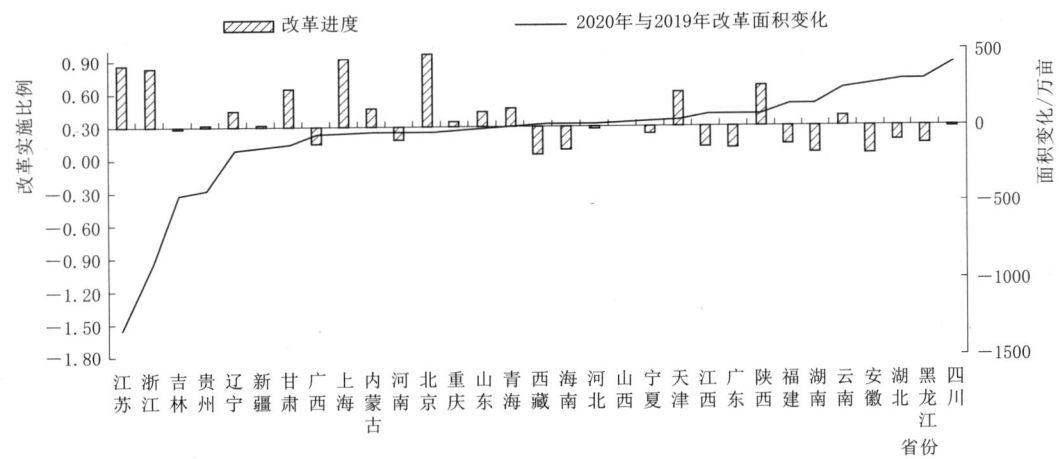

图 3-6　2020 年计划新增改革面积与 2019 年改革面积的差值

## 3.3 主要任务完成情况

### 3.3.1 农业执行水价对运营维护成本弥补情况

农业水价综合改革的重要目标,是通过提升农业水价来弥补工程运行维护成本的不足,实现农田水利工程的良性运转。基于2019年改革台账数据,对各省不同灌区类型,平均执行水价对农田水利工程运行维护成本的弥补情况进行分析和整理,结果见表3-4。改革区域农业执行水价弥补灌区水利工程运营维护成本的达标率呈现"井灌区最高,小型灌区其次,大中型灌区末级渠系再次,而大中型灌区骨干工程执行水价实现运营维护成本的达标率最差"的情况。大中型灌区骨干工程、末级渠系和小型灌区、井灌区,执行水价未达运行维护成本的比例分别达到77.78%、60.71%、54.17%和21.05%。

表3-4 全国不同灌区类型执行水价达到运行维护成本的情况(以省为单位)

| 指标 | | 大中型灌区 | | 小型灌区 | 井灌区 |
| --- | --- | --- | --- | --- | --- |
| | | 骨干工程 | 末级渠系 | | |
| 参与评价省份的数量 | | 27 | 28 | 24 | 18 |
| 达标的省份占比/% | 超过成本 | 7.41 | 14.29 | 25 | 31.58 |
| | 达到成本 | 11.11 | 25 | 22.83 | 47.37 |
| 不达标的省份占比/% | | 77.78 | 60.71 | 54.17 | 21.05 |

### 3.3.2 精准补贴和节水奖励资金落实情况

根据2019年台账数据,全年落实中央水利发展资金用于农业水价综合改革奖补的金额累计达8.85亿元,地方财政配套农业水价综合改革奖补资金累计13.9亿元。从全国来说,地方财政按照1.57∶1的比例配套中央财政资金用于落实当地农业水价综合改革精准补贴和节水奖励资金。

2019年各省地方财政在奖补资金的配套落实上存在较大差异,从30万元到1.96亿元不等。浙江最高为1.91亿元,共5地地方财政奖补资金投入超过1亿元;9省份超过5000万元;19省份超过1000万元。共14省份地方财政配套奖补资金超过中央财政安排奖补资金。其中,北京市中央和地方奖补资金配套比例达到1∶57;上海市达到1∶28.1;其余9省份配套比则在1∶5以内。2019年,中央财政安排的奖补资金占全国财政一般预算支出的0.252%,各省占比均低于中央,为0～0.249%。其中北京占比最高,达到0.249%;山西也超过0.2%;5省份的占比超过0.1%,另有10省份的占比不足0.01%。

### 3.3.3 供水计量、定额管理和管护机制配套情况

如表 3-5 所示，整体来看全国农业水价综合改革区域供水计量设施配套的情况最好，80.65% 的省份改革区域全部实现基本计量；改革区域管护机制落实情况其次，77.42% 的省份落实管护机制的田间工程控制面积等于（超过）改革实施面积；而用水指标细化分解进度相对落后，仅 58.06% 的省份改革区域全部落实用水指标细化分解，41.94% 的省份用水指标细化分解面积落后于改革实施面积。全国仅 6 个省份改革区域尚未完全实现供水计量设施配套，存在略微滞后。13 省份改革区域未全部实现用水总量指标细化分解，存在不同程度滞后。7 省份落实管护机制的田间工程控制面积少于改革实施面积，其中 3 省份仅是略有落后，4 省份存在明显滞后。特别是配套比例仍不足 50% 的两省份，需要加大改革力度，取得突破进展。

表 3-5　全国农业水价综合改革区域计量、定额管理和管护机制落实情况（以省为单位）

| 落实情况 | 计量 | 用水指标细化分解 | 管护机制落实 |
|---|---|---|---|
| 超量/% | 19.35 | 19.35 | 19.35 |
| 配套/% | 61.29 | 38.71 | 58.06 |
| 合格率（超量+配套）/% | 80.65 | 58.06 | 77.42 |
| 滞后/% | 19.35 | 41.94 | 22.58 |

总量控制和定额管理是农业水价综合改革工作落实的关键内容。水资源〔2013〕268 号文件要求"用水定额原则上每 5 年至少修订 1 次"。截至 2020 年 10 月，26 个省份（83.87%）的《农业用水定额》符合管理要求（表 3-6），另有 5 省份定额超期（或即将）使用，需尽快完成修订。

表 3-6　各省《行业（农业）用水定额》最新修订年份

| 年份 | 省　　份 | 个数 | 比例/% |
|---|---|---|---|
| 2020 | 山西、陕西、安徽、宁夏（审定） | 4 | 12.9 |
| 2019 | 广西、上海、江苏、浙江、山东、湖北、吉林、湖南、内蒙古、云南 | 10 | 32.26 |
| 2018 | 北京、天津、福建、海南、贵州 | 5 | 16.13 |
| 2017 | 黑龙江、江西、重庆、西藏、甘肃 | 5 | 16.13 |
| 2016 | 河北、四川 | 2 | 6.45 |
| 2015 | 辽宁、青海 | 2 | 6.45 |
| 2014 | 河南、广东、新疆 | 3 | 9.7 |

## 3.4　改　革　成　效

### 3.4.1　节水成效显著

2016 年改革全面开展以来，随着工程建设、节水技术推广、水价经济杠杆和

用水管理等多重手段的调控，农业用水效率全面提升，改革节水成效显著。如表3-7所示，2016年以来，全国农田灌溉水有效利用系数明显提升，到2019年共提升1.7个百分点；亩均用水量持续下降，到2019年累计减少12m³；农业用水总量减少，到2019年年用水量累计减少103.7亿 m³；农业占全国用水的比例出现新低，2019年为61.2%，降低1.2%。

表3-7 全国农业节水成效

| 年份 | 灌溉水有效利用系数 | 耕地实际亩均用水/m³ | 农业用水总量/亿 m³ | 农业用水占比/% |
|---|---|---|---|---|
| 2016 | 0.542 | 380 | 3768 | 62.4 |
| 2017 | 0.548 | 377 | 3766.4 | 62.3 |
| 2018 | 0.554 | 365 | 3693.1 | 61.4 |
| 2019 | 0.559 | 368 | 3682.3 | 61.2 |

数据来源：国家统计局网站，节水灌溉网。

如表3-8所示，改革区域农业节水成效显著，节水率在6.6%～51.4%不等，亩均节水量在20～392.5m³不等，进一步验证了改革对农业节水的促进作用。其中，重庆改革试点区域节水率最高达51.4%，亩均节水量为90m³，该地区降水丰富属补充灌溉区，灌溉需水量偏低，亩均节水量不高，但节水效率显著提升。吉林五家子灌区亩均节水量最高，达到392.5m³，节水效率也达到了36.4%，节水量和效率都很显著。

表3-8 不同农业水价综合改革区域节水成效

| 省 份 | 地 区 | 节水量/m³ | 节水率/% |
|---|---|---|---|
| 陕西 | 交口抽渭试点区 | 亩均21 | 17.5 |
| | 宝鸡峡阡东管理站 | 亩均26 | 18 |
| 山东 | 改革区域 | 亩均48.55 | 20.6 |
| | 青岛 | 亩均90 | — |
| 重庆 | 荣昌 | 亩均90 | 51.4 |
| 新疆 | 沙雅县 | 亩均312 | 40.0 |
| | 昌吉回族自治州 | 亩均69 | 16.91 |
| 宁夏 | 利通区 | — | 6.6 |
| | 五里坡灌区 | — | 13 |
| | 贺兰县常信乡 | — | 20 |
| 黑龙江 | 五常市 | 亩均125 | 21.7 |
| 吉林 | 五家子灌区 | 亩均392.5 | 36.4 |
| | 星星哨灌区 | 亩均185 | — |
| 河北 | 衡水 | 亩均40 | 21 |
| | 成安县 | 亩次10 | — |

## 3.4 改 革 成 效

续表

| 省 份 | 地 区 | 节水量/m³ | 节水率/% |
|---|---|---|---|
| 贵州 | 龙里县 | 亩均30 | 15.8 |
| 甘肃 | 高效节灌区 | 亩均120 | — |
| 江苏 | 阜宁 | 2017年节水7000万；2018年节水5000万 | — |
| 云南 | 陆良县 | 2017年总节水93.15万 | — |
| 浙江 | 改革区域 | 2019共节水2.34亿 | — |
| | 浦江县 | 亩均120（区域1600万） | 20 |

数据来源：《2018年农业水价综合改革典型案例》《2019年、2020年水利部全国农业水价综合改革座谈会》。

### 3.4.2 灌溉和生产效率提升

#### 3.4.2.1 省工、省时

随着改革工作地不断推进，农田水利基础设施逐步配套，管护机制逐步建立，农业供水服务水平提升，有效提高了灌溉效率。农业灌溉用工、用时都有明显降低。其中：

(1) 吉林省星星哨灌区实施改革后，农田单次灌水周期由8d缩短到6d。

(2) 河北邯郸市试点区，亩均灌溉从2h缩至1.5h。

(3) 黑龙江五常市试点区，亩均投劳降低0.4工日，按100元/工日计算，解决用工效益94.5万元；灌溉周期也从92d降至85d。

(4) 上海朱家角项目区，配套推广水肥一体化技术，省工效应明显。

(5) 宁夏五里坡灌区，灌溉周期缩短5d，亩均省工0.5个；贺兰县改革区域，通过灌溉渠道改造，灌溉时间节省2d。

(6) 浙江省浦江县通济桥灌区改革试点区，灌溉供水时间由2～3d缩至2～3h。

(7) 云南省陆良县试点区，灌溉条件改善，渠道输水效率提升，亩均灌溉工日由8d/a降至2d/a。

#### 3.4.2.2 农业增产增收

随着农业水价综合改革的开展，试点项目区工程建设和管护机制不断建立健全，农田水利基础设施完好率明显提升，灌溉条件有效改善，渠道输水效率显著提升，保障了农作物生育期供水，农业生产增产增收效果明显。

(1) 吉林五家子灌区，水稻实现亩均增产100kg（400～500kg）。

(2) 宁夏五里坡项目区，粮食作物亩均增产10kg。

(3) 云南曲靖市试点区，灌溉条件改善、复种指数提高，区域增产702万kg，亩均增收2458元。

(4) 甘肃改革区域，单方水增产15%，亩均增收300元。

#### 3.4.2.3 农业用水降费

农业水价综合改革区域，农业水价充分发挥了经济杠杆作用，对促进农业节水有明显的积极作用。尽管农业灌溉用水单位水价有所提升,但是农业节水的实现和奖补机制的落实,反而使农民最终的水费支出有所下降。这也验证了一种可能:即使提升农业水价,也可以实现农民减负。农业节水和奖补机制的综合作用下,完全可以降低农民水费负担,实现"提价—节水—降费"的良性循环。

如表3-9中所示,陕西境内多个试点区均出现"提价—降费"现象,亩均灌溉水费支出减少5~10元;山东、重庆、宁夏和江苏亩均灌溉水费支出降低额度超过10元,江苏省阜宁县亩均灌溉水费支出最高能减少36.5元。已有数据中,各省农业灌溉用水的降费幅度为6.6%~45%,其中最高降幅在江苏阜宁,达到45%。整体来说,北方地区水费降幅普遍低于南方地区,南方地区节水降费潜力更大。

表3-9　　　　　　　　　农业水价综合改革降费成效

| 省份 | 地　　区 | 当前水费支出/元 | 降费/元 | 降费比例/% |
|---|---|---|---|---|
| 陕西 | 羊毛湾灌区 | 亩均39 | 5~10 | — |
| | 宝鸡峡阡东管理站 | 亩次30/40(粮食/经济) | 5~7 | — |
| | 交口抽渭试点区 | 亩均33 | 6 | 15.38 |
| 山东 | 改革区域 | 亩均61.05 | 11.95 | 16.37 |
| 重庆 | 荣昌区清江镇示范区 | 亩均25 | 15 | 37.5 |
| 宁夏 | 五里坡灌区 | 亩均73 | 12 | 14.12 |
| 江苏 | 阜宁 | 亩均32.5~43.5 | 17.5~36.5 | 45 |
| 云南 | 曲靖市陆良县 | — | — | 8~12 |

数据来源:农业水价综合改革座谈材料整理。

## 3.5　改革特点及存在问题

### 3.5.1　改革特征

我国国土面积广,区域间的自然、经济和社会发展情况差异显著,受地形地势、水资源禀赋、农村社区文化、地方经济实力等因素影响,各项改革任务落实过程中,有着多样化、特色化、差异化、区域化的发展特征。

#### 3.5.1.1　定价方式

各地政府部门在农业水价定价方式上进行了多样化的探索和创新,为合理农业水价机制的形成做出了重要贡献。为了与当地改革推进模式和奖补措施配套,各地在定价方式存在一定的差异,但整体上可以总结出以下几种类型:

(1) 政府统一定价的终端水价(骨干工程+末级渠系运维成本)。
(2) 骨干工程政府定价+末级渠系协商定价。
(3) 全部协商定价(由村集体"一事一议"或协会商讨)。

(4) 骨干工程不变+末级渠系运行维护成本定价。

(5) 定额内水价（运行维护成本）全部由政府财政转移支付水费。

(6) 定额内骨干工程水费政府承担+末级渠系按运维成本定价。

(7) 实行差别水价：高耗水作物水价上浮，低耗水作物下浮；地表水水价低于地下水；大户按运维/全成本水价，农户按承载力定价。

(8) 分类水价：分作物、分效益、分水源。

(9) 超定额累进加价/阶梯水价。

### 3.5.1.2 计量方式

关于计量方式，整体上可以划分为以下五种类型：

(1) 信息化远程计量管理。有实力的地区建设信息化管理平台，实现自动化量测水、远程传输和实时监控，农户可以通过IC卡、App或微信公众号进行购水、缴费，甚至可以实现远程灌溉。而管理部门也可远程实现对农业用水和计量设施的监测和管理。

(2) 常规计量。在一部分重点改革区域，安装常规计量设施，确保实现精准计量。安装如明渠管道流量计、水电双控计量、流速计、智能水表、远程传输计量等在内的精准计量设施。

(3) "折水"计量。在井灌区、高扬程抽水等需要其他能源辅助提水的区域，采用以"电"折水、以"油"折水等方式实现用水计量。利用电表等设备对为提水而使用能源量进行计量，再通过权威部门核定的"水-电/水-油"转换系数计算实际用水量。另外还有部分灌区采用计"时"折水。

(4) 简易计量。在经济条件有限、计量设施配套压力大的地方，采用量水槽、量水堰（三角堰）、量水标尺、涵闸量水等简便、省钱的简易计量设施实现供水计量。

(5) 具有地方特色的"粗"计量。由于存在地块分散、资金短缺、地形复杂、基础差等自然社会经济因素限制，很多地方对于实现精准计量、按方收费存在一定的困难。当地也探索了一些具有地方特色的粗计量收费方式，推动改革的开展，例如："按亩+计量"结合、水票制和打捆分户计量等多种方式。

### 3.5.1.3 特色奖补方式

各地根据自身情况和政策要求因地制宜建立特色奖补办法，补贴形式有以下几类：①以奖代补，改革考核情况挂钩来年资金分配；②定额管理、节奖超罚，对节约水奖励，超用加价；③直接补贴（暗补），由政府补贴水价与运维成本间的差值；④"一提一补"，提高水价后，提价部分补贴农户/奖励农户；⑤间接补贴，对贫困地区以补贴电价的形式，降低水费压力；⑥水价打折，对低耗水作物或粮食作物，执行水价打折。

奖励和补贴对象涉及：市/县级政府、灌区管理单位、用水农户、新型农业经营主体、合作社或用水大户等以及管/放水员等。

对各地的奖补方式，有明显的区域特征：

（1）经济条件好的地区。多不存在资金问题，地方政府能积极配套、及时分配，保障资金落实。将是否配套资金作为对下一级政府改革验收的一票否决项。通过对水管员、协会、灌区、大户等进行奖励和补贴，对节水行为和优秀做法进行奖励，推动改革落实。

（2）粮食主产区。对于粮食作物定额内用水执行较低水价；部分地区实行适度抬高水价，再进行补贴的方式，激励节水的同时，保障粮食安全，且不增加农民负担；通过整合农田水利资金可用于改革的部分，落实奖补资金来源，地方财政在能力内尽可能进行奖补资金配套。

（3）水资源稀缺，且依赖灌溉的农业地区。利用节水奖励、水权回购、水权交易等奖补形式，激励节水；通过分类水价，对高耗水作物执行高水价，低耗水作物执行低水价，促进种植结构调整。

（4）水资源丰富，补充灌溉区，且财政情况相对好的地区。水资源丰富，灌溉需求小，则通过严格核定用水定额，执行（部分）定额内用水不收费，超定额收费的方式；或者骨干工程（政府管理）不收费，末级渠系按运维成本收费。

（5）大中型灌区。对于提灌泵站电价进行补贴；对于水价不能达到运行维护成本的差额进行补贴，纳入政府预算；实行收支两条线的收费方案。

### 3.5.1.4 创新管护方式

创新、探索了多种管护模式，促进水利工程良性运转。

（1）大中型灌区，专群结合。政府＋农户/协会形成"骨干-灌区（县、镇）＋群管-协会/农户"的分级管理模式。

（2）末级渠系和小型灌区，网格管理。建立"政府＋协会＋农户/水管员"的网格化管理模式，并以河湖长制、防洪抗旱队等其他基层水利机构为依托，落实管理。

（3）高效节水灌溉等项目区，建管投服一体化。发展PPP模式，政府资金引导、社会资本进行工程项目的投资、建设、管理，提供相关供水服务。

（4）经济条件较好地区和项目区选择购买服务。由政府向第三方农田水利服务公司"购买服务"，负责相关水利工程管护的模式。

（5）灌溉需求大的地区，公司制灌溉服务。成立专业化灌服公司，对工程进行"公司化、专业化、物业化"的管护。

（6）规模小的区域，商业保险管护模式。小型灌区、末级渠系、井灌区等不易统一监管的区域，对相关工程设施进行投保，由商业公司对损毁丢失设施进行理赔。

（7）重点区域，智能监管模式。在典型区域、重点区域、高效节水、产业园等项目区，重要农田水利工程设施处，利用物联网技术，实现远程操控、监控和管理的"互联网＋"智能监管模式。

## 3.5 改革特点及存在问题

#### 3.5.1.5 其他特色改革模式

（1）探索水权交易，推动农业节水。各地积极开展农业水权制度改革，不断建立健全水权交易平台，探索尝试农业水权的市场化交易。宁夏开展水权交易试点，2017—2018 年共交易 6 次，涉及水量 1788 万 $m^3$、资金 3.83 亿元。湖南桐仁桥灌区与中国水权交易所展开合作，以政府回购的形式探索农业水权交易。河北由政府以 0.2 元/$m^3$ 的标准回购农户节余水权，共回购水权 1.1 万 $m^3$，涉及资金 6.2 万元。内蒙古磴口县依托黄河干流盟市间水权转让，对 87 万亩灌区进行了节水改造。四川宜宾市，探索由县确定水权、发放水票，用水户节约水票可转让流通的水权交易方式。新疆昌吉在 2019 年交易水量 4338.5 万 $m^3$，涉及资金 2440.5 万元。

（2）利用小型水利工程产权进行抵押贷款。改革区域对小型农田水利工程产权下放，部分地区以工程产权为抵押物开展金融贷款服务，支持当地农田水利工程运维管理。宁夏开展了工程产权抵押的金融贷款服务，累计提供贷款 500 多万元。黑龙江省克山县，利用机电井和大型喷灌设备，办理抵押贷款 20 万元。福建永春推出"融水贷"，抵押小型农田水利工程产权、优惠利率，贷出 3 笔共 260 万元。贵州利用小型水利资产抵押成立村级水务公司负责工程维养。

### 3.5.2 存在问题

#### 3.5.2.1 改革力度不够，大部分地区难以按期完成改革目标

从 2016 年至 2019 年农业水价改革进展情况来看，截至 2019 年年底全国农业水价综合改革累计实施面积达到 2.99 亿亩，占全部改革任务的 31.15%，整体进度偏慢；31 省份中仅 11 省份进度达预期；华中和华南地区改革进度甚至未达 20%。2020 年按计划完成改革面积后，未来年均改革实施面积需达到 1.094 亿亩以上，而随着改革的不断扩大，改革开展难度也将进一步提升，改革后期想要保证当前速度显然极具挑战，想要按期完成改革，按当前进度和力度来看显然是不够的。

#### 3.5.2.2 改革差距不断拉大，基础条件较差的地区面临更严峻的改革困境

我国农业水价综合改革走试点先行、以点带面、重点区域率先开展、好的省份率先完成的路线。随着改革的持续开展，区域间差距进一步拉大，基础条件较差区域面临着更严峻的改革困境。

（1）区域间改革进展差异大。整体呈现：北方＞南方；东部＞西部＞中部；华东＞西北＞华北＞西南＞东北＞华中＞华南，仅东部地区以及华东、西北可按期完成改革，其他地区改革进展落后严重。

（2）区域间改革基础差异大。改革初期各地普遍选择基础条件较好的区域开展，近年逐渐向基础较差的地区发展，改革的开展面临更大挑战。区域差异表现在：大中型灌区与小型灌区工程设施基础差异大；缺水区与丰水区之间干部群众改革意愿差异大；各省间经济发展水平不同，资金配套能力差异大；粮食主产区与其他地区改革任务差异大。

#### 3.5.2.3 资金投入不足和配置低效，导致改革资金短缺问题愈渐突出

多年来，资金短缺始终是制约改革工作开展的共性问题。随着越来越多的项目资金纳入改革的资金支配范围，资金问题也不仅表现在投入不足上，还出现了配置效率低的新问题，资金短缺问题愈发突出。这种低效行为主要表现在以下几点：一是，区域间经济水平不同，改革资金投入差异大；二是，改革先行试点区，不能对周边地区产生了带动作用，反而出现"极化效应"，使资金继续向试点区域集约；三是，严格的资金管理制度下，由于对制度解读的不足，出现了资金管理"一刀切"的现象，反而造成了资金配置的低效。

#### 3.5.2.4 农民用水协会低效，出现空壳化、僵尸化、注销潮

农民用水协会作为重要的基层水利管理组织，是农民参与自治的重要途径，也是协调基层灌溉问题、加强政府与农民沟通的关键环节。改革初期，协会在水价协商、水费收取、区域协调、纠纷解决、末级渠系管理等多个方面发挥了重要的作用。但近年来协会在改革中的作用下降，主要存在以下几点问题：

（1）人员管理能力不足、专业技能缺失，对工程的运行维护管理能力不足、灌溉服务也不到位。

（2）水价偏低、资金短缺，执行水价难以实现协会和末级渠系工程的运行维护成本，财政无法提供补贴，协会出现空心化。

（3）协会功能和工作内容较为单一，在实际工作中并不具有长效、稳定、持续的工作需求，抗风险能力不足，工作开展缺乏可持续性。

（4）政策限制，协会注销。根据《社会团体登记管理条例》及有关规定，对自成立以来，因缺乏运行经费和办公场所，而未无常态化工作的农民用水协会做注销处理。

#### 3.5.2.5 意识和激励机制不健全，导致改革内生动力不足

对于农业水价综合改革的抵触情绪不只反映在农民身上，也同时出现在了基层管理人员身上，这也为改革工作的开展和落实带来了巨大的挑战。具体表现在：

（1）基层管理人员对改革重要性认识不足。尽管国家层面充分认识到改革重要性和迫切性，地方实践中则发现，与北方相比，南方地区的改革积极性明显不足，甚至还曾出现取消农业水费的呼声（姜文来 等，2019），这与当地水资源丰富、供需矛盾不尖锐有关。

（2）2018年不再对改革进行单独绩效评价，虽然减轻了基层的工作负担，但也削弱了激励改革的动力。

（3）缺乏惩罚机制，导致了改革内生动力不足，目前来说改革推动好的地区没有获得奖励，推动不好的也没有什么惩罚，有"吃大锅饭"之嫌（姜文来，2018）。

## 3.6 小结

（1）2006年《关于农业末级渠系水价收费管理的通知》的发布，拉开我国农业

## 3.6 小　　结

水价综合改革的序幕,在经历了初始、深入试点和全面推开三个阶段后,到2020年改革进入更加复杂的分类施策阶段。随着改革的推进和政策的调整,我国农业水价综合改革实现了从"重工程"到"重机制"的关键变迁,并逐渐形成了水价、奖补、管护和用水管理四大指导改革的重要机制。

(2)农业水价综合改革共需要完成全国范围内9.6亿亩有效灌溉耕地,改革时限为10年;改革任务的分布有着明显的区域化差异,灌区类型由北向南呈现"井—大—中—小"递变的规律。改革总体进度显著,到2019年年底改革累计实施2.99亿亩,占全部任务的31.15%;各省间改革实施面积存在明显差异,这一差异反映在省域间、地域间以及不同灌区类型间。灌区类型呈现"大＞中＞小＞井";区域间呈现"北方＞南方""东部＞西部＞中部""华东＞西北＞华北＞西南＞东北＞华中＞华南"。改革发展趋势上,年新增改革面积整体呈增长趋势,但2020年有小幅下降;省域上,改革领先地区增速放缓,进度落后地区有提速趋势。

(3)改革区域围绕相关机制建设和各项任务完成的情况,整体来看进展显著,但仍然需要加快相关制度建设和机制落实。农业执行水价对运营维护成本的弥补不足,存在一定成本缺口,大中型灌区骨干工程弥补最差。奖补资金配套和落实情况有明显的区域差异,整体来看地方政府投入力度低于中央,个别省份投入较多,全国奖补资金中央、地方配套比为1∶1.57,中央财政安排的奖补资金占全国财政一般预算支出的0.252%,各省占比均低于该值。80.65%的省改革区域全部实现基本计量;77.42%的省份落实管护机制的田间工程控制面积等于(超过)改革实施面积;而用水指标细化分解进度相对落后,仅58.06%的省份改革区域全部落实用水指标细化分解。

(4)改革区域,农业节水效益明显、生产效率提升、灌溉费用降低。2016—2019年,全国农田灌溉水有效利用系数明显提升,农田亩均用水量持续下降,农业用水总量不断减少,农业用水占全国用水的比例出现新低。随着灌溉工程质量和供水服务水平的提升,改革区域灌溉保障率提高,灌溉工作愈渐省时、省工、省力。由于农业节水效果显著,部分地区在提价后,仍实现了水费支出的降低。

(5)农业水价综合改革过程中,政府部门积极探索适合当地自然经济社会状况的改革方案,克服改革中的困难和阻力,切实推动改革工作落实。根据地方经济实力、农民承载力水平和灌溉特性发展多样化的农业水价定价方式和计量方式,创新奖励补贴和工程管护方式。

(6)随着改革工作的深入开展和改革范围的逐渐扩大,改革中面临的困难和挑战也愈渐凸显。整体来看,主要包括:改革力度不够;改革差距不断拉大;资金短缺问题愈渐突出;农民用水协会低效,出现空壳化、僵尸化、注销潮;改革内生动力不足等。

# 第4章 全国农业水价综合改革进展评估研究

2020年是农业水价综合改革在全国范围内全面推进的第5年，改革在工程建设、机制配套、管护责任落实以及节水增效等多个方面均取得了显著成效。但各地在自然、经济和社会情况等方面的差异，使其在实施面积、工程和机制建设等改革工作开展情况上差距明显。部分省份已经或即将迎来改革验收，部分省份改革进展则显著落后，这与区域间的自然社会差异有关，但也与缺乏科学、明确、清晰的改革进程及绩效评价体系和相关惩罚及激励机制有重要关系。建立系统、科学的农业水价改革进展评估体系，对于反映区域间改革实施进展的差异，发现改革中存在的突出问题，推动改革实施、提升改革效率具有重要意义。基于系统性的改革进展评价，建立合理的绩效评价和激励机制，有利于激发地方政府部门的改革动力，加快改革各项任务的落实。

## 4.1 指标识别

### 4.1.1 农业水价综合改革评估的特点

农业水价综合改革评估有以下特点：

（1）以改革工作评价为主。农业水价综合改革是以建立健全水价、管护、管理、奖补机制为主，以完善工程设施配套为辅，以促进农业节水和农业可持续发展为最终目标的一项复杂的综合性改革。本次评估重点评价内容为：各省改革任务实施进展，以及落实改革过程中开展的各项工作（对各项政策、机制的建设和落实，以及工程的配套等）。

（2）改革成效难以估计。农业水价综合改革最终目标是实现农业水价的提升，促进农业节水和水利工程良性运转的同时不增加农民负担，但是当前对于各省改革成效的定量评价存在一定难度。对于某一改革区域的节水效果评价容易，但是对省域节水效果的定量评价存在一定难度，需要投入更多的人力物力；而对于水利工程良性运转的评价，目前也只能停留在定性分析上。

（3）评估目标明确。2016年国办《意见》及2017—2020年国家发展和改革委员会关于改革的《通知》，对于农业水价综合改革的主要工作任务和改革目标做出了明确阐述，因此农业水价综合改革进展评估的目标也很明确，围绕相关政策意见则可完成指标选取和评价标准确定。

（4）周期性长。周期性长表现在两个方面：一是农业水价综合改革的周期性比较长，有十年的时间；二是各项任务的开展和落实周期比较长，一些制度的修订和落实存在一定的时间差，因此在评价标准确定的过程中也需要做出一定考量。

（5）地域差异显著。我国地域辽阔，各地在地形地势、气候条件、水资源禀赋和经济社会发展水平上都存在显著差异。一方面，指标制定的过程中，要考虑各地发展底数对改革的影响；另一方面，也要考虑同一省份不同地域间的差异，在指标评价选择和评价标准设定的时候，既要反映区域间在改革工作落实上的差异，也要考虑弱势地区制约改革开展的困难。

## 4.1.2 指标选择的原则

农业水价综合改革评估的指标选择应遵循以下原则：

（1）相关性原则。指标应与农业水价综合改革开展和评价有直接联系，能够反映各地农业水价综合改革工作开展的进度和落实情况，紧紧围绕相关政策中提出的改革工作重点和目标。

（2）经济性原则。指标的选取应该考虑现实条件和可操作性，数据获取符合成本效益原则，在合理成本的基础上收集信息。

（3）差异性原则。选取的指标应该能够反映各省改革工作开展差异，各省均已完成的一些工作任务就不必再进行单独评价。

（4）定性和定量相结合的原则。定量的指标具有客观性，但是定量的数据不能够真实准确地体现各地改革的实际情况，在进行定量数据核算的同时，还应该根据调研和实际情况，利用定性分析方法进行修正。

## 4.1.3 指标确定依据和初步识别

根据国办发〔2016〕2号、发改价格〔2017〕1080号、发改价格〔2018〕916号、发改价格〔2019〕855号、发改价格〔2020〕1262号等相关政策文件，对农业水价综合改革评价指标进行梳理和提炼，对政策变动、改革目标、重点进行归纳和整理后，确定以下六个部分共23项改革进展评价指标，见表4-1。

表4-1　　　　　　　根据多项政策初步识别指标评价体系

| 一级指标 | 二级指标 | 序号 |
| --- | --- | --- |
| 改革工作开展 | 当年改革计划完成情况 | 1 |
| | 累计改革实施进度 | 2 |
| 建立健全农业水价形成机制 | 机制建立 | 3 |
| | 分级、分类、分档 | 4 |
| | 成本监审 | 5 |
| | 提价到运行维护成本 | 6 |

续表

| 一级指标 | 二级指标 | 序号 |
|---|---|---|
| 建立精准补贴和节水奖励机制 | 机制建立 | 7 |
|  | 资金落实 | 8 |
|  | 不增加农民负担 | 9 |
| 工程建设和管护机制 | 机制建立 | 10 |
|  | 计量设施 | 11 |
|  | 工程建设 | 12 |
|  | 管护责任落实 | 13 |
|  | 其他项目同步建设 | 14 |
| 用水管理机制 | 农业水权明晰（用水总量指标分解） | 15 |
|  | 及时修订用水定额 | 16 |
|  | 节水技术推广 | 17 |
|  | 种植结构调整 | 18 |
| 工作机制 | 协调指导 | 19 |
|  | 宣传引导 | 20 |
|  | 台账制度 | 21 |
|  | 规划编制 | 22 |
|  | 监督考核 | 23 |

## 4.2 指标体系构建

因各省均已出台《农业水价综合改革实施办法》，确立改革方案，初步建成奖补、合理水价、用水管理和管护机制，建立联席会议制度、绩效考核、监督管理等工作机制，对于机制建设、方案出台等政策建设类指标的评价并不能反映省份间的差异。因此本次评价中，剔除这些各省份均已达标的指标，只选择能够反映区域差异的指标。

### 4.2.1 指标体系

根据2016年以来国办发展改革部门的相关通知和意见，选择了与改革重点工作和改革目标相关联的指标，评价农业水价综合改革情况。再根据差异性等指标选择原则，剔除了如机制建设、台账、绩效、宣传、监督等各省均已开展落实，且不便对比好与不好的指标。最终获得见表4-2的5类共8个指标。

根据改革目标任务和评估需求对以下指标进行了描述、解析，并明确了计算方法，具体如下：

## 4.2 指标体系构建

表 4-2 农业水价综合改革评估指标评价体系

| 一级指标 | 二级指标 | 指标解释 | 编号 |
| --- | --- | --- | --- |
| 改革实施进度 | 改革进度 | （累计实施改革面积＋2020年计划面积）/改革目标 | $X_1$ |
| 水价形成机制 | 运维成本达标率 | 大中灌区骨干工程、末级渠系和小型灌区、井灌区执行水价占运行维护成本的比率 | $X_2$ |
| 工程建设和管护 | 计量配套率 | 实现计量的面积/改革面积 | $X_3$ |
| | 管护机制落实率 | 实现管护的面积/改革面积 | $X_4$ |
| 用水管理机制 | 用水指标细化分解率 | 用水指标细化分解面积/改革面积 | $X_5$ |
| | 用水定额更新情况 | 是否在5年内更新过《行业（农业）用水定额》 | $X_6$ |
| 精准补贴和节水奖励 | 地方、中央财政奖补资金配套比 | 地方配套奖补资金/中央奖补资金 | $X_7$ |
| | 中央财政水利发展资金分解落实情况 | 中央财政水利发展资金（用于农业水价综合改革部分）是否及时达到并完成分解 | $X_8$ |

数据来源：2019年农业水价综合改革台账。

（1）改革进度 $X_1$：指到2020年年底，按计划实施改革面积后，各省改革累计实施面积占2016年确定的改革目标的比例（%），能够从整体上对各省农业水价综合改革开展情况进行评估。其值越大，说明当地改革推进情况越好。

（2）运维成本达标率 $X_2$：根据国办意见应逐步提升农业水价，最终达到运行维护成本甚至全成本，现行水价是否能达到运行维护成本，以及达标率，是评价当地农业水价综合改革进展的重要指标。计算方法如下：

$$S = \sum_{i=1}^{4} S_i, \ i = 1,2,3,4 \tag{4-1}$$

$$X_{2i} = p_i / P_i \tag{4-2}$$

$$X_2 = \sum_{i=1}^{4}(S_i/S \times X_{2i}), \ i = 1,2,3,4 \tag{4-3}$$

式中：$S$ 为总面积；$S_i$ 为不同灌区类型面积；$X_{2i}$ 为不同灌区运营成本达标率；$p_i$ 为不同灌区执行水价；$P_i$ 为运行维护成本水价；1为大中型灌区骨干工程；2为大中型灌溉工程末级渠系；3为小型灌区；4为井灌区。

（3）计量配套率 $X_3$：反映改革实施区域计量设施配套情况，可根据当地自然经济社会条件，因地制宜配套不同标准的计量设施，但改革区域要能满足基本的计量需求（如大中型灌区：骨干工程和田间工程分界点实现计量；井灌区：实现取水计量）。

（4）管护机制落实率 $X_4$：反映改革实施区域田间工程管护责任落实情况，根据改革实施面积和落实管护机制的田间工程控制面积计算获得。工程建设和管护机制是改革四大机制的重要组成，完善的工程管护是实现水利工程良性运转的重要保障，根据改革要求农业水价改革实施区域应同步落实管护机制。

（5）用水指标细化分解率 $X_5$：是反映改革区域用水总量控制和定额管理制度

落实情况的指标。也是改革四大机制之一用水管理机制的实现途径。

（6）及时更新《行业（农业）用水定额》$X_6$：用水指标定额是落实农业用水定额管理、实施超定额累进加价制度的重要依据。随着农业生产水平、工程完好率和输水效率的提升，农业种植结构调整等自然社会因素的变化，应及时更新用水定额，以适应新的灌溉用水需求情况，才能更好地促进农业节水。水资源〔2013〕268号文件要求，用水定额至少每5年应修订1次。

（7）地方、中央财政奖补资金配套比$X_7$：用于评价中央财政水利发展资金下达后地方财政配套资金落实情况。中央用于改革部分的资金并不能满足各省奖补的资金需求，中央财政资金落实后，地方财政应进行配套。这一评价指标，能够激励和引导各省对于改革和奖励补贴机制的重视，缓解改革资金投入不足和奖补资金难落实的现象。

（8）中央财政水利发展资金分解落实情况$X_8$：财政部将下一年度水利发展资金下达省级财政部门后，省财政应及时分解落实用于农业水价综合改革的预算。财农〔2016〕181号文件中明确规定，水利发展资金包含农业水价综合改革相关支出。

## 4.2.2 权重确定

从改革的目标出发，以围绕改革出台的相关政策文件为基础，明确了农业水价综合改革进展评价的准则层，应从改革实施进展和四大机制落实情况着手，设置"进展＋四大机制"共5个指标为指标准则层（图4-1）。每个准则层指标下分出二级指标，构成评价体系的指标层，即第二层次指标。

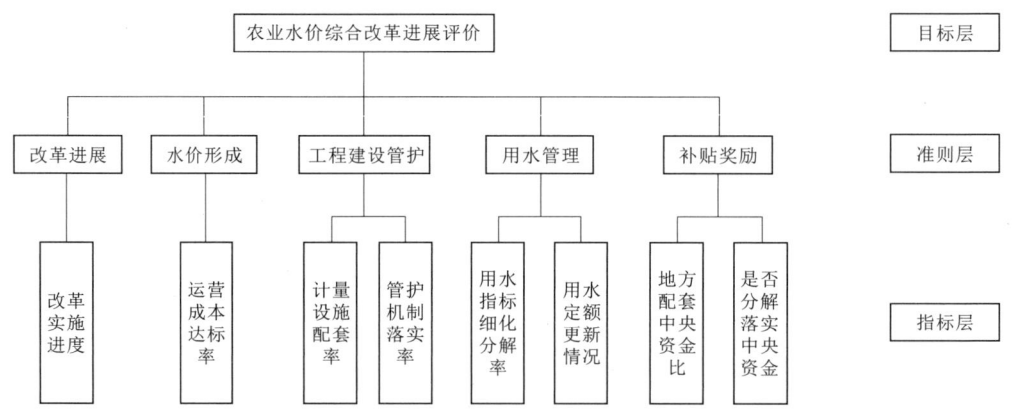

图4-1 农业水价综合改革进展评价指标层

#### 4.2.2.1 确权方法

权重确定是综合评价的关键步骤，权重对于综合评价的最终结果有着重要影响。已有研究中，探索形成了多样化的确权方法，具体可以分为主观赋权法、客观赋权法两类，这两类方法各有其优势和缺点，在实际研究中可以根据研究对象、研究需求和评价结果的用途进行选择。主观赋权法，包括Delphi、层次分析法等，是

## 4.2 指标体系构建

专家根据经验和现实状况做出的决策,其结果能合理反映现实状况,避免数据问题造成与现实的差异,但受专家主观偏好影响;客观赋权法,则比较丰富包括熵权法、因子分析、标准离差法等,是对原始数据中信息的挖掘,用数学方法度量,客观性强,但缺少专家经验和决策者意见,结果与实际常有差异。单一地采用一种方法,将会使评价结果偏主观或客观,与实际不符(李钰 等,2014)。近年来,诸多研究中选择了主观、客观相结合的组合赋权法,两类结果相互修正,准确性更高(关鑫,2019)。本研究中分别从指导政府决策和客观评价两个角度进行农业水价综合改革进展评价,根据评价目标的不同,分别选择了与之适应的确权方法。

(1) 以指导政府决策为目标的政策评估。为了更好地指导政府决策,在基于政府决策目标的农业水价综合改革评估中选择了主观赋权法,以近年来国家发展和改革委员会农业水价综合改革年度考核中相关指标的权重为参考,通过专家咨询的方式确定指标权重。

(2) 以客观评价为目标的加权TOPSIS评价。在以客观评价为目标的加权TOPSIS评价中,选择主观、客观相结合的组合赋权法确定指标权重,其中主观权重部分以专家咨询结果为准,而客观赋权方法选择了熵权法,该方法能够更好地反映评价对象之间的差异,适合本次评价的差异性需求。

#### 4.2.2.2 主观赋权结果

相关政策强调改革应遵循"先建机制、后建工程"的原则,同时考虑近年改革年度考核赋权结果,认为改革进度和四大机制处于相等的地位,初步对指标层的五个一级指标赋予等权处理。再根据指标的表现省域间改革进展差异性的程度,以及指标的相对重要程度,对于二级指标进行赋权,并根据二级指标权重对一级指标权重进行调整,初步确定指标权重。对于初步确定的指标权重进行专家咨询,根据专家意见对于指标权重进行调整和优化。最终确定指标权重 $A_1$ 为

$$A_1 = (0.2, 0.2, 0.1, 0.15, 0.1, 0.05, 0.1, 0.1)$$

#### 4.2.2.3 熵权法赋权

熵最先由申农引入信息论,目前已经在工程技术、社会经济等领域得到了非常广泛的应用。熵权法的基本思路是根据指标变异性的大小来确定客观权重(刘笑可,2018)。信息熵 $E_j$ 越小,表明指标值的变异程度越大,提供的信息量越多,在综合评价中所能起到的作用也越大,其权重也就越大。

熵权法赋权步骤(栗欣如,2020):

(1) 指标同质化(本书指标为同向,这一步骤略)。

(2) 将各个指标的数据 $X_{ij}$ 进行标准化处理,标准化后的指标值 $Y_{ij}$ 为

$$Y_{ij} = \frac{X_{ij} - \min(X_{ij})}{\max(X_{ij}) - \min(X_{ij})} \quad (4-4)$$

(3) 求各指标的信息熵。根据信息论中信息熵的定义,一组数据的信息熵 $E_j \geqslant 0$,有

$$E_j = -\ln(n)^{-1} \sum_{i=1}^{n} p_{ij} \ln(p_{ij}) \tag{4-5}$$

$$p_{ij} = Y_{ij} / \sum_{i=1}^{n} Y_{ij} \tag{4-6}$$

式中：$Y_{ij}$ 为标准化后的指标值，$j=1,2,\cdots,n$。

（4）确定各指标权重。根据信息熵的计算公式，计算出各个指标的信息熵为 $E_k$。通过信息熵计算各指标的权重 $W_i$：

$$W_i = \frac{1-E_i}{k-\sum_{i=1}^{n} E_i}, \quad i=1,2,\cdots,k \tag{4-7}$$

式中：$E_i$ 为指标信息熵；$k$ 为指标数量。

#### 4.2.2.4 主观、客观结合的组合赋权法

根据主观赋权法和熵权法确定了评价农业水价综合改革进展的两组权重（表4-3），对两组权重求取算术平均数确定组合权重。

表4-3　　　　基于主观、客观结合的组合赋权法确定的指标权重

| 编号 | 指标名称 | 信息熵 | 熵权法权重 | 主观权重 | 综合权重 |
|---|---|---|---|---|---|
| $X_1$ | 改革进度 | 0.9181 | 0.1105 | 0.2 | 0.1552 |
| $X_2$ | 运维成本达标率 | 0.9413 | 0.0792 | 0.2 | 0.1396 |
| $X_3$ | 计量配套率 | 0.9543 | 0.0617 | 0.1 | 0.0808 |
| $X_4$ | 管护机制落实率 | 0.7233 | 0.3735 | 0.15 | 0.2618 |
| $X_5$ | 用水指标细化分解率 | 0.9470 | 0.0715 | 0.1 | 0.0857 |
| $X_6$ | 用水定额更新情况 | 0.9658 | 0.0462 | 0.05 | 0.0481 |
| $X_7$ | 地方配套中央财政奖补资金比 | 0.8495 | 0.2031 | 0.1 | 0.1516 |
| $X_8$ | 中央财政水利发展资金分解实情况 | 0.9598 | 0.0543 | 0.1 | 0.0771 |

## 4.3　以指导政府决策为目标的农业水价综合改革进展评估

### 4.3.1　指标评价标准

对于政府部门来说，本次评价的目标是明确各省是否按时完成规定中应完成的任务，改革进度是否达标，在改革实施区域是否同步落实计量配套、合理水价、指标分解、资金和管护责任等改革任务，并根据评价结果发现各地改革短板，分类指导和督促当地改革工作有序落实，切实保障全国范围内的农业水价综合改革按时完成。由此可以确定，以指导政府决策为目标的农业水价综合改革进展评估中，各指标的评价标准见表4-4。

### 4.3 以指导政府决策为目标的农业水价综合改革进展评估

表 4-4　　　　　　　农业水价综合改革进展评价指标评价标准

| 编号 | 指 标 名 称 | 评价标准 | 评 价 方 法 |
|---|---|---|---|
| $X_1$ | 改革进度 | ≥50% | 记为满分（京、沪、苏、浙＝100%） |
| $X_2$ | 运维成本达标率 | ≥100% | 记为满分 |
| $X_3$ | 计量配套率 | ≥100% | 记为满分 |
| $X_4$ | 管护机制落实率 | ≥100% | 记为满分 |
| $X_5$ | 用水指标细化分解率 | ≥100% | 记为满分 |
| $X_6$ | 用水定额更新情况 | 5年内修订完成 | 记为满分 |
| $X_7$ | 地方配套中央财政奖补资金比 | ≥1.57:1 | 记为满分 |
| $X_8$ | 中央财政水利发展资金分解落实情况 | 有 | 记为满分 |

（1）改革进度 $X_1$：根据国办发〔2016〕2号，2016年起全国用10年时间完成改革任务，即到2020年年底实现改革进度≥50%，则计为满分；<50%的，按"改革进度×满分/50%"计算。（其中，北京、上海、江苏、浙江在2020年完成改革，因此进度达100%计为满分。）

（2）运维成本达标率 $X_2$：当前阶段改革的目标是令农业执行水价达到运行维护成本，因此改革区域运维成本达标率≥100%，则计为满分；不足100%的按"运维成本达标率×满分"计算。

（3）计量配套率 $X_3$：改革区域应基本实现计量配套，即计量配套率达到100%，计为满分；不足100%的按"计量配套率×满分"计算。

（4）管护机制落实率 $X_4$：已实施改革区域应全部落实管护机制实现田间工程控制，管护机制落实率100%及以上，计为满分；不足100%，即改革区域管护机制尚未全面落实，则按比例计算得分："管护机制落实率×满分"。

（5）用水指标细化分解率 $X_5$：已实施改革全部完成用水指标细化分解，即用水指标细化分解率100%及以上，计为满分；不足100%的，则按比例计算得分："用水指标细化分解率×满分"。

（6）及时更新《行业（农业）用水定额》$X_6$：5年内修订完成《行业（农业）用水定额》的，计为满分；修订中未及时公布的，计50%分；尚未开展修订工作的，计0分。

（7）地方、中央财政奖补资金配套比 $X_7$：2019年，全国地方中央资金配套比为1.57:1，地方、中央财政奖补资金配套比≥1.57，则计为满分；<1.57的，则按比例计算得分："资金配套比/1.57×满分"。

（8）中央财政水利发展资金分解落实情况 $X_8$：及时足量地分解下达中央财政水利发展资金中用于农业水价综合改革的部分计满分，未下达计0分；及时但未足量的按比例计算（下达量/应下达量×满分）。

## 4.3.2　模型构建

根据上述评价标准，可以计算各省农业水价综合改革在改革进度、设施配套等

方面的得分。那么则有 $i$ 省在指标 $j$ 上加权后的得分为

$$y_{ij}=100a_j\times(x_{ij}-b_j) \quad (4-8)$$

根据对各省各指标加权后的得分求和,可得综合得分:

$$Y_i=\sum_{j=1}^{n}y_{ij} \quad (4-9)$$

式中:$a_j$ 为权重;$x_{ij}$ 为指标数值;$b_j$ 为指标评价标准;$n$ 为评价对象数量。

### 4.3.3 全国农业水价综合改革进展政策性评估结果

根据表4-4中的评价标准和式(4-8)、式(4-9),对31省份农业水价综合改革进展进行政策性评价。结果显示:从指导政府决策的目标出发,全国31省份改革进展政策性评价得分从53.548分到100分不等,均值为79.856。整体来看,改革区域供水计量配套情况最好;管护机制落实情况其次;中央用于奖补资金的分解情况相对较好,但地方奖补资金配套情况比较差;改革进度和运维成本达标情况都相对落后,各省均分偏低。

全国31省份中,上海改革进展政策性评价结果最好,得分最高为满分;北京评价结果其次,为99.94分,仅在改革进度上存在细微差距(可能存在统计误差,或是有效灌溉面积变动)。见表4-5,包括上海、北京、江苏、重庆、陕西在内的5省份评分在95分以上,另有6省份评分在90分以上(满分100分);黑龙江、河南、西藏和吉林等在改革进度和相关机制的落实上偏慢。其中,西藏改革进度整体较慢、运维成本达标率低,且未及时分解落实中央资金。黑龙江、河南和吉林3省份则属于粮食主产区,整体改革压力较大,粮食产区农民水价承载力有限,3省份执行水价与运维成本仍存在较大缺口;河南和吉林改革区域在用水指标细化分解上存在滞后;黑龙江和河南在地方财政对中央奖补资金的配套上存在不足。值得注意的是,粮食主产区改革进展整体偏慢,全国13个粮食主产区中,8省份改革进展评估结果排在全国靠后,仅江苏评价得分超过95分。

表 4-5　　　　　　　各省农业水价综合改革进展政策性评价

| 得　分 | 地　区 |
|---|---|
| 50~60 | 黑龙江、吉林、西藏、河南 |
| 60~80 | 新疆、青海、宁夏、河北、湖北、安徽、湖南、江西、云南、海南、广西、广东 |
| 80~95 | 贵州、四川、福建、浙江、山东、天津、辽宁、山西、内蒙古、甘肃 |
| 95~100 | 陕西、重庆、江苏、上海、北京 |

### 4.3.4 全国农业水价综合改革进展政策性评价区域性差异

如表4-6所示,将全国31省份改革进展评价结果,按照不同区域划分尺度进行分区,并对区域评价结果进行统计。整体呈现"南方>北方""东部>西部>中部""华东>华北>西北>西南>华中>东北>华南"趋势。

## 4.3 以指导政府决策为目标的农业水价综合改革进展评估

表 4-6　　　　农业水价综合改革进展政策性评价区域差异

| 分　类 | 地　区 | 评　价　均　分 |
|---|---|---|
| 南北方 | 北方 | 80.010 |
| | 南方 | 81.455 |
| 东中西部 | 东部 | 86.698 |
| | 中部 | 70.014 |
| | 西部 | 77.260 |
| 七大区域 | 华东 | 90.796 |
| | 西北 | 81.141 |
| | 华北 | 88.690 |
| | 西南 | 79.301 |
| | 东北 | 67.805 |
| | 华中 | 70.305 |
| | 华南 | 66.820 |

（1）南北方改革进展评价。与改革实施进度上呈现"北方＞南方"的趋势不同，农业水价综合改革进展的政策性综合评价中，南北方区域改革综合评价呈"南方＞北方"的趋势。

评价结果虽然与改革进度存在差异，但却也可以给出合理解释。改革实施进度是改革进展综合评价中的重要组成，但并非唯一因素。改革进展综合评价中考虑因素更多、结果更具综合性，既要注重改革"量"的问题，还要注重改革的"质"。改革速度快的地方，还要配套落实好相关机制，才能得到更好的评价结果。

此外，区域改革进展的均衡性，也决定了南北方的区域改革综合评价结果。尽管北方地区有北京和陕西两省份得分在 95 分以上，但全国不满 60 分的 4 省份中有 3 省份位于北方。见表 4-7，北方得分的变异系数较大，说明得分离散程度更高，北方地区各省间改革评估结果差异更大。而南方地区，江苏、上海和重庆 3 省份评分在 95 分以上，且区域内省份评分均优于 60 分，各省改革得分离散程度更低。因此，南方地区改革综合评估结果优于北方地区也在情理当中。

表 4-7　　　　　　　　南北方变异系数（$C_v$）

| 地　区 | 标准差 SD | 平均值 Mean | 变异系数 $C_v$ |
|---|---|---|---|
| 北方地区 | 14.6502 | 80.0103 | 0.1831 |
| 南方地区 | 12.0583 | 81.4551 | 0.1480 |

（2）东中西部改革进展评价。如表 4-6 所示，东、西、中部改革进展综合评价平均得分，分别为 86.698、77.260 和 70.014，呈现"东部＞西部＞中部"。中部地区最低，主要是因为：全国 4 个评价不满 60 分的省份中 3 个分布在中部地区，1个分布在西部地区；5 个得分最高的省份中（高于 95 分），3 个分布在东部地区，2

个在西部；中部地区最高得分为山西省 91.653 分，其余均低于 80 分。

（3）七大地理区域改革进展评价。如表 4-6 所示，全国七大地理区域改革进展综合评价结果呈现"华东＞华北＞西北＞西南＞华中＞东北＞华南"的趋势。

华东地区评价得分最高，区域内 6 省份中 2 省份得分高于 95 分，4 省份高于 90 分，区域改革进度较快，各项机制配套落实情况良好。华北地区排在第二，其中 3 省份得分超过 90 分，河北改革进度略微滞后，天津改革区域机制落实略有滞后。西北地区，陕西评价结果最高，达到 96.627，其余均低于 86 分，甘肃、青海、宁夏、新疆得分不算高，宁夏、新疆进度需提升，甘肃要注意机制落实，计量设施也略为落后。西南地区，有重庆得分达到 97.627，四川大于 90 分，但也有西藏、云南等地得分偏低。华中地区，各省均低于 80 分，更有河南不足 60 分。东北地区，尽管辽宁得分高于 90 分，但吉林和黑龙江均不足 60 分。华南地区，各省得分均低于 72 分，各省包括进度和机制落实等改革综合情况均不甚好。

## 4.4 基于加权 TOPSIS 的农业水价综合改革进展定量评估

### 4.4.1 模型介绍

TOPSIS（Technique for Order Preference by Similarity to Ideal Solution）是一种多目标决策方法，通过定义决策的正理想解和负理想解，再计算方案与正理想解（最近）和负理想解（最远）的距离，判断方案优劣的方法（高永，2007）。模型本身对样本资料没有特殊要求，使用简便、灵活，近年来应用日趋广泛，已用于多个研究领域，以评价综合效益（王一新，2017）。

（1）对指标同趋势化。在对一个主题进行综合评价时，常会同时存在高优和低优指标，TOPSIS 法要求指标方向相同。通常对绝对数低优指标使用倒数法（$1/X$），对相对数低优指标使用差值法（$1-X$）。本研究中指标指向相同，不需要进行指标同趋势化。

（2）指标归一化。由于各指标的计量单位、数值评价方式和评价值范围存在差异，会对评价结果产生影响，为了消除这些影响，需要对指标 $X_{ij}$ 进行归一化处理。在 TOPSIS 模型中大多会选择平方和归一化法，假设 $(Z_{ij})_{n \times m}$ 为归一化后的数据矩阵，则有：

$$Z_{ij} = X_{ij} \bigg/ \sqrt{\sum_{i=1}^{n} X_{ij}^2} \qquad (4-10)$$

式中：$i=1,2,\cdots,n$；$j=1,2,\cdots,m$。

（3）确定有限方案中的最优解（$Z^+$）和最劣解（$Z^-$）。因为本章原始数据全部为高优指标，所以有：

## 4.4 基于加权 TOPSIS 的农业水价综合改革进展定量评估

最优方案： $Z^+ = (Z_1^+, Z_2^+, \cdots, Z_m^+)$

最劣方案： $Z^- = (Z_1^-, Z_2^-, \cdots, Z_m^-)$

其中：

$$Z_j^+ = \max_{1 \leqslant i \leqslant n}\{Z_{ij}\}, Z_j^- = \min_{1 \leqslant i \leqslant n}\{Z_{ij}\} \tag{4-11}$$

（4）计算评价对象距离最优解和最劣解之间的加权欧式距离 $D_i^+$ 和 $D_i^-$：

$$D_i^+ = \sqrt{\sum_{i=1}^{m}[W_j(Z_{ij} - Z_{ij}^+)]^2}$$

$$D_i^- = \sqrt{\sum_{i=1}^{m}[W_j(Z_{ij} - Z_{ij}^-)]^2} \tag{4-12}$$

式中：$W_j$ 为各指标权重，$j = 1, 2, \cdots, m$。

（5）计算评价对象与最优解的接近程度 $C_i$：

$$C_i = \frac{D_i^-}{D_i^+ + D_i^-} \tag{4-13}$$

式中：$i = 1, 2, \cdots, n$；$C_i \in [0, 1]$，$C_i$ 越接近 1，则表示评价对象越接近最优解，反之则越接近最劣解。因此，$C_i$ 越大，评价也越好。

### 4.4.2 基于加权 TOPSIS 的改革进展评价结果

根据各省改革数据，通过式（4-10）进行归一化处理，将归一化后的数据带入式（4-11）可以得到农业水价综合改革进展评估中的最优方案和最劣方案，即

最优方案：$Z^+ = (0.1004, 0.0604, 0.0622, 0.0420, 0.0901, 0.0388, 0.0139, 0.0370)$

最劣方案：$Z^- = (0.0088, 0.0205, 0.0000, 0.0004, 0.0003, 0.0000, 0.0000, 0.0000)$

根据式（4-12）将各省的各项指标数据带入公式计算，得到各省改革进展距离最优方案和最劣方案的最优解和最劣解之间的加权欧式距离 $D_i^+$ 和 $D_i^-$，再根据式（4-13）可得各省最优方案接近程度 $C_i$，详见表 4-8。

表 4-8　　基于加权 TOPSIS 的农业水价综合改革进展客观评估

| 省份 | 欧式距离 $D_i^+$ | 欧氏距离 $D_i^-$ | 最优方案接近程度 $C_i$ | 客观排序 |
|---|---|---|---|---|
| 北京 | 0.0132 | 0.0187 | 0.5866 | 1 |
| 天津 | 0.0139 | 0.0176 | 0.5586 | 6 |
| 河北 | 0.0138 | 0.0177 | 0.5620 | 5 |
| 山西 | 0.0163 | 0.0123 | 0.4316 | 16 |
| 内蒙古 | 0.0155 | 0.0131 | 0.4575 | 12 |
| 辽宁 | 0.0158 | 0.0130 | 0.4519 | 13 |
| 吉林 | 0.0221 | 0.0072 | 0.2455 | 30 |

续表

| 省份 | 欧式距离 $D_i^+$ | 欧氏距离 $D_i^-$ | 最优方案接近程度 $C_i$ | 客观排序 |
|---|---|---|---|---|
| 黑龙江 | 0.0199 | 0.0094 | 0.3214 | 27 |
| 上海 | 0.0133 | 0.0186 | 0.5829 | 2 |
| 江苏 | 0.0133 | 0.0185 | 0.5825 | 3 |
| 浙江 | 0.0140 | 0.0176 | 0.5573 | 7 |
| 安徽 | 0.0195 | 0.0115 | 0.3714 | 22 |
| 福建 | 0.0159 | 0.0136 | 0.4625 | 11 |
| 江西 | 0.0185 | 0.0108 | 0.3677 | 23 |
| 山东 | 0.0148 | 0.0143 | 0.4920 | 9 |
| 河南 | 0.0208 | 0.0072 | 0.2575 | 29 |
| 湖北 | 0.0184 | 0.0102 | 0.3569 | 24 |
| 湖南 | 0.0194 | 0.0124 | 0.3890 | 21 |
| 广东 | 0.0198 | 0.0098 | 0.3308 | 26 |
| 广西 | 0.0205 | 0.0104 | 0.3364 | 25 |
| 海南 | 0.0186 | 0.0129 | 0.4097 | 19 |
| 重庆 | 0.0160 | 0.0144 | 0.4739 | 10 |
| 四川 | 0.0164 | 0.0122 | 0.4267 | 17 |
| 贵州 | 0.0168 | 0.0132 | 0.4400 | 15 |
| 云南 | 0.0173 | 0.0142 | 0.4512 | 14 |
| 西藏 | 0.0225 | 0.0071 | 0.2389 | 31 |
| 陕西 | 0.0138 | 0.0179 | 0.5651 | 4 |
| 甘肃 | 0.0143 | 0.0148 | 0.5084 | 8 |
| 青海 | 0.0169 | 0.0120 | 0.4145 | 18 |
| 宁夏 | 0.0191 | 0.0070 | 0.2670 | 28 |
| 新疆 | 0.0175 | 0.0113 | 0.3923 | 20 |

如表 4-8 所示，全国 31 省份农业水价综合改革进展与最优方案的接近程度处于 0.2388～0.5866。根据评分将所有评价结果划分为四类，认为：$C_i \geqslant 0.5$，评价为高；$0.5 > C_i \geqslant 0.4$，评价为较高；$0.4 > C_i \geqslant 0.3$，评价为较低；$0.3 > C_i \geqslant 0.2$，评价为低。根据各省综合评分和评价标准划分，确定：包括北京、上海、江苏、陕西等在内的 8 省份，在基于加权 TOPSIS 的农业水价综合改革进展客观评价中，被评价为高；包括山东、重庆、福建等在内的 11 省份被评价为较高；包括新疆、湖南等在内的 8 省份被评价为较低；而包括宁夏、河南、吉林、西藏在内的 4 省份被评价为低，详见表 4-9。

## 4.4 基于加权 TOPSIS 的农业水价综合改革进展定量评估

表 4-9　　　　基于加权 TOPSIS 的农业水价综合改革进展评估

| 等级 | 得分 | 省　　份 |
|---|---|---|
| 低 | 0.2~0.3 | 吉林、宁夏、西藏、河南 |
| 较低 | 0.3~0.4 | 新疆、黑龙江、湖北、安徽、湖南、江西、广西、广东 |
| 较高 | 0.4~0.5 | 辽宁、内蒙古、山东、山西、青海、重庆、四川、贵州、云南、福建、海南 |
| 高 | 0.5~0.6 | 甘肃、河北、陕西、天津、浙江、江苏、上海、北京 |

### 4.4.3　基于加权 TOPSIS 的改革进展评价区域性差异

基于加权 Topsis 的农业水价综合改革进展客观评价，在南北方评价中，呈现"南方＞北方"；在东中西部的评价中，呈现"东部＞西部＞中部"；七大地理区域评价中，呈现"华北＞华东＞西北＞西南＞华南＞华中＞东北"（表 4-10）。

（1）南北差异。全国改革进展客观评价结果排在前十的省份中，6 省份分布在北方地区（并有排名第一的北京），而南方地区则仅占 4 省份；但同时全国排在后 5 位的省份有 4 省份分布在北方地区。在基于加权 TOPSIS 的农业水价综合改革进展客观评价中，北方地区反映了较强的地域性差异，既有改革进展评价最好的省份，也有最差的省份，这也使得北方平均得分最终低于南方。

（2）东中西差异。东中西部的改革进展客观评价中，东部最好超过 0.5，高于西部的 0.4143，而最差的中部地区则不足 0.35。其中，东部 11 省份中 7 省份排在全国前十，仅 1 省份属于后十，区域整体改革进展较好。中部地区则普遍进展评价较差，9 省份中 8 省份评价结果排在全国后十，表现最好的为山西仅排在 16，区域整体改革进度较慢。西部地区，区域内各省改革进展评价差异较大，既有排在前十的陕西、甘肃、重庆，也有排在后五的西藏、宁夏等省份。

表 4-10　　　　基于加权 TOPSIS 的改革进展评估区域差异

| 分　类 | 地　区 | 均　分 |
|---|---|---|
| 南北方 | 北方 | 0.434 |
| | 南方 | 0.436 |
| 东中西部 | 东部 | 0.507 |
| | 中部 | 0.343 |
| | 西部 | 0.414 |
| 七大地理区域 | 华东 | 0.508 |
| | 西北 | 0.430 |
| | 华北 | 0.519 |
| | 西南 | 0.406 |
| | 东北 | 0.340 |
| | 华中 | 0.343 |
| | 华南 | 0.359 |

(3)七大地理分区差异。对七大地理区域改革进展的客观评价中,地域间存在显著差异,2 区超过 0.5,3 区不足 0.4。评价最好的是华北地区,区域内 3 省份超过 0.5,其余 2 省份也均超过 0.43;排在第二的华东地区中也有 3 省份超 0.5、5 省份超 0.6,但却因为安徽不足 0.4,导致综合得分低于华北地区。西北西南两地均分为 0.4~0.5,相对地西北地区域内省份间差异较大。华中、华南和东北 3 区评分不足 0.4,区域内省份普遍进展较差,其中东北地区的辽宁省排名在第 13,是 3 区域内评价最好的省份,但是吉林和黑龙江进度相对较差、排在较后位置,使得东北地区成为七大地理分区中改革进展评价最差的区域。

## 4.5 两种评价方式下的结果差异及综合结果

### 4.5.1 两种评价结果差异

上文分别从指导政府决策和客观评价两个角度对全国 31 省份农业水价综合改革进展进行了评估,由于评价过程中指标的评级标准和赋权方式上存在差异,也使得两种评价方式下的最终评价结果存在差异。下面从省域和区域的角度对评价结果的差异进行分析,并加以解释。引起差异的原因主要有两点,一是权重的变化;二是方法一(4.3 节方法)中指标超标部分均被忽视,符合评价标准即被计为满分,而方法二(4.4 节方法)中则将这些超过标准的部分也进行了分析,不设置评价标准,指标数值越高,则评价结果越好。从对省域指标基本数据和最终评价结果的分析中,推测原因二即对超标部分的数据进行考虑是引起排序变化最主要的原因。

(1)省域层面的差异性分析。31 省份中仅 4 省份排名完全未发生变化,10 省份在经方法二计算后排名较方法一有所提前(详见表 4-11),其余 20 省份排名有降低。根据对相关指标数据的分析发现,排名提升的省份普遍是有改革进展外的指标超过方法一中评价为满分的标准,即在当地改革实施区域外,计量、指标分解、管护等政策项目被率先落实,领先于省域内改革工作的开展范围,或者是地方资金配套比超过全国平均水平。

表 4-11　　　　　　方法一和方法二计算后评价结果差异

| 省份 | 方法一 | 方法二 | 升 | 省份 | 方法一 | 方法二 | 升 | 省份 | 方法一 | 方法二 | 升 | 省份 | 方法一 | 方法二 | 升 |
|---|---|---|---|---|---|---|---|---|---|---|---|---|---|---|---|
| 北京 | 2 | 1 | √ | 上海 | 1 | 2 | | 湖北 | 23 | 24 | | 云南 | 24 | 14 | √ |
| 天津 | 15 | 6 | √ | 江苏 | 3 | 3 | | 湖南 | 21 | 21 | | 西藏 | 31 | 31 | |
| 河北 | 19 | 5 | √ | 浙江 | 6 | 7 | | 广东 | 22 | 26 | | 陕西 | 5 | 4 | √ |
| 山西 | 8 | 16 | | 安徽 | 18 | 22 | | 广西 | 26 | 25 | | 甘肃 | 13 | 8 | √ |
| 内蒙古 | 9 | 12 | | 福建 | 12 | 11 | √ | 海南 | 27 | 19 | √ | 青海 | 20 | 18 | √ |
| 辽宁 | 7 | 13 | | 江西 | 17 | 23 | | 重庆 | 4 | 10 | | 宁夏 | 25 | 28 | |
| 吉林 | 30 | 30 | | 山东 | 11 | 9 | √ | 四川 | 10 | 17 | | 新疆 | 16 | 20 | |
| 黑龙江 | 28 | 27 | | 河南 | 29 | 29 | | 贵州 | 14 | 15 | | | | | |

## 4.5 两种评价方式下的结果差异及综合结果

从省域的角度来看,排在前 5 位的省份中 4 省份变化并不大,即北京、上海、江苏、陕西 4 省份,说明这 4 省份在改革进展评估的各方面均显著领先于其他省份,使得在改变权重和评价标准后依然排在前面。其中北京和上海排序互换,因为北京用水指标细化分解率和地方资金配套情况上明显高于上海,但是在方法一的评估中,指标超标的部分被忽略了,而方法二将指标超标部分也进行了分析,造成了排序的变化。

全国 31 省份中,经方法一和方法二计算后,排名变化超过 5 位的省份共 9 个。其中河北变化最大,上升 14 位;云南其次,上升 10 位;天津再次,上升 9 位;山西、海南,变化 8 位;四川下降 7 位,辽宁、江西、重庆下降 6 位。其中,天津、河北、海南、云南 4 省份排名提升。

在方法二的评估中,河北从第 19 位提升到第 5 位,尽管河北改革总体进度不算快,但是在计量、用水指标分解等方面明显领先于其他省份,改革实施区域提前落实了相关项目建设和政策落实,这与河北省境内地下水超采治理项目有关,而且计量设施配套较好,也使得河北未来改革开展更为容易。天津的排序提升明显,从 15 位提升到 6 位,方法一中天津由于成本达标率偏低排名较后,但天津在管护落实、指标分解和资金方面都明显超过标准水平,这也使得方法二计算下天津排名明显提升。云南则是在计量配套和水价运维成本达标率上做得较好,计量配套面积超过改革面积,平均水价超过运行维护成本,推测这与云南地区长期存在工程性缺水有关,当地农业水利工程建设是保障灌溉的必然要素,这也使得农户和基层管理部门对灌溉和工程价值有着更明确的认识,省内计量和水价运行维护成本达标率较高。海南改革进度偏慢,但是在计量配套和管护落实两方面完成较好,配套落实面积明显超过改革实施面积。

(2)区域差异。两种方法在南北方和东中西部的评价中,评价结果并没有显著差异,均呈现"南方>北方""东部>西部>中部"的形势。但是在七大地理分区中,区域评价的结果则存在较大差异,其中方法一评价为"华东>华北>西北>西南>华中>东北>华南",方法二则为"华北>华东>西北>西南>华南>华中>东北"。华北、华南排名提前,华中、东北排名有降低。

其中,华北在方法二的评估中成为进展最好的区域,是因为方法二中北京、河北和天津 3 省份排名均有提升,其中河北、天津提升明显;而华东地区各省排名提升幅度较小,最终导致华北地区超过华东成为客观评价中改革进展最好的区域。

华南、东北和华中 3 个区域排名发生变化,3 个区域内各省在两种方法评价中均在最后 3 位,改革进展评价均相对较差。区域内省份,大多改革进度偏慢,而改革实施范围外相关项目建设多不存在超前行为,所以在运用方法二进行计算后,缺少加分项。方法二计算后华南区域成为 3 区中评价最好的区域,主要原因是区域内海南省排名提升显著,在计量和管护上提前与改革进行了配套和落实,广东也提升 4 位。而这也使得东北区域,尽管有辽宁排名提升 6 位,但整体仍然低于华南成为七大地理区域中农业水价综合改革进展客观评价最差的区域。

### 4.5.2 综合考虑两种方法的综合评价结果

由于两种评价方法下，最终输出的评价结果存在形式上的差异，方法一的评价结果是 1～100 的数值，而方法二得到的则是 0～1 的数值。方法一的评价结果中，最低分为 53.548，最高分为 100；方法二的评级结果中，最低为 0.2389，最高则为 0.5866。那么将评价为 0.2389 的省份折算为 53.548 分，评价为 0.5866 的省份折算评分为 100。求出系数，即可将方法二中各省的评分换算为 1～100 的分值，然后通过求均值计算两种方法下各省的得分，见表 4-12。

表 4-12　　　　　　　　农业水价综合改革进展综合得分

| 省份 | 综合得分 | 排名 | 省份 | 综合得分 | 排名 |
| --- | --- | --- | --- | --- | --- |
| 北京 | 99.97 | 1 | 新疆 | 66.179 | 17 |
| 上海 | 88.937 | 2 | 云南 | 65.056 | 18 |
| 江苏 | 88.027 | 3 | 青海 | 64.966 | 19 |
| 陕西 | 86.058 | 4 | 江西 | 64.346 | 20 |
| 浙江 | 83.965 | 5 | 湖南 | 63.212 | 21 |
| 重庆 | 80.293 | 6 | 安徽 | 62.848 | 22 |
| 天津 | 79.497 | 7 | 湖北 | 59.202 | 23 |
| 山东 | 78.421 | 8 | 广东 | 57.786 | 24 |
| 甘肃 | 76.839 | 9 | 海南 | 57.689 | 25 |
| 辽宁 | 76.512 | 10 | 广西 | 56.688 | 26 |
| 内蒙古 | 76.314 | 11 | 西藏 | 53.548 | 27 |
| 河北 | 75.532 | 12 | 宁夏 | 52.246 | 28 |
| 山西 | 74.653 | 13 | 黑龙江 | 49.915 | 29 |
| 四川 | 74.1 | 14 | 河南 | 45.437 | 30 |
| 福建 | 73.833 | 15 | 吉林 | 43.332 | 31 |
| 贵州 | 71.711 | 16 | | | |

表 4-12 结果显示：31 省份综合评估得分在 43.332～99.97，排在前 5 位的分别是北京、上海、江苏、陕西、浙江，其中 4 省份基本在 2020 年完成改革。排在最后的则为西藏、宁夏、黑龙江、河南、吉林 5 省份，其中后 3 省份均为我国粮食主产区，改革任务量大、难度也大，在后期改革中既要寻找发现改革中存在的问题，也需要由地方政府创造改革内生动力，由中央政府提供外部激励推动当地改革开展。

13 个粮食主产区中，7 省份改革进展综合评估排在 20 位之后，这部分地区改革任务重、难度大、农民承受力低，改革多面临着巨大挑战，而探索农业水价合理分担，正是推动这些区域改革的重要途径。在充分考虑农民和地方承载力、保障粮食安全的条件下，促进改革有序开展和及时完成。

## 4.5.3 综合评价结果的区域性差异

### 4.5.3.1 地理区域划分

对全国 31 省份农业水价综合改革进展综合评价结果进行区域性分析，结果显示南北方依然呈现"南方＞北方"的形势，东中西部呈现"东部＞西部＞中部"的形势，七大地理区域呈现"华北＞华东＞西北＞西南＞华中＞华南＞东北"的形势，见表 4-13。

表 4-13　　　　　　　　农业水价综合改革进展评估区域差异

| 分　类 | 地　区 | 评　价　均　分 |
|---|---|---|
| 南北方 | 北方 | 69.724 |
| | 南方 | 69.846 |
| 东中西部 | 东部 | 78.167 |
| | 中部 | 57.868 |
| | 西部 | 68.666 |
| 七大区域 | 华东 | 79.338 |
| | 西北 | 69.257 |
| | 华北 | 81.193 |
| | 西南 | 68.941 |
| | 东北 | 56.586 |
| | 华中 | 58.049 |
| | 华南 | 57.387 |

### 4.5.3.2 ArcGIS 的自然断点分级法（Jenks）

自然断点分级法基于数据中固有的自然分组，将分类间隔加以识别，可对相似值进行最恰当的分组，并使各类间的差异最大化。要素被划分为多个类，这些类别会在数值差异相对较大的位置处设置边界。

利用 ArcGIS10.2 软件，选用自然断点分级法，根据农业水价综合改革进展综合评估结果将全国 31 省份划分为 5 类，分别为进展极慢、较慢、中等、较快、极快省份。其中，北京、江苏、上海、浙江和陕西 5 省份为农业水价综合改革进展极快地区，河南、吉林和黑龙江 3 省份为极慢地区，详见表 4-14。

表 4-14　　　　　基于 ArcGIS 自然断点分级法的改革进度分类

| 进度类型 | 省　份 |
|---|---|
| 极快 | 北京、江苏、上海、浙江、陕西 |
| 较快 | 内蒙古、辽宁、河北、天津、山西、山东、甘肃、四川、重庆、贵州、福建 |
| 中等 | 新疆、青海、云南、湖南、江西、安徽 |
| 较慢 | 宁夏、西藏、湖北、广西、广东、海南 |
| 极慢 | 河南、吉林、黑龙江 |

## 4.6 小结

(1) 方法一：以指导政府决策为目标的农业水价综合改革进展评估。各省评价分值从 53.548 至 100 不等，均值为 79.856。上海、北京、江苏、重庆、陕西在内的 5 省份评分在 95 以上；黑龙江、河南、西藏和吉林 4 省份评分结果不足 60。区域得分情况整体呈现"南方＞北方""东部＞西部＞中部""华东＞华北＞西北＞西南＞华中＞东北＞华南"。

(2) 方法二：基于加权 TOPSIS 的农业水价综合改革进展客观评估。各省评价结果处于 0.2388～0.5866。以 0.5、0.4、0.3、0.2 为界，将所有评价结果划分为高、较高、较低和低 4 类，确定：包括北京、上海、江苏、陕西等在内的 8 省份为高；包括山东、重庆、福建等在内的 11 省份为较高；包括新疆、湖南等在内的 8 省份为较低；而包括宁夏、河南、吉林、西藏在内的 4 省份被评价为低。区域间呈现"南方＞北方""东部＞西部＞中部""华北＞华东＞西北＞西南＞华南＞华中＞东北"。

(3) 两种方法下评价结果的差异。造成差异的因素包括权重和评价标准，其中评价标准影响更大。方法一设置了满分标准，超标不加分，方法二则去除了标准，指标数值越高评分也越高。与方法一相比，方法二所得排名仅 4 省份未变，10 省份提前，其余 20 省份降低，其中以河北、天津、云南变化最显著。区域差异中南北方和东中西部排名未发生变化，但七大地理区域中，华北、华南排名提前，华中、东北排名有降低。

(4) 综合评价结果。农业水价综合改革进展的综合评价结果在区域上呈现"南方＞北方""东部＞西部＞中部""华北＞华东＞西北＞西南＞华中＞华南＞东北"的形势。31 省份综合评估得分为 43.332～99.97，进展最好的 5 省份为北京、上海、江苏、陕西、浙江，最差的 5 省份为西藏、宁夏、黑龙江、河南、吉林。13 个粮食主产区省份中，7 省份改革进展综合评估排在 20 位之后，这部分地区改革任务重、难度大、农民承受力低，这些地区改革多面临着资金短缺、工程条件差、农民种粮热情降低等多方面的挑战，而探索农业水价合理分担，正是推动这些区域改革的重要途径。

# 第 5 章　农业水价利益相关者研究

## 5.1　农业水价利益相关者定义与识别

### 5.1.1　农业水价利益相关者识别

目前，国内外对于农业水价利益相关者的研究相对有限，但是围绕农业用水、农业节水、农业水利工程管理、农户参与式管理、农业水权交易等与农业水价密切相关的利益相关者研究成果丰富，明确了利益相关者研究对推动改革实践的重要意义，也为农业水价利益相关者的识别和研究提供了基础。通过对相关文献的整理和分析，得出表 5-1 中的 19 个利益相关者，文中"√"表示该作者的文献中识别了对应利益相关者，初步确定了农业水价利益相关者的范围。

表 5-1　基于相关文献的农业水价利益相关识别

| 利益相关者 | 陈菁(2008) | 赵文杰(2016) | 张宁(2014) | 张鑫(2012) | 冯颖(2013) | 刘建英(2007) | 汪国平(2011) | 冯保清(2013) | 刘梅芳(2013) | 李凌(2005) | 刘河元(2015) | 王绪颖(2013) | 潘海英(2019) | 汪少文(2013) | 屈晓娟(2018) | 黄鑫(2018) | 王思博(2015) | 姜翔程等(2020) | 徐璇(2013) |
|---|---|---|---|---|---|---|---|---|---|---|---|---|---|---|---|---|---|---|---|
| 中央政府 | | | √ | √ | | | √ | √ | √ | √ | | | | | | | | √ | |
| 水利部等部委 | | | √ | | | | | | | | √ | | √ | √ | √ | | √ | | √ |
| 地方政府 | √ | | √ | √ | √ | √ | √ | √ | √ | √ | | | | | | | | | |
| 县级水利部门 | √ | | √ | √ | | | √ | | | | √ | √ | | √ | √ | | | | |
| 基层水利站 | √ | √ | | | | | | | | | √ | | | | √ | √ | | √ | |
| 灌区管理单位 | √ | √ | | √ | √ | | √ | | | √ | | √ | √ | √ | √ | | | | √ |
| 农民用水协会 | √ | | | | | | √ | √ | | √ | √ | √ | √ | | √ | | | √ | |
| 村委会 | √ | √ | √ | | | | √ | | √ | | | | | | | √ | | | |
| 非用水农户 | | √ | | √ | | | | | | | | √ | | | | | | | |
| 用水农户 | √ | √ | | √ | √ | √ | √ | √ | √ | √ | √ | √ | √ | √ | √ | √ | √ | √ | √ |
| 非农用水户 | | | | | | | | | | | | | √ | √ | | | | √ | √ |
| 水利经营者 | √ | | | √ | | | √ | √ | √ | | | | | | | | | √ | |

续表

| 利益相关者 | 陈菁(2008) | 赵文杰(2016) | 张宁(2014) | 张鑫(2012) | 冯颖(2013) | 刘建英(2007) | 汪国平(2011) | 冯保清(2013) | 刘梅芳(2013) | 李凌(2005) | 刘河元(2015) | 王绪颖(2013) | 潘海英(2019) | 汪少文(2013) | 屈晓娟(2018) | 黄鑫(2018) | 王思博(2015) | 姜翔程等(2020) | 徐璇(2013) |
|---|---|---|---|---|---|---|---|---|---|---|---|---|---|---|---|---|---|---|---|
| 节水灌溉企业 | | | | | ✓ | | | | | ✓ | ✓ | | | | | ✓ | ✓ | | |
| 科研机构 | ✓ | | | | ✓ | ✓ | ✓ | | | ✓ | | ✓ | | | | ✓ | ✓ | | |
| 农技推广组织 | | | | | ✓ | | ✓ | | | | | | | | | | | | |
| 公益机构 | | | | ✓ | | | | | | ✓ | | | | | | | | | |
| 金融机构 | | | ✓ | | | | | | | | ✓ | | | ✓ | | | | | |
| 新闻媒体 | | | ✓ | | | ✓ | | | | | | | | ✓ | ✓ | | | | |
| 中介机构 | | | | | | | | | | | | | | | | | | ✓ | ✓ |

## 5.1.2 "Mitchell" 评分法

### 5.1.2.1 研究方法介绍

"Mitchell" 评分法由美国学者 Mitchell 和 Wood 提出，由于可操作性较强，该方法成为利益相关者识别、界定和分类中最常见的方法（陈宏辉，2003）。Mitchell 认为利益相关者应具有合法性（Legitimacy）、权力性（Power）、紧急性（Urgency）3 个属性。其中，合法性指"群体是否被赋予法律或道义上对组织的索取权"；权力性也称"影响力"，指"群体是否具有影响组织决策的能力、地位和手段"；紧急性则描述了"组织对某一群体意见的关注程度"（Mitchell，1997）。"Mitchell" 评分法最初作为企业管理战略被提出，但近年来逐渐应用于高等教育评估（赵奇瑞，2010）、宗教旅游地（朱莲等，2011）、农业节水（任芳梅，2011）等其他社会治理领域。

### 5.1.2.2 农业水价利益相关者特性解读

根据研究需求，围绕农业水价将利益相关者的 3 个属性重新定义（冯欣，2018）。农业水价利益相关者的合法性指围绕农业用水群体被法律赋予或者为大众所接受的权利归属；农业水价利益相关者的权力性也称"影响力"，指某一组织、群体或个人的权利、地位和手段能否对农业水价产生影响；农业水价利益相关者的紧急性指农业水价定价和收费的过程中某一群体意见被重视的程度，表现为其意见是否能够被及时采纳以及采纳程度。

## 5.1.3 基于 "Mitchell" 评分法的利益相关者确定

研究中将水利部等部委纳入"中央政府"，根据"Mitchell"评分法中定义的利益相关者"合法性""权威性""紧急性"3 个属性，进行农业水价利益相关者分析和判定。确定包括政府和用水农户、企业、科研、金融等社会机构在内的 15 个农

## 5.1 农业水价利益相关者定义与识别

业水价利益相关者，见表 5-2。

表 5-2  基于"Mitchell"评分法进行农业水价利益相关者判定

| 利益相关方 | 合 法 性 | 权 力 性 | 紧急性 | 农业水价利益相关者 |
|---|---|---|---|---|
| 中央政府 | 管理、决策权、所有权 | 强、决策、参与定价 | 强 | √ |
| 地方政府 | 管理、决策权、使用权 | 强、决策、参与定价 | 强 | √ |
| 县级水利部门 | 管理权、决策权 | 较强、决策、定价 | 较强 | √ |
| 基层水利站 | 管理权 | 弱、执行者 | 较弱 | √ |
| 灌区管理单位 | 管理权、经济利益、经费使用 | 较强、影响价格、收费方 | 较强 | √ |
| 水利经营者（私） | 经济利益 | 较强、影响成本、水价、收费 | 中 | √ |
| 节水灌溉企业 | 经济利益 | 较弱、影响供水成本 | 较弱 | √ |
| 非用水农户 | 无 | 无 | 不采纳 | |
| 用水农户 | 经济利益、使用权、接受服务 | 较弱，影响水价，影响收取 | 较弱 | √ |
| "农转非"用水方 | 购买水资源使用权 | 间接影响供水成本 | 弱 | √ |
| 农民用水协会 | 管理权、经济利益 | 中等、影响定价、收费 | 中 | √ |
| 村委会 | 间接管理权 | 中等 | 弱 | √ |
| 科研机构 | 无 | 较强、影响政府决策 | 较强 | √ |
| 公益机构 | 投资者、无 | 间接影响供水成本 | 较弱 | √ |
| 金融机构 | 投资，有经济关系 | 影响供水成本 | 弱 | √ |
| 新闻媒体 | 无 | 间接影响定价收费意愿 | 较弱 | √ |
| 节水推广组织 | 无 | 无 | 不采纳 | |
| 中介机构 | 无 | 无 | 不采纳 | |

## 5.1.4 农业水价利益相关者分类

### 5.1.4.1 根据行政归属的农业水价利益相关者分类

上文确定了 15 个农业水价利益相关者，为了方便分析，根据其行政归属，将农业水价利益相关者分为：政府、农户和社会机构 3 类，见表 5-3。

表 5-3  基于行政归属的农业水价利益相关者分类

| 分 类 | 利益相关者 | 分 类 | 利益相关者 |
|---|---|---|---|
| 政府 | 中央政府 | 社会机构 | 节水灌溉企业 |
| | 地方政府 | | 金融机构 |
| | 县级水利管理部门 | | 科研机构 |
| | 基层水利站 | | 公益机构 |
| | 灌区管理单位 | | 新闻媒体 |
| 农户 | 农民用水协会 | | "农转非"用水方 |
| | 村集体村委会 | | 水利经营者 |
| | 用水农户 | | |

## 5.1.4.2 根据利益关系的农业水价利益相关者分类

根据农业水价利益相关者在农业水价利益系统中发挥的功能和群体间的利益关系，可以将全部利益相关者划分为农业用水供给利益群体、农业用水使用利益群体和相关支援服务利益群体3类，见表5-4。

表5-4　　　　　　　基于利益关系的农业水价利益相关者分类

| 分　类 | 利益相关者 | 分　类 | 利益相关者 |
| --- | --- | --- | --- |
| 农业用水供给利益群体 | 中央政府 | 农业用水使用利益群体 | 村集体村委会 |
| | 地方政府 | | 用水农户 |
| | 县级水利管理部门 | | "农转非"用水方 |
| | 基层水利站 | 相关支援服务利益群体 | 金融机构 |
| | 灌区管理单位 | | 科研机构 |
| | 水利经营者（私营） | | 公益机构 |
| | 节水灌溉企业 | | 新闻媒体 |
| 农业用水使用利益群体 | 农民用水协会 | | |

农业用水供给利益群体的核心是水资源的所有者国家的代表政府部门，此外还有围绕农业用水供给而存在的灌区管理局和基层水利站等基层水利机构，以及节水企业和其他私人供水方。他们通过政府授权或者购买服务等方式，作为政府部门的代表，来行使收取农业水费、提供供水服务、进行工程管理维护等权利和义务。

农业用水使用利益群体，则以用水农户为核心，农民用水协会和村委会则作为农户参与水利工程管理和乡村治理的途径，以服务农户和农村居民为己任。其中，农民用水协会在末级渠系管理运行维护和水费收缴中有着重要作用，并作为用水农户的代表与供水方进行协商，以争取更优质的供水服务和低廉的水价，保障农户权益为最终目标。而村委会则发挥其在乡村治理中的优势地位，协助农民用水协会更好地发挥其协调和管理功能，促进乡村社会稳定和发展。随着农业水权制度和农业节水能力的发展，"农转非"用水方也成了农业用水的使用者，他们通过提供工程建设、管护服务或资金支持等方式获得节约农业用水的使用权，用于工业生产和城镇生活。

支援利益群体包括科研机构、新闻媒体、金融机构和公益机构，他们实际上并未参与到与农业水价的实质工作中，但是作为社会的组成，他们能够在科技、舆论、资金和公益服务等方面支援农业水价综合改革工作。通过节约改革成本、消除农户和基层管理人员的抵触心理，推动改革工作开展和落实，是农业水价利益相关者的重要组成。

## 5.2 农业水价利益相关者利益关系和利益诉求分析

### 5.2.1 利益关系

根据各农业水价利益相关者在整个系统中发挥的功能和利益相关方之间的利益关系，将利益相关者划分为农业用水供给利益群体、使用利益群体和支援利益群体3类。而3个利益群体和各利益相关者在农业用水系统中的利益关系如图5-1所示。

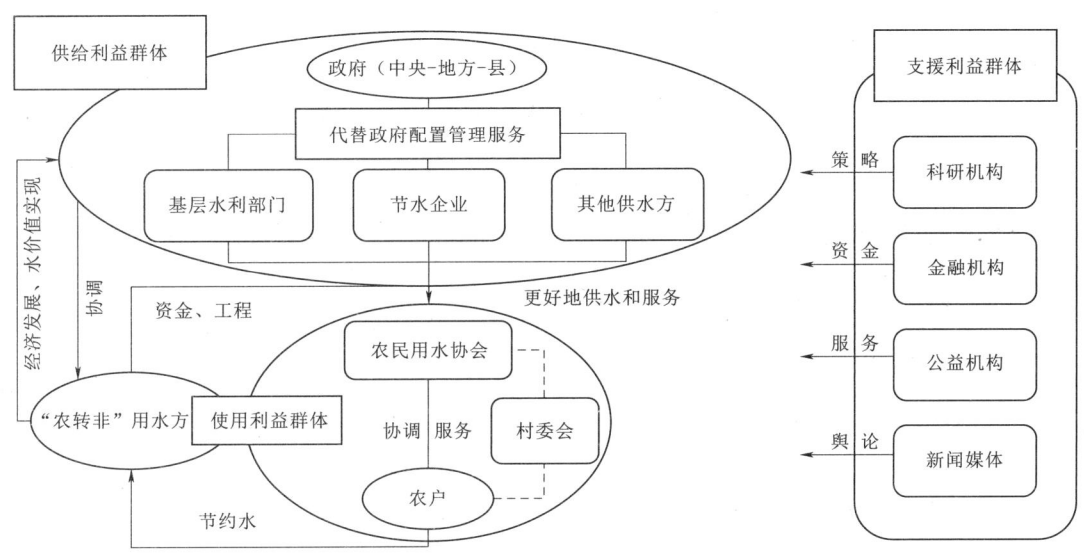

图 5-1 农业水价利益相关者利益关系图

政府部门代表国家行使着水资源所有者的权利，他们是水资源的实际供给方。灌区、水利站、企业和私人供水方，是政府为了更好地实现水资源管理、供水服务、维护管理和优化配置而建立或引入的，他们与政府共同构成了农业用水供给利益群体。基层水利部门、节水企业和其他供水方作为政府的代表，代替政府承担水资源配置管理和供水服务的责任，而政府则对此支付了一定的资金或赋予了一定的权利。与政府部门对于资源的绝对管理权不同，基层水利站、灌区、企业和私营水利经营者的权利由政府赋予。

"农转非"用水方、用水农户以及农民用水协会和村委会共同构成了农业用水使用利益群体。"农转非"用水方和用水农户是实际用水者，农民用水协会和村委会是农户与供水和政府部门沟通的桥梁。从社会角色来看，农户与"农转非"用水方属于两个系统，为农业系统和非农系统，"农转非"用水方通过资金、工程、技术援助来购买农业结余的水资源用于工业、生态，创造更高的价值，这是一个符合市场规律的交易过程，所以这也决定"农转非"用水方在完成水资源使用权交易后，不必在承担农业灌溉过程中产生的其他费用（即农业水价）。"农转非"用水方是政府为了更好地实现农业节水和水资源价值实现而引入系统的，"农转非"用水方的参与，既能减轻农民的水费负担，也能分担政府的工程建设压力，还能缓解其他社会部门的水资源供给不足带来的压力，创造更高的价值，是多方共赢的过程。农民用水协会和村委会的参与，则提供了农户参与管理的机会，对于提升改革和管理效率有积极作用。

支援利益群体，在农业水价系统中发挥各自优势，实现对系统的支援。科研机构在政府部门提供的科研经费的支持下，通过提供改革策略、政策咨询、节水技术等支援农业水价系统，节约政策成本、协调政府与农户间的矛盾关系，优化改革路径，促进改革和用水提价的实现。金融机构，提供金融服务、从资金上支持工程建设和改革推进。公益机构，根据自身能力提供工程建设、资金支援、培训、服务等。新闻媒体，通过舆论来引导其他群体建立起农业节水意识，通过减少各群体的抵触心理、营造良好氛围来促进农业水价的提升和政策的落实。

## 5.2.2　利益诉求

### 5.2.2.1　农业用水供给利益群

（1）政府部门（中央、地方）。包括中央政府、地方政府和基层水利站、灌区管理单位等部门在内的政府系统，从宏观上来看有着共同的利益诉求。因为他们有着明确的从属关系，上级部门对下级部门有严格的约束能力。所以整体上来看，各级部门的诉求与中央政府基本相同。但是由于各自责权范围的不同，中央政府与地方政府及下属部门的利益诉求又存在着差异。

对于政府的利益诉求，可从经济、社会和生态3个角度来描述。经济角度，主要追求农业水价可以弥补水利工程供水运营维修成本、可以促进水资源价值的实现、单位水经济效益的提升以及农业的现代化发展；社会角度，则主要考虑粮食安全、保障农民收益、创造良好的社会节水氛围；生态角度，是通过节约用水保障流域生态用水，维护生物的栖息地，通过减少化肥流失保障水域水体质量，发挥灌溉的生态服务功能。

根据对于中央政府利益诉求的分析，可知中央政府农业水价分担份额评估中，应从保障粮食安全、水资源经济效益和生态效益三个角度着手。

一是保障粮食安全。国办发〔2016〕2号文件明确改革工作应围绕保障国家粮食安全。而在改革过程中，主要通过以下两种途径来保障粮食安全：相关工程建设，实现有效灌溉面积的扩大，灌溉供水服务水平的提高，农业生产效率的提升，对粮食增产效果明显；制定合理的农业水价，配合农业节水和奖补措施，在提升单位水价的同时，不增加农民水费负担，保障农民种粮热情。

二是水资源经济效益。首先中央政府代表国家行使水资源所有者权力，缴纳水费能够实现水资源的价值，合理的农业水价能够保障所有者权益。其次，农业水价

## 5.2 农业水价利益相关者利益关系和利益诉求分析

综合改革对于促进农业节水有着重要意义，同时带动了农业产业的发展，促进灌溉效率、水资源配置效率和单位水资源产出效益的提升。最后，农业节水使得有限的水资源，能够更多地投入工业和社会发展过程，获取更大的经济效益。

三是生态效益。农业用水能够产生的生态效益应从两个角度来论述。一方面是节水效益，农业作为耗水最多的生产部门，全国用水总量中超过60%的水资源被用于农业生产，也使其成为我国节水潜力最大的生产部门，而我国作为一个中度缺水国家，全国超过500个城市存在不同程度缺水，农业节水对于保障国家水资源安全有着重要意义。另一方面，农业灌溉有着重要的生态服务功能，在我国西北地区灌溉渠道旁边生态环境和植被情况明显优于其他区域；而灌溉农田对于改善气候、调节气温、涵养水源、优化周边生态系统更是有着重要的作用（邱立波，2020）。

地方政府受中央政府监督、管理和约束，其利益诉求包含上述中央政府部门的诉求，以求完成上级部门的改革任务和对地方治理能力的考核。此外，也有着区别于中央政府的自身利益诉求。在粮食安全之上，更希望发展经济作物，以促进农业产业的发展；在促进节水以发挥生态功能时，需要投入更多的资金用以工程建设和技术推广，产出效益不明显；在提高水费实现水利工程运行维护之上，更希望农村社会稳定发展。因此对于地方政府而言，当地在保障粮食安全、节约用水和提高水价等方面更符合中央政府的利益，而非地方政府的利益。但强有力的行政约束，迫使地方政府不得不为了国家利益放弃地区利益，对此就需要中央政府通过政策和资金的倾斜来补偿地方政府的损失、激发地方政府改革的内生机制。

在改革中地方政府的利益诉求主要从以下三个方面论述：

一是按标准完成改革任务，并在中央政府的行政能力评估中达标。按时达标的完成农业水价综合改革任务，如在粮食省长安全责任制、最严格水资源管理等制度的考核中达标，区域经济发展、社会民生水平提升等行政能力评估中合格等。

二是中央政府在改革中给予其一定的政策和资金倾斜，保障地方效益诉求。在为了完成改革任务、保障粮食安全和生态安全时，地方政府不得不在经济发展中做出一定的牺牲，对此希望获得中央政府的政策和资金倾斜，补偿在这些牺牲中损失的经济效益。

三是水资源利用效率的提升和地方社会经济、农业产业的发展。改革过程中，通过工程建设、技术推广、项目落实，促进地方农业产业的发展和农业灌溉效益的提升，改善农民生活水平。同时推动农业节水，使得结余的水量用于效益更高的产业，带动经济社会的发展。

（2）基层水利部门。受上级政府部门约束，按照上级政府部门的要求完成改革任务，获得上级部门提供的经费，用于人员和管护支出。对于灌区管理部门和水利站等基层水利部门而言，他们作为地方政府部门的代表在基层用水管理中发挥管理功能。这是一个利益互换的过程，上级政府部门拨付人员和管护费用，获得基层部门的供水管理和维护服务，以发挥政府部门在水利管理中的职责。其利益诉求就是得到足够的运维经费,完成上级部门的要求和任务。

(3)节水灌溉企业。在本书中企业主要指没有直接利用农业用水并获得经济效益的企业,而农业合作社或相关利用农业用水进行生产并获得经济效益的企业,则统一算在用水农户中。在农业水价综合改革过程需要诸多企业的参与,其中最主要且较具影响力的即为节水灌溉类的企业,他们能够参与改革方案制定、水利工程建设、生产灌溉或计量等相关设备、进行信息化管理平台建设、承担农田水利工程维修管护、作为第三方进行改革监督评估等各项工作,涉及改革的诸多部分。随着农业水价综合改革工作在全国范围的开展,改革任务和难度也不断提升,改革对于节水灌溉企业参与的需求也逐渐凸显。近年来,政府部门通过购买服务、招标、授权等形式,与节水灌溉企业在工程建设、设备安装配套、运行维护管理、智能监测收费等多个领域展开合作,在推动改革工作落实和促进农业水价提升等方面发挥了重要作用。同时,企业也通过自己专业化、规模化、标准化的工程、服务产品输出,获得相应的收益和可观的利润。

企业是以营利为目的,运用各种生产要素向市场提供商品或服务,实行自主经营、自负盈亏、独立核算的法人或其他社会经济组织,这也决定了企业的利益诉求为追求经济利益的最大化。对于企业来说,眼前利益优先于长远利益,在满足预期收益的前提下,也会前瞻性地考虑风险较高、转化周期较长的项目。而经济效益之后,企业还会考虑完成企业年度计划、风险、地方政府要求以及扩大影响力等次级效益(谢开勇 等,2012)。

与某节水灌溉企业负责人访谈获得的信息,也能很好地反映节水灌溉企业在当前改革进程中利益诉求的实现路径。该企业主要从事农田水利工程和高效节水灌溉、农村饮水工程、农业水价综合改革等项目建设;与政府的合作模式包括:资金整合、节水合同制、PPP模式、建管投服一体化模式等。该负责人表示:"从企业的角度来看,资本投入农业或者水利行业现有的回报途径,主要有两种:一种途径是土地,企业通过投资获得农业土地的使用权和经营权,通常能获得较好的收益,但是当前土地的审批较为严格,且地方政府权力有限,企业对土地的诉求不是在地方政府层面能够实现的,所以当前改革阶段这一利益诉求还很难得到满足。另外一种途径是建立在合理农业水价的基础上对水费的收取。这一诉求需要以农业用水商品化为基础,企业可以在农业节水行为和与农户之间的水资源使用权交易中获得可观的利润。但是,在当前阶段受农民承载力较低和水商品意识淡薄等因素的限制,农户对此的接受程度普遍偏低,农业水价仍难以实现成本,更无法实现盈利。"这也使得社会资本在对农业和农田水利工程的投资中并不积极,更是难以从资金层面对农业水价进行分担。

(4)水利经营者(私营)。这里的水利经营者是指水利工程的非政府经营者。一些地区为了提升农田水利工程供水服务水平,出现了由非政府机构承包经营、代替政府部门提供供水服务和工程运维管理的经营形式。随着改革的推进,由私人或

## 5.2 农业水价利益相关者利益关系和利益诉求分析

企业进行水利设施经营的现象也有所增加,私人或企业通过招投标的方式获得农业供水工程的水资源使用权和工程管理权,为农户提供供水服务,并收取一定的费用。经过自身运营管理、优化配置以及政府的补贴,在提供优质供水服务的基础上,获得一定的收益。对于这样的水利经营者来说,其利益诉求便是利用高效的经营管理方式和优质的供水服务,换取其期待的经济收益。

#### 5.2.2.2 农业用水使用利益群

(1) 用水农户。用水农户支付农业水费希望获得两方面的利益,即灌溉的经济效益和更好的供水服务。首先,农户支付水费后获得了农业用水的使用权,用于农业灌溉并产生可观的增产效益(即灌溉的经济效益),研究显示灌溉对农业增产有明显促进作用(谢栌乐,2015)。此外,还要追求更好的供水服务,首先要求供水方能够提供及时有效地灌溉保障,而随着灌溉工程和技术的发展,农户也会有省时、省工、省力、省钱等诉求。农户作为理性人,其利益诉求也同样从自身出发,希望以尽量低的农业水价换取更优质的供水服务,并获得灌溉带来的经济效益。

(2) 农民用水协会。农民用水协会作为用水农户的代表,是用水农户参与农业水利工程管理,也是维护自身利益的重要途径。所以在利益诉求上,农民用水协会与用水农户是一致的,通过与政府部门和供水机构的协商和博弈,为用水农户争取更好地供水服务和更优惠的农业水价,以保障农户利益,追求农业生产效益的最大化。同时,构成协会中的成员作为一个自然人,承担了末级渠系的运营管理维护工作,也希望获取一定的经济收益,来补偿个人付出的人力成本。

(3) 村委会。村委会的职责涉及维护村民利益、促进村经济发展、管理集体财产、维护社会治安、完成社会保障等多个方面,这也决定了村委会在参与和推动改革这件事上具有天然优势、内生动力和身不由己。首先,作为长期存在的基层群众自治组织,村委会在农村社会有着稳定的群众基础,普遍具有较强的权威性和影响力,它能够帮助协会与农户建立更加稳定的合作关系,且对于传达政府政策和消除农户抵触心理有积极作用,因此村委会在参与改革工作有着天然的优势。其次,农业水价综合改革,是影响农民生活、农业生产的重要制度变革,根本目的是改善灌溉条件、促进农业增产和农民增收,从长远角度来看有利于推动农村地区的经济发展和社会,这说明改革的开展和落实是符合村委会的利益诉求的,因此村委会对参与和推动改革有内生动力。最后,改革是一个利益再分配的过程,那么随着改革工作的开展和落实,势必损害一部分群体的利益,并由此也会引发一定的社会矛盾,为保障区域的稳定、社会关系的和谐,村委会也不得不参与和推动改革开展,协调各方利益关系,维护辖内社会稳定和谐。

从村委会的职责和权力出发,分析认为其利益诉求主要表现在以下几个方面:一是,农村地区的经济增长和社会发展。随着改革的开展域内农田水利工程不断优化,灌溉的保障度提升,有利于农业生产效率提升和农业产业发展;灌溉供水服务水平优化,农民在灌溉过程中更省工、省时、省水,能够直接和间接带来生产成本的节约，进而扩大农民利益规模；农民富起来、生产生活环境改善，带来的是农村社会的和谐稳定发展。二是，随着改革的落实，村委会在协调关系、促进区域发展中做出的贡献，能够进一步提升村委会在乡村治理中的公信力，有利于其他工作的开展。

#### 5.2.2.3 支援服务利益群

(1) 科研机构。尽管科研机构的利益并不受农业水价高低影响，但改革开展为科研机构的发展创造了新的契机，而其在输出政策建议、管理策略、科学技术、优质人才等方面的功能对改革工作有着积极影响。科研能力是反映科研机构水平的基本指标，而对科研能力的评价多从科研成果、人才培养、社会公信力和盈利等几个方面着手，这也决定了科研机构的利益诉求要从这几方面来论述。由于农业水价综合改革具有较强的政策性，那么应从政策建议影响的政府层级以及被采纳的程度两个方面评价其科研成果，一般认为科研机构提供的政策建议所影响的政府部门级别越高，被采纳程度越大，那么其科研成就也越高。对于人才培养来说，其培养的人才在改革中发挥的作用越大，对于促进改革推进、区域发展做出的贡献越大、影响力越强，那么该科研机构的能力也越强。随着科研成果和人才的输出，机构在改革和社会中的公信力和实力也越高。当然科研成果转化、政策咨询服务等工作开展的过程中，也会带来一定的经济效益，但对于科研机构来说经济效益的重要性远不如成果、人才和公信力重要。

(2) 金融机构。农业水价综合改革过程中，需要通过水利工程建设和设备设施配套来夯实改革基础，而这个过程中需要大量的资金投入。显然政府和农户个人都很难承担工程建设资金，就需要金融机构来提供贷款服务。对于金融机构来说，他们追求的是投资的安全性和高回报率，通过投资水利设施建设或提供贷款服务，来获得高于当前存款利率的收益。

(3) 公益机构。公益机构是一种社会组织类型，他们以社会公众为服务对象，将为公众提供广泛性救助和支援服务为特定使命和宗旨。而当其作为农业水价利益相关者时，援助方式比较多样化包括投资工程建设以及提供设施、技术、培训、资金等形式。其价值也相应地表现在改善灌溉条件、提升灌溉服务水平、促进农民增收、减轻社会压力等方面。公益机构多具有专业性、灵活性和社会性，这也使得其在传达群众意见和提供公共服务方面有一定优势（龙玉婷，2019）。公益机构参与农业水价综合改革，往往不追求经济利益，这也使得它的参与在一定程度上降低了改革成本，分担了政府压力，对改革推进有着积极作用。而公益机构的利益诉求，是其成立之初便致力达成的目标或状态，与商业组织不同公益机构的关注点在于改善其受众群体的状况（武豹 等，2018）。那么围绕农业水价综合改革，公益机构的诉求就是改善灌溉条件、促进农业节水和农业发展、保障粮食安全和农民效益等积极的社会影响。

(4) 新闻媒体。作为社会的重要构成，在社会生活中发挥着信息传递、影响公

5.2 农业水价利益相关者利益关系和利益诉求分析

众意识的作用,而改革中基层管理人员和农户的节水和缴费意识,都需要新闻媒体通过不断地传递与之相关的信息来构建。而在这个过程中,新闻媒体的利益诉求,包括获取新闻素材、引发社会关注和提升自身影响力等。

## 5.2.3 利益相关者影响农业水价的机理

如图 5-2 所示,反映了农业水价利益相关者对农业水价的期望。其中,政府部门和提供供水服务的社会机构(企业和其他供水方)作为农业用水的供给方和收费方,期待提升农业水价,更好地弥补供水成本,并从中收获各自的利益。农户作为用水方,也是农业水价的支付方,更期待较低水价。协会的角色比较复杂,作为付费方希望总体水价能够降低,也是作为收费方对于末级渠系水价则希望提高到运维成本,更好地完成运行维护工作、保障协会人员支出。包括"农转非"用水方、

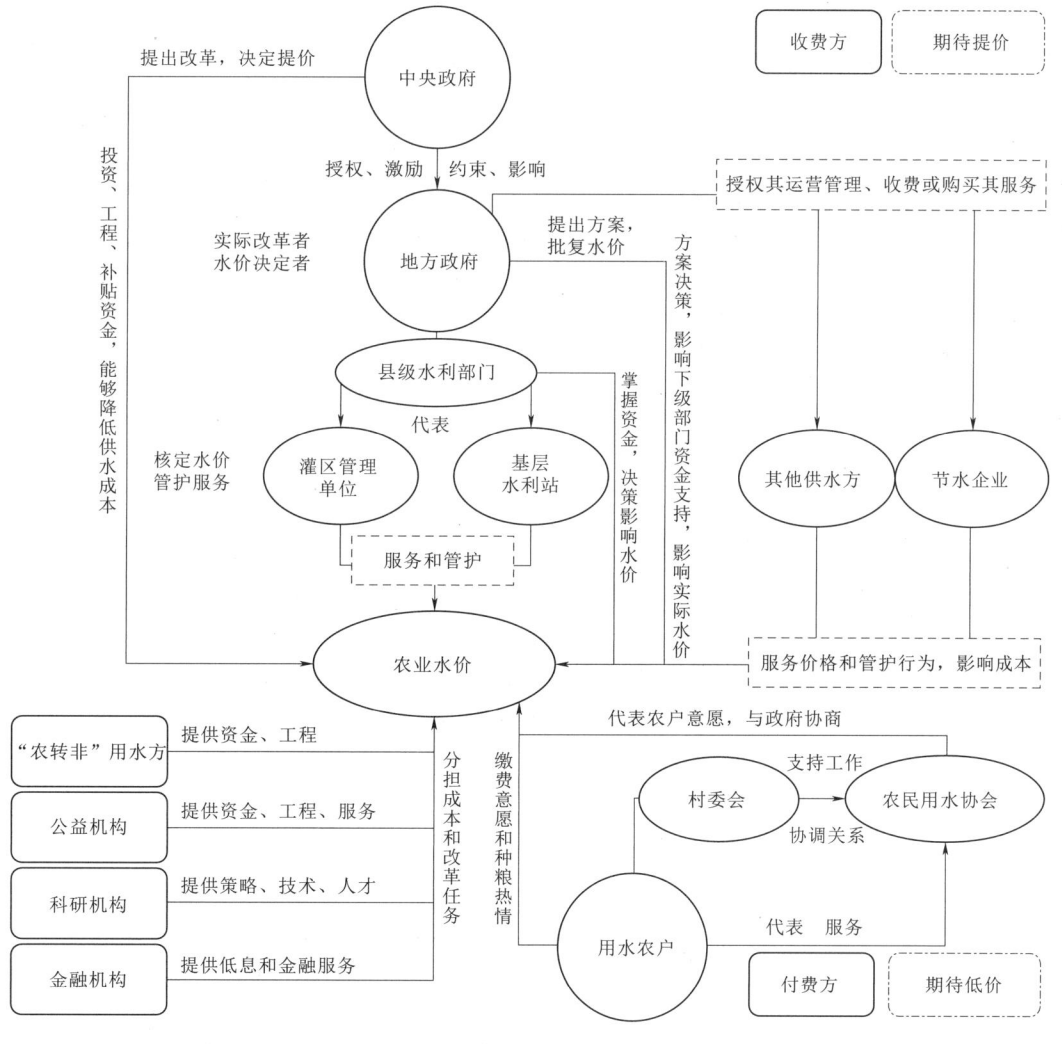

图 5-2 农业水价利益相关者影响农业水价的机理

科研机构、金融机构和公益机构等社会部门来说,农业水价的高低对其利益不形成直接影响,他们对于农业水价的高低并没有明显的期待。

图5-2展示了农业水价利益相关者对农业水价的影响机理,体现了不同利益相关方间的关联关系和其影响农业水价的方式和路径。总体来说,政府部门对于农业水价的定价有着绝对的主导权,执行水价的确定均以政府意愿为主导,并且政府部门决定了改革和资金利用方案,能够影响农户最终承担的水价规模。用水农户的意愿能够在一定程度上影响政府部门的定价决策,其中协会和村委会发挥了沟通协调的桥梁作用。包括政府、私人在内的基层供水方的意愿和管护行为,能够影响农田水利工程的运维成本,而成本作为政府部门决策的重要参考依据,必然会影响到农业水价。社会机构在管理效率、专业化程度和资金投入等多个方面具有优势,社会参与对于降低农业供水成本、提升管理效率有着积极作用,能间接影响农业水价。

#### 5.2.3.1 政府部门

(1)中央政府是本次农业水价综合改革的主导者,最终目的是提高农业水价,实现供水的运营管护成本。而在实际改革中中央部门只向地方政府提供一个导向,不会直接决定农业水价。但其在农田水利工程建设投入以及奖补资金分配等方面的政策行为,会影响农田水利工程的供水成本,并对农业水价产生影响。当中央投资越高、奖补资金越多时,农民承担的水价也会越低。

(2)地方政府和县级水利部门是改革的实际实施者,他们拥有对于改革实施方案和农业执行水价的最终决策权,其对农业水价的主观意向决定了农业用水的最终价格。而对中央政府资金的分解落实以及地方财政的资金配套情况,影响了奖补资金的规模,也决定了农户所应承担的农业水价。奖补资金总量越多,农户所要承担的最终水价也会越低。而其政策行为和方案制订结果也会间接影响农业水价,如奖补方案和定价方案能够影响农户用水行为和支付意愿;管护方案能够影响运行维护成本;改革实施方案能够影响政策执行成本。

(3)灌区管理单位和基层水利站,是基层的农田水利管理部门,其对农业水价的影响可以从三个角度来看。一是,灌区管理单位根据对灌溉骨干工程运行维护成本的核算结果,综合考虑政府和农户意愿后初步确定农业水价定价方案,但没有最终决策权,需要由地方政府部门作出最终批复;二是,灌区和基层水利站负责相关工程的运行维护管理,其人员支出、运维方案方式、管理体系建设、资金利用效率等工作情况都对工程供水运维管理成本产生影响,并最终影响实际水价;三是,作为灌溉供水服务方,其行为决定了灌溉供水服务水平,而研究显示灌溉供水服务水平能够明显影响农户对灌溉水费的支付意愿和接受程度(Postel et al.,1999),进而农户的意愿和对水价的接受程度能间接影响改革进展和农业水价定价。

#### 5.2.3.2 农户及自治组织

(1)用水农户是农业水价的支付方,农民的缴费意愿和水费承载能力能在一定程度上影响政府决策。用水农户对于农业水价的影响要从两个方面来分析:一是,

## 5.2 农业水价利益相关者利益关系和利益诉求分析

农民的农业水价缴费意愿和响应行为能直接影响政府决策,如果在实际收费过程中农户因为水价偏高拒绝缴费或是不再进行农业生产,必然会迫使相关部门作出反应,通过降价或补贴的形式降低农户的最终缴费额度。二是,农民用水协会作为农户的代表,可以通过与政府和供水部门的协商,影响农业水价定价。

(2)农民用水协会对于农业水价的影响机理相对来说更加复杂,协会是农民参与农田水利工程治理的有效途径,但同时也有自身的利益诉求。一方面,协会成员作为用水农户希望自身有更低的农业水费支出;另一方面,作为协会的运营者,承担着末级渠系的维修养护和管理,希望提高末级渠系水价,获得更充足的运营经费,保障管理、维修和人员支出。这其中的矛盾关系决定了协会影响农业水价的两种方式:一是,通过与政府和供水方的协商影响骨干工程执行水价的定价;二是,在末级渠系运维管理中,其行为和策略决定了末级渠系的运维成本,并最终影响末级渠系农业水价。矛盾的关系同时也限制了协会的运营和发展,近年部分协会面临空心化、僵尸化和解体等问题,很难通过参与农田水利管理分担政府压力,提升管理效率(张宁 等,2014;赵文杰 等,2016),对此改革中还需要政府部门对协会进行扶持、引导和补贴。

(3)村委会作为农村基层自治组织,以维护农村地区的稳定和发展为己任,既能够协调协会与农户间的关系、支持协会运行,还能够更好地传达政府部门的意愿、影响农户实际行为,同时也能够帮助农民争取利益。虽然并不会直接参与农业用水定价,但却在其中产生润滑的作用,长此以往必然能促进农业水价合理化。

### 5.2.3.3 社会机构

各利益相关方在农业水价综合改革中的角色、任务和利益关系,决定了社会机构对于农业水价的影响机理要分两类进行讨论:一类是,包含节水企业和其他供水方在内的供给方,他们能够对供水成本产生直接影响,并在一定程度上决定农业水价定价;另一类是,包含"农转非"用水方、科研、金融和公益机构在内的其他社会群体,他们对于农业水价没有直接的利益诉求,但能通过不同方式分担农业供水成本,间接影响农业水价。

(1)由于农业水价综合改革的任务繁重,但政府部门的承担能力却相对有限,对此政府通过授权经营管理、合作和购买服务等形式,将部分工程的运行维护管理任务交付到节水灌溉企业和私人供水方手上。而其具备供水方和私营部门的双重身份,决定了这部分群体在供水过程中追求自身利益的最大化,希望能够提升农业水价的同时降低运行维护成本,扩大收益规模。其对农业水价的影响可以从意愿和行为两个方面来看:意愿上,他们希望农业用水提价,通过与政府和农户的博弈,促进农业用水提价,但他们并不介意提价部分由政府还是农户来承担,最终定价权仍在政府手上;行为上,他们能够通过高效地管理、专业化地维修养护和健全的运营体系实现运行维护成本的降低。市场行为在提升效率方面有着明显高于政府部门的能力,私营供水方的参与对改革的推进和管理体系的发展有着积极作用,但农业用水不计利润的原则使得社会部门对参与其中的积极性不高，还需要政府部门的扶持、激励和引导。

（2）对于另一部分群体，他们本身与农业用水的定价没有直接的利益关系，但是其行为能够在一定程度上影响供水成本，而当前阶段农业水价定价基本以运行维护成本为标准，这也使其对农业水价产生影响。"农转非"用水方和公益机构多可通过修建工程、提供节水技术、支付资金等方式实现对农业供水成本的分担。科研机构，能够通过政策建议、人才和技术输出在不同角度间接地影响农业水价：一是完善政策体系，节约政府政策执行成本，降低农户对农业水价的抵触；二是培养人才，健全农田水利管理体系、提升管理效率，节约管理成本；三是提供技术支持，促进农业节水，降低农业水费的整体支出。金融机构，一方面可以通过改变贷款利率和偿还期限，直接降低供水成本；另一方面，还可以通过开发金融产品，推动民间水利建设和自治管理体系的发展，提升运维管理效率，间接降低供水成本。

## 5.3 农业水价利益相关者专家评价

### 5.3.1 指标体系

#### 5.3.1.1 指标体系构建

根据农业水价特性、农业水价综合改革内容以及上文中对于农业水价利益相关者三个属性内涵的解释，可以确定农业水价利益相关者评价的指标体系，见表5-5，从决策权、管理权、经济利益所有权或使用权及水资源所有权（管理权）或使用权和其他权利5个角度进行合法性的评价；从影响农业水价定价和水费收取两个角度入手，进行权威性评价；从各方意见的重要性和采纳程度进行紧急性评价。

表5-5　　　　　　　　农业水价利益相关者评价指标体系

| 一级指标 | 二 级 指 标 |
|---|---|
| 合法性 | 决策权 |
| | 管理权 |
| | 经济利益所有权或使用权 |
| | 水资源所有权（管理权）或使用权 |
| | 其他权利 |
| 权威性 | 影响农业水价定价 |
| | 影响农业水费收取 |
| 紧急性 | 各方意见的重要性和采纳程度 |

#### 5.3.1.2 评价标准

各项指标的评价标准均划分为四个等级，即：高（7～9分）、中（4～6分）、低（1～3分）、无（0分）。根据各利益相关者属性的特点，表5-6对各指标评价

## 5.3 农业水价利益相关者专家评价

标准进行解释。

表 5-6　　　　　　　　农业水价利益相关者属性评分标准

| 分级 | 高 | 中 | 低 | 无 |
|---|---|---|---|---|
| 分数 | 7~9 | 4~6 | 1~3 | 0 |
| 合法性 | 高度权利 | 中度权利 | 低度权利 | 不具备合法权 |
| 权威性 | 高影响力 | 中影响力 | 低影响力 | 无影响力 |
| 紧急性 | 其各种要求非常重要，需要被立即采纳 | 其各种要求比较重要，选择性的采纳 | 其提出部分要求，对最终结果产生一定影响 | 其要求完全不重要，不被采纳 |

### 5.3.2　专家评分结果处理方法

根据表 5-5 和表 5-6 中建立的指标评价体系和评价标准设计了农业水价利益相关者专家评价问卷，选择农业水价领域内的 30 位专家展开咨询，回收问卷 25 份，因空缺项过多和评分差异性不足等原因，剔除 3 份问卷，共获得有效的专家评分结果 22 份。专家所属部门包括科研机构、政府部门、节水企业等。将专家评分结果进行整理，利用统计方法进行处理和核算，获得农业水价利益相关者的最终评分结果。

#### 5.3.2.1　专家评分统计方法

分别对利益相关者 $i$ 关于指标 $j$ 的专家评价结果求算数平均数、中位数和加权平均数，再求 3 个数据处理方案的平均值，确定对利益相关者 $i$ 指标 $j$ 的评价结果 $R_{ij}$。

加权平均数计算中，取 $n$ 个专家评价中的最大值、最小值和出现频率最高的值，分别设置权重为 0.3、0.2 和 0.5。

$$R_{ij} = \frac{\overline{r}_{ij} + \text{Mid}(r_{ij}) + 0.5 \times \text{Mode}(r_{ij}) + 0.3\text{Max}(r_{ij}) + 0.2\text{Min}(r_{ij})}{3} \quad (5-1)$$

式中：$R_{ij}$ 为基于加权平均计算后确定的利益相关者 $i$ 指标 $j$ 的最终得分；$r_{ij}$ 为不同专家对利益相关者 $i$ 指标 $j$ 的评分。

#### 5.3.2.2　权重确定方法

本书选择利用变异系数法确定各指标权重。变异系数（coefficient of variation）是原始数据标准差与平均数的比，用以反映数据的离散程度。与标准差不同，变异系数同时考虑了变量值的离散程度和平均水平，可以克服数据在测量尺度和量纲上的差异。

指标 $j$ 的变异系数 $C_{vj}$ 的计算方法为

$$C_{vj} = \frac{\overline{R}_j}{SD_j}, \quad SD_j = \frac{\sqrt{\sum_{i=1}^{n}(R_{ij} - \overline{R}_j)^2}}{n} \quad (5-2)$$

式中：$\overline{R}_j$ 为指标的平均值；$SD_j$ 为指标的标准差。

那么指标 $j$ 的权重 $W_j$ 为

$$W_j = \frac{C_{vj}}{\sum_{i=1}^{n} C_{vj}} \tag{5-3}$$

#### 5.3.2.3 分担份额计算

农业水价利益相关者的评分结果，可以反映各利益相关者在改革中的权益和影响力。通常认为权力越大，责任也越大。因此根据评分结果，可以初步判断各农业水价利益相关者在农业水价综合改革中责任和义务的分担份额。利益相关者分担份额 $SR_i$（Share the Responsibility）的计算方法如下：

$$SR_i = \frac{R_i}{\sum_{i=1}^{n} R_i} \tag{5-4}$$

式中：$R_i$ 为各利益相关方的专家评分结果。

### 5.3.3 农业水价利益相关者专家评价结果

#### 5.3.3.1 各项二级指标处理结果

根据式（5-1）对专家评分结果进行处理，得到各利益相关者各项指标的最终得分。根据式（5-2）和式（5-3）可以得各指标的变异系数及各项指标的权重，结果见表 5-7。处理后获得的各农业水价利益相关者的各项指标的评价结果显示，最高值出现在决策权评价中，中央政府最终得分为 8.112，最低值出现在资源所有/使用权评价中，新闻媒体评价结果为 0.538。

表 5-7　　　　　　农业水价利益相关者二级指标评价结果

| 利益相关者 | 合 法 性 | | | | | 权威性 | | 紧急性 |
|---|---|---|---|---|---|---|---|---|
| | 决策 | 管理 | 收益所有 | 资源所有/使用权 | 其他 | 定价 | 收费 | 响应 |
| 中央政府 | 8.112 | 7.355 | 5.273 | 7.679 | 5.983 | 7.555 | 6.573 | 7.750 |
| 地方政府 | 7.091 | 7.900 | 5.687 | 6.775 | 5.429 | 7.621 | 7.115 | 7.100 |
| 县水利局 | 5.739 | 6.039 | 5.922 | 5.979 | 5.683 | 5.706 | 5.824 | 6.150 |
| 基层水利站 | 3.130 | 4.897 | 4.943 | 5.154 | 4.125 | 3.800 | 5.127 | 4.183 |
| 灌区 | 4.730 | 6.594 | 5.608 | 5.467 | 4.246 | 4.285 | 5.052 | 4.617 |
| 协会 | 3.479 | 4.233 | 3.983 | 3.179 | 3.100 | 3.624 | 3.779 | 3.733 |
| 村委会 | 2.852 | 2.845 | 3.348 | 3.165 | 2.996 | 3.415 | 4.627 | 2.982 |
| 用水农户 | 1.788 | 1.933 | 3.932 | 3.371 | 3.204 | 4.285 | 5.733 | 4.067 |
| 水利经营者 | 4.012 | 4.870 | 5.497 | 4.776 | 3.813 | 5.252 | 5.067 | 4.967 |
| 节水企业 | 1.039 | 0.527 | 1.868 | 0.702 | 3.175 | 2.221 | 1.897 | 2.567 |
| 科研机构 | 2.155 | 0.909 | 0.897 | 0.802 | 3.217 | 4.224 | 1.997 | 4.750 |
| 公益机构 | 1.838 | 0.964 | 0.754 | 0.722 | 1.958 | 1.540 | 1.294 | 2.250 |

## 5.3 农业水价利益相关者专家评价

续表

| 利益相关者 | 合法性 | | | | | 权威性 | | 紧急性 |
|---|---|---|---|---|---|---|---|---|
| | 决策 | 管理 | 收益所有 | 资源所有/使用权 | 其他 | 定价 | 收费 | 响应 |
| "农转非"用水方 | 2.013 | 1.409 | 2.160 | 2.737 | 2.583 | 3.263 | 2.684 | 2.417 |
| 金融机构 | 1.146 | 0.673 | 1.784 | 0.638 | 1.683 | 2.314 | 1.748 | 2.267 |
| 新闻媒体 | 0.633 | 0.542 | 0.802 | 0.538 | 1.888 | 2.525 | 1.652 | 2.900 |
| Mean | 3.317 | 3.446 | 3.497 | 3.446 | 3.539 | 4.109 | 4.011 | 4.180 |
| SD | 2.169 | 2.589 | 1.893 | 2.354 | 1.303 | 1.743 | 1.909 | 1.687 |
| $C_v$ | 0.654 | 0.751 | 0.541 | 0.683 | 0.368 | 0.424 | 0.476 | 0.403 |
| 权重 | 0.218 | 0.251 | 0.181 | 0.228 | 0.123 | 0.471 | 0.529 | |

根据对表5-7中各利益相关者评价结果进行综合分析可以发现，政府在农业水价利益相关者中具有明显的优先级，各指标评价结果中第1位均属政府部门。8个二级指标评价结果中，中央政府在决策权、资源所有权、其他权利和响应效率4个方面均排在第1位，地方政府则在管理权、影响定价和收费3个方面排名第1，而在收益所有权评价中县级水利部门排在第1位。

农户及自治组织在利益相关者评价中，整体评价低于政府部门，综合来看优于社会机构。合法性评价中的相关权利评价结果并不优异，基本排在7~9位，决策权则相对较差排在第13位；而权威性评价指标中，农户对于影响水价定价和影响水费收取的评分相对较高，分别为第6位和第4位，农户作为水费的缴纳者，其承载能力和缴费意愿是影响农业水价综合改革政策落实和执行的关键因素。

在农业水价利益相关者中，社会机构是重要组成部分，但与政府部门和用水农户相比其与农业水价的利益关系要相对弱一些。在专家对各利益相关者的评价中，也反映了这一特性，社会机构的利益评价结果普遍靠后。其中私营水利经营者作为水资源供给方是一个特例，其评价结果明显优于其他机构，特别在收益所有权、影响定价和响应效率评价中排在第4位。

各指标下不同农业水价利益相关者评价结果的差异性，通过变异系数$C_v$表现。各指标变异系数越小，说明数据离散程度越小，各利益相关者同一指标评价结果间的差异性越小。8个二级指标评价中，各利益相关者其他权利评价结果的变异系数最小，评价结果差异性最小；其次为响应效率、影响定价和影响收费；除了其他权利外，合法性下属的各项权利指标变异系数普遍偏高，说明农业水价利益相关者间，在各项权利上的差异性较大，其中以资源的所有权和使用权上的差异最明显。这一现象是可以合理解释的，《中华人民共和国水法》中规定了水资源归国家所有，因此中央政府作为国家的代表在这项评价中具有绝对权威性；地方政府和供水方决定了水资源使用权；用水农户和"农转非"用水方可以依法获得水资源使用权；在管理和决策权上政府有着绝对的权利归属；相对的社会机构既非供水方也非用水方，多是间接参与或影响农业水价，相关权益普遍偏低。

根据各利益相关者评价结果确定了不同指标下的变异系数 $C_v$，利用式（5-3）可求各指标权重。最终确定合法性下属的各项指标的权重为（0.218，0.251，0.181，0.228，0.123），权威性下属的各项指标权重则为（0.471，0.529）。

#### 5.3.3.2　综合评价结果

根据合法性和权威性下属各项指标的评价值和相关指标权重，加权计算后得到各利益相关者合法性、权威性和紧急性综合评分，对 3 项评分求变异系数 $C_v$，确定了 3 个利益相者属性的权重，最终得各农业水价利益相关者的综合评价结果，见表 5-8。

表 5-8　　　　　　　　农业水价利益相关者综合评价结果

| 利益相关者 | 合法性 | 排序 | 权威性 | 排序 | 紧急性 | 排序 | 评价 | 综合评分 | 排序 | 评价 |
|---|---|---|---|---|---|---|---|---|---|---|
| 中央政府 | 7.056 | 1 | 7.035 | 2 | 7.750 | 1 | 高高高 | 7.243 | 1 | 高 |
| 地方政府 | 6.771 | 2 | 7.354 | 1 | 7.100 | 2 | 高高高 | 7.038 | 2 | 高 |
| 县水利部门 | 5.901 | 3 | 5.769 | 3 | 6.150 | 3 | 中中高 | 5.931 | 3 | 中 |
| 基层水利站 | 4.489 | 6 | 4.502 | 7 | 4.183 | 7 | 中中中 | 4.408 | 6 | 中 |
| 灌区管理单位 | 5.470 | 4 | 4.690 | 6 | 4.617 | 6 | 中中中 | 4.997 | 4 | 中 |
| 农民用水协会 | 3.648 | 7 | 3.706 | 9 | 3.733 | 9 | 中中中 | 3.689 | 8 | 中 |
| 村委会 | 3.032 | 8 | 4.056 | 8 | 2.982 | 10 | 中中低 | 3.326 | 9 | 中 |
| 用水农户 | 2.749 | 9 | 5.051 | 5 | 4.067 | 8 | 低中中 | 3.810 | 7 | 中 |
| 水利经营者 | 4.650 | 5 | 5.154 | 4 | 4.967 | 5 | 中中中 | 4.890 | 5 | 中 |
| 节水灌溉企业 | 1.248 | 12 | 2.050 | 13 | 2.567 | 12 | 低低低 | 1.857 | 12 | 低 |
| 科研机构 | 1.439 | 11 | 3.046 | 10 | 4.750 | 5 | 低中中 | 2.846 | 10 | 低 |
| 公益机构 | 1.185 | 13 | 1.410 | 15 | 2.250 | 15 | 低低低 | 1.550 | 15 | 低 |
| "农转非"用水方 | 2.125 | 10 | 2.957 | 11 | 2.417 | 13 | 低低低 | 2.457 | 11 | 低 |
| 金融机构 | 1.094 | 14 | 2.015 | 14 | 2.267 | 14 | 低低低 | 1.698 | 14 | 低 |
| 新闻媒体 | 0.774 | 15 | 2.064 | 12 | 2.900 | 11 | 低低低 | 1.755 | 13 | 低 |
| Mean | 3.442 | | 4.057 | | 4.180 | | | | | |
| SD | 2.095 | | 1.770 | | 1.687 | | | | | |
| $C_v$ | 0.609 | | 0.436 | | 0.403 | | | | | |
| 权重 | 0.420 | | 0301 | | 0.279 | | | | | |

在对各农业水价利益相关者的合法性、权威性和紧急性评价中，中央政府评价最高，合法性和紧急性均排在首位。首先，中央政府作为水资源所有者是国家的代表，在水资源管理中也有着绝对权利，所以在合法性评价中具有显著优势；再次，中央政府在行政系统中位于顶层，对于农业水价政策的实施者（地方政府部门）有着绝对的约束力，因此其意见的重要性及在改革中地方政府对其意见响应效率上有着不容置疑的优先级。在权威性评价中，则是地方政府排在第一位。我国国土面积辽阔，各省在自然、社会和经济形势上均存在显著差异，这也决定了国内农业水价

## 5.3 农业水价利益相关者专家评价

改革形势的复杂性。中央政府很难制定出普适的改革计划,便将改革的权利赋予地方政府,这使其在改革方案制订、农业用水定价上有着高度自主性,因此在农业水价定价和收费中地方政府行为和意愿的影响力往往更为显著。

新闻媒体、公益机构等社会部门既没有管理和决策权,也不具备用水和供水的合法权利,仅仅是农业水价综合改革过程中的支援辅助部门,这也使得其在利益评估中评价结果较为靠后,但其行为能够在一定程度上影响其他社会成员意识决策,以致影响到农业水价定价或水费收取。

根据对利益相关者 3 个属性评估结果的整理,可知 15 个农业水价利益相关者中,仅中央和地方政府得到"高高高"的评价;此外有县级水利部门在紧急性评价中得到 1 个高,表现为"中中高";基层水利站、灌区管理单位、农民用水协会、水利经营者 4 个链接水资源所有者-政府和水资源使用者-农户之间关系,并负责农田水利工程管护、农业水价协定等工作的利益相关者,得到"中中中";而用水农户、村委会和科研机构 3 方得到了"2 中、1 低"的评价结果;其他包括企业、金融、公益、媒体、"农转非"用水方在内的利益相关者则均为"低低低"的评价。

对各利益相关者在合法性、权威性和紧急性评价中的得分求变异系数 $C_v$,呈现合法性>权威性>紧急性的形势,说明各利益相关者在合法性上差距最大,对于农业水价的影响力差距次之,而与合法性和影响力相比各方在意见重要性和被采纳程度上的差异最小。利用式(5-3)可求得 3 个属性在综合评价中的权重系数分别为 0.42、0.301 和 0.279。根据 3 个属性的权重和各利益相关者不同属性评分,计算可得各利益相关者农业水价利益相关者评分,如图 5-3 所示。

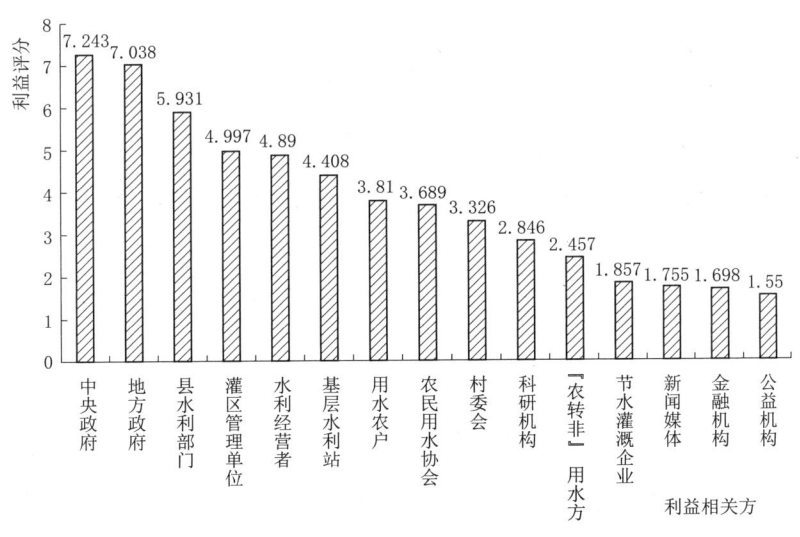

图 5-3 农业水价利益相关者综合评价排序

图 5-3 展示了农业水价利益相关者的综合评价结果,各方权益评分在 1.55~7.243。整体呈现趋势为:中央政府>地方政府>县水利部门>灌区管理单位>水

利经营者＞基层水利站＞用水农户＞农民用水协会＞村委会＞科研机构＞"农转非"用水方＞节水灌溉企业＞新闻媒体＞金融机构＞公益机构。其中，政府部门均排在前列，农户及自治组织均处在中间部分，社会机构中除水利经营者（私营）之外均排在后段。供水方有着明显高于用水方的权益评价，而支援服务机构权益则明显低于供用水方。在对15个农业水价利益相关者综合评分的等级划分中，中央和地方政府评价为"高"；县水利部门、基层水利站、灌区管理单位、农民用水协会、村委会、用水农户、水利经营者，7方评价为"中"，其中涵盖了政府、农户和社会机构，主要为供用水方；节水灌溉企业、科研机构、公益机构、"农转非"用水方、金融机构、新闻媒体6方评价结果为"低"，均属社会机构。

#### 5.3.3.3 利益相关者分类分析

根据5.1.4节中对农业水价利益相关者的分类，确定不同类型农业水价利益相关者的平均评分结果，见表5-9。

表5-9 农业水价利益相关者分类评价

| 分类依据 | 类 型 | 合法性 | 权威性 | 紧急性 | 综合得分 |
|---|---|---|---|---|---|
| 利益关系 | 水资源供给方 | 5.084 | 5.222 | 5.333 | 5.195 |
| | 水资源使用方 | 2.889 | 3.943 | 3.300 | 3.321 |
| | 支援保障方 | 1.123 | 2.134 | 3.042 | 1.962 |
| 行政归属 | 政府部门 | 5.937 | 5.870 | 5.960 | 5.923 |
| | 农户及自治组织 | 3.143 | 4.271 | 3.594 | 3.608 |
| | 社会机构 | 1.788 | 2.671 | 3.160 | 2.436 |

在基于利益关系进行农业水价利益相关者的分类中，呈现水资源供给＞水资源使用方＞支援保障方的形势。其中，供给方的综合评分达到5.195，明显高于使用方的3.321，说明在农业水价综合改革中，用水方的权利远低于供给方，而支援保障方的权益则明显低于供用水方。

在基于行政归属进行的农业水价利益相关者分类中，呈现政府部门＞农户及自治组织＞社会机构的形势。其中，最高是政府部门达到5.923，高于农户及自治组织的3.608。

根据上述对不同类型农业水价利益相关者评价结果的分析，可以发现在与农业水价利益关系中，与政府部门和供水方对比，农户明显处于劣势地位，农户在围绕农业水价产生的利益关系中，权利和影响并不显著。政策制定和执行的过程中，农民的意愿影响决策的能力相对有限。但由于农业生产的低效性，以及农产品投入产出效益的有限性，使得农民在面对农业水价提价的承载能力相对有限。对于农户来说灌溉产出效益是决定其种粮热情的关键因素，因此为了保障粮食安全，合理农业水价的过程需要以科学的评估为基础。根据5.2.3节对于支援保障方对农业水价影响机理分析中，发现包含科研机构、金融、公益和新闻媒体在内的支援服务群体，能够通过不同行为方式影响和分担农业水价，在增强改革动力、改变供用水方意识和分担改革压力等方面有重要作用,但是较弱的利益关系明显不利于这些群体参与改革,这就需要政府部门通过相关政策、手段吸引和鼓励这些群体参与。

### 5.3.4 科研学者与实践工作者评价结果的差异

#### 5.3.4.1 科研学者与实践工作者评价的差异性

根据专家从事工作的特点,可以将参与利益评价的专家划分为科研学者和改革实践工作者两类。其中,科研学者长期从事水资源价值和农业水价研究,均是农业水价研究领域的权威学者;改革实践工作者则涉及部、市、灌区等各级政府部门以及相关企业等,这类专家均长期从事农业水价综合改革实践工作,对于改革过程有着更为直观的了解。对两类专家利益评价结果进行统计和处理,得出表5-10所示的结果,两类专家在对各方的利益评价中有着不同的观点。

表5-10　　　　科研学者与改革实践者评价结果的差异

| 利益相关者 | 学者综合 | 排名 | 实践综合 | 排名 | 学者合法 | 实践合法 | 专家权威 | 实践权威 | 学者紧急 | 实践紧急 |
| --- | --- | --- | --- | --- | --- | --- | --- | --- | --- | --- |
| 中央政府 | 6.919 | 1 | 6.943 | 2 | 6.690 | 7.071 | 7.269 | 6.429 | 7.538 | 7.571 |
| 地方政府 | 6.622 | 2 | 7.264 | 1 | 6.287 | 7.186 | 7.115 | 7.714 | 7.077 | 7.143 |
| 县水利部门 | 5.577 | 3 | 6.623 | 3 | 5.453 | 6.464 | 5.385 | 7.214 | 5.538 | 6.429 |
| 基层水利站 | 4.396 | 6 | 4.226 | 5 | 4.290 | 3.979 | 4.192 | 4.857 | 4.000 | 4.714 |
| 灌区管理单位 | 5.045 | 4 | 4.698 | 4 | 5.047 | 4.950 | 4.731 | 4.286 | 4.615 | 5.000 |
| 农户用水协会 | 3.622 | 8 | 3.623 | 7 | 3.377 | 3.421 | 4.000 | 3.929 | 3.538 | 4.286 |
| 村委会 | 3.082 | 9 | 3.113 | 8 | 2.750 | 2.879 | 3.208 | 3.357 | 2.417 | 3.857 |
| 用水农户 | 3.739 | 7 | 2.755 | 9 | 3.263 | 1.957 | 4.500 | 4.286 | 3.769 | 4.143 |
| 水利经营者 | 4.793 | 5 | 4.189 | 6 | 4.343 | 3.814 | 4.962 | 5.214 | 4.692 | 4.429 |
| 节水企业 | 1.847 | 12 | 1.585 | 15 | 1.400 | 1.171 | 2.231 | 1.786 | 2.462 | 2.857 |
| 科研机构 | 2.342 | 11 | 2.358 | 10 | 1.693 | 1.371 | 3.654 | 3.143 | 4.154 | 4.714 |
| 公益机构 | 1.216 | 15 | 1.792 | 13 | 1.107 | 1.300 | 1.577 | 2.214 | 1.846 | 3.571 |
| "农转非"用水方 | 2.766 | 10 | 1.736 | 14 | 2.507 | 1.443 | 2.885 | 2.357 | 2.615 | 2.143 |
| 金融机构 | 1.369 | 13 | 1.981 | 11 | 1.233 | 1.229 | 1.346 | 3.143 | 1.692 | 3.429 |
| 新闻媒体 | 1.227 | 14 | 1.887 | 12 | 0.920 | 0.957 | 1.875 | 3.071 | 1.615 | 4.429 |

表5-10中,科研学者与改革实践工作者两类专家,在农业水价利益相关者评价中的评价结果存在显著差异。在分析产生差异的原因前,先要区分权力和权利两个词的不同内涵,其中权力是一个政治概念,而权利是一个法律概念。对中央政府、地方政府、农户、节水灌溉企业和农转非用水方这5个利益相关方的利益评价中,科研学者和实践工作者观点的差异性最明显。这与两方工作性质上的差异有关,对于科研学者来说,多从理论出发注重改革过程中客观的权利归属(法律),而实践工作者则多从实践出发更注重工作中实际权力的归属(政治)。这些差异反映出在农业水价制定和改革开展过程中社会和制度环境的复杂性,改革的各项工作

易受多重因素影响，科学研究中的理想情景与实践操作仍存在一定差距。所以围绕农业水价制定和改革开展的科学研究还需要以实践为基础，相关研究也要更加深入和更具综合性；同时，实践工作中也要注意于科研机构的对接，加强对科学研究成果的应用和转化，发挥科学研究对实践工作的指导作用，降低政策的执行成本、提升改革效率。

关于中央政府和地方政府的利益评价结果，科研学者认为中央政府在农业水价方面的权利和影响力要高于地方政府，而改革实践工作者则认为地方政府更高。对利益相关者合法性、权威性和紧急性3个属性的评价中，除了紧急性评价中双方观点一致外，对于合法性和权威性的评价结果两方均持相反意见。推测是实践工作者更注重实际工作，认为地方政府作为改革的规划者和实际执行者，实际工作中具有更多的权力和影响力；而科研学者则更关注天然具备合法的权利归属和行政上绝对的权威性，认为地方政府在资源所有权上必然是难以超越中央政府的，而行政上又明显受中央政府约束，因此从客观角度来看，其权利和影响力应低于中央。综合上述观点，作者认为在合法性评估上，应以客观权利归属为先，中央政府对资源所有权、决策权和其他相关权利上有着明显高于地方政府的优先级，所以合法性更高；而在权威性评估中，反映的是实际工作中的影响力，应注重实践工作情况，地方政府作为改革的实际执行者在权威性评价上应该更高，而这也与综合评价结果相适。

对于农户的评价，学者普遍认为对农户的利益评价应高于村委会和协会，毕竟农户才是水资源的使用者，用于农业生产并产生效益。在理想的状态下，农民用水协会是广大用水农户的代表，是农户参与农业用水管理和农业水价定价的重要途径；村委会作为基层群众自治组织也代表群众利益，协助农民用水协会更好发挥效力，维护农户权益。协会和村委会都是围绕农户而存在的，因此在改革中农户应该有更高的评价。但实践工作者则认为协会和村委会的权利和影响力更大，因为在实践工作中，协会和村委会显然受政治、经济和乡村文化等胁迫（钟涨宝，2010），一个好的协会和村委会往往需要政府部门的驰援和扶持，并需要较好的经济基础，这也决定了他们更多受政府和政策引导，也从一定程度上削弱了对农户权益的保障。

"农转非"用水方在科研学者评价中排在第十位，是社会机构中评价结果较前列的利益相关方，但实践工作者则认为其应排在十四位，明显低于其他社会机构。现有研究中，普遍认为通过农业水权交易，将水资源使用权交易给"农转非"用水方，用于工业生产和城市生活，是当前世界水资源管理的重要发展方向（陈龙，2018）。为了节余足够水量进行农业水权交易，要通过工程建设、技术推广等方面进行投入以促进农业节水，这也促进了农业灌溉供水服务水平和农业用水效率的提升，一方面可以消除农户对水价提升的抵触心理，另一方面通过减少水量来控制水费的总体支出，农业水权交易对于改革来说有着明显的积极作用。因此，从学者的角度来看，"农转非"对促进节水、提升水资源利用效率、合理农业水价方面均有积极作用，在使用权、影响水价和税费收取上都有一定权利和影响。但是在实践

## 5.3 农业水价利益相关者专家评价

中,我国农业水权交易的确也存在一定局限性,交易的规模、次数、效益和影响力还相对有限,尤其是为了实现节水交易前期在工程、制度建设方面产生了巨大成本,但为了保障企业效益,交易价格普遍偏低并不能完全弥补投入成本,从短期效益和实践工作角度来看,短期内"农转非"并不能显著影响农业水价。

随着改革的持续深入,各地都在探索政企合作的改革方式,节水灌溉企业也逐渐参与到改革中,承担工程建设、服务管理和维修养护等工作。从理论角度来说,节水灌溉企业的参与是专业化和社会分工的体现,是社会发展的必然路径。新经济增长理论认为,分工是经济的内生增长源泉,是社会和经济发展的内生动力,是促进效率提升、节约成本的重要途径(罗其友 等,2008)。因此,从科学的角度来看,节水灌溉企业的参与能够节约维修养护成本,提升服务水平,降低水价,提升缴费意愿,对农业水价改革和管理体系升级有促进作用。但在实践操作中,企业参与仍面临诸多问题和阻力,以致企业的参与并没有为改革带来实质性转折。国内水资源商品性的不足,企业在改革中的利益诉求难以得到满足,社会分工的实际过程复杂且曲折,并未能达到理想中的效果。

### 5.3.4.2 专家各项指标评价的差异性

对 22 名专家各农业水价利益相关者的综合评价和 3 个属性评价结果进行统计,并分别计算了不同专家在同一评价对象同一指标上评价结果的变异系数 $C_v$,以反映专家在农业水价利益相关者在利益评价中观点的差异性,结果见表 5-11。

表 5-11  专家评价结果的变异系数

| 利益相关者 | 综合评分 | | | 合法性综合 | | | 权威性综合 | | | 紧急性 | | |
| --- | --- | --- | --- | --- | --- | --- | --- | --- | --- | --- | --- | --- |
| | Mean | SD | $C_v$ | Mean | SD | $C_v$ | Mean | SD | $C_v$ | Mean | SD | $C_v$ |
| 中央政府 | 6.902 | 1.116 | 0.162 | 6.811 | 1.565 | 0.230 | 6.975 | 1.487 | 0.213 | 7.550 | 1.244 | 0.165 |
| 地方政府 | 6.814 | 0.779 | 0.114 | 6.573 | 0.910 | 0.138 | 7.325 | 1.040 | 0.142 | 7.100 | 1.179 | 0.166 |
| 县水利局 | 5.861 | 1.440 | 0.246 | 5.775 | 1.518 | 0.263 | 6.025 | 1.771 | 0.294 | 5.850 | 1.621 | 0.277 |
| 水利站 | 4.300 | 1.477 | 0.344 | 4.191 | 1.480 | 0.353 | 4.425 | 1.932 | 0.437 | 4.250 | 1.670 | 0.393 |
| 灌区 | 4.920 | 1.716 | 0.349 | 5.016 | 1.827 | 0.364 | 4.575 | 2.309 | 0.505 | 4.750 | 2.071 | 0.436 |
| 用水协会 | 3.586 | 1.532 | 0.427 | 3.391 | 1.658 | 0.489 | 3.975 | 2.321 | 0.584 | 3.800 | 1.965 | 0.517 |
| 村委会 | 3.070 | 1.526 | 0.497 | 2.791 | 1.720 | 0.616 | 3.263 | 2.022 | 0.620 | 2.947 | 1.394 | 0.473 |
| 用水农户 | 3.395 | 1.409 | 0.415 | 2.848 | 1.664 | 0.584 | 4.425 | 2.209 | 0.499 | 3.900 | 1.700 | 0.436 |
| 水利经营 | 4.572 | 1.328 | 0.290 | 4.175 | 1.659 | 0.397 | 5.050 | 1.596 | 0.316 | 4.600 | 1.497 | 0.325 |
| 节水企业 | 1.710 | 1.333 | 0.780 | 1.327 | 1.312 | 0.989 | 2.075 | 1.791 | 0.863 | 2.600 | 1.908 | 0.734 |
| 科研机构 | 2.286 | 1.446 | 0.632 | 1.591 | 1.557 | 0.979 | 3.475 | 2.385 | 0.686 | 4.350 | 1.931 | 0.444 |
| 公益机构 | 1.370 | 1.044 | 0.762 | 1.168 | 1.142 | 0.977 | 1.800 | 1.560 | 0.867 | 2.450 | 1.774 | 0.724 |
| "农转非"用水方 | 2.358 | 1.819 | 0.772 | 2.168 | 1.869 | 0.862 | 2.700 | 2.058 | 0.762 | 2.450 | 1.687 | 0.689 |
| 金融机构 | 1.538 | 1.130 | 0.735 | 1.232 | 1.178 | 0.956 | 1.975 | 1.654 | 0.838 | 2.300 | 1.269 | 0.552 |
| 新闻媒体 | 1.403 | 1.046 | 0.746 | 0.932 | 0.923 | 0.991 | 2.316 | 1.968 | 0.850 | 2.600 | 2.010 | 0.773 |

如表 5-11，15 个农业水价利益相关者中，地方政府变异系数最小、数据离散程度低，说明对于地方政府权益状况评价结果的差异最小，专家意见的协调性较高、意见冲突不明显。其次为中央政府和县级水利部门，与其他社会部门相比，在对政府部门的评价中专家意见普遍差异较小，各方评价的变异系数均小于 0.35；水利经营者是除政府部门外专家意见最统一的利益相关者，变异系数为 0.29；农户及自治组织的变异系数在 0.4~0.5；除水利经营者外其他社会机构的专家评价变异系数均在 0.6 以上，专家意见存在较大的差异和分歧。

从利益相关者的属性来看，各利益相关者的评价中，专家意见的统一性基本上呈现政府部门＞农户及自治组织＞社会机构的形势。而 3 个属性间来看，紧急性评价中专家的观点最统一，权威性其次，而在合法性评价上专家评价的变异系数较大，专家评分结果的离散程度较高，意见的差异性最为显著。

## 5.4 利益相关者对农业水价综合改革任务的合理分担

农业水价受农田水利工程的供水成本，以及其他能够直接或间接影响供水成本的改革行为影响。建立农业水价合理分担机制，要有稳定有效的改革作为保障，但当前改革仍过于依赖政府的投入和引导，制约了改革工作的开展。为了更好地推动改革工作落实，建立农业水价的合理分担机制，应该先探索农业水价综合改革的合理分担。农业水价综合改革涉及的内容和利益相关者范围较广泛，分担的内容包括资金、工程建设和管护责任落实等几部分，分担主体包括农业水价的全部利益相关者，分担形式也很多样。对于改革任务的合理分担，则要求从各农业水价利益相关者的能力和在改革中应负的责任出发，对不同利益相关者对改革任务的分担方式进行阐述。

### 5.4.1 分担主体识别

对各利益相关者的权益状况、利益诉求、行为特点和收益规模综合分析后，可以确定政府和农户为农业水价的主要利益相关者，需要以支付水费的形式从经济上对农业水价进行分担。对于其他利益群体来说，无论供水还是用水方都通过市场的交易过程参与到改革中，一定规模的收益是其参与相关工作的基本诉求和动力源泉，让这些群体从经济上对农业水价进行分担显然是不合理的。但作为农业水价的利益相关者，他们与农业水价和改革有着一定的利益关系，所以他有责任也有义务参与改革，分担改革任务。因此，确定农业水价的分担主体为中央政府、地方政府和用水农户，农业水价综合改革的分担主体为全部农业水价利益相关者。

第一，政府能代表国家行使水资源的所有者的权利，水资源用于农业生产中所产生的价值从客观角度来看应属于政府，而且农业水价的提升，归属于政府的水资源价值也能更好地实现，在农业用水的提价过程中政府部门能获取显著收益；第

## 5.4 利益相关者对农业水价综合改革任务的合理分担

二,水资源用于农业生产时产生了经济效益,推动国家经济发展,保障了国家粮食安全,对此政府要承担一部分水价;灌溉过程中还会产生一系列的生态效益,维护生态良好是政府部门的职责所在,也理应为这部分效益买单。灌区和水利站是政府的雇用人员,用来完成政府部门的运维管理工作,承担的是自己应完成的工作,但不包括分担农业水价。农户和"农转非"用水方均属于用水方,当农业用水参与生产时,他们享受供水服务,并获得水资源利用带来的相关收益(多指经济效益),为此他们应该支付一定的费用,即为农业水价。但与农户不同的是,"农转非"用水方的用水价格普遍高于农业水价,不会直接受农业水价影响或影响农业水价;且"农转非"用水方在获得农业用水的使用权时,就已经支付了明显高于农业水价的费用,交易的过程完整,是对农业水价的一种分担形式,所以在对灌溉过程中的农业水价进行分担时,不应该再将"农转非"用水方纳入其中。

如协会、企业、基层管理单位和私营的水利经营者等政府外的供水部门,在参与改革促进农业用水提价的过程中,能够获得一定的直接或间接经济收益。但这多是在提供管理、维护和服务后换取的工资,相当于运维成本中人员经费这一部分。这些群体参与改革,并以不同形式进行了改革任务分担,但不必在经济上对农业水价-运维成本进行分担。一定的经济收益是上述群体在改革中的利益诉求,也是其参与改革的原生动力,作为理性人这些群体参与改革付出劳动但却不能换取收益-工资显然是不合理的,也是不可持续的。且当前农业水费仍难达到供水成本,部分群体劳力投入与效益并不匹配,还需要政府部门进行补贴,又何谈对农业水价的分担。在参与改革工作的过程中,这些利益群体已经根据自己的职责和能力,通过降低成本、提供服务等方式,为推动改革开展做出重要贡献。

此外,还存在村委会、科研机构、新闻媒体、公益机构这几个并没有直接经济利益关联的利益相关群体。尽管这些群体并未在改革中获得直接的经济效益,但能不同程度影响或受改革影响,并在改革中得到或损失一些间接收益,其在某些领域的专业能力也能够影响供水成本,推动改革开展。那么作为社会的重要组成,改革中也承担一定的社会责任,发挥自己的优势对改革产生正向影响,分担改革任务、推动改革工作开展。但这些群体并没用利用农业用水获得经济效益,因此不需要从经济上对农业水价进行分担。

### 5.4.2 利益相关者农业水价综合改革分担责任

图 5-4 为利益相关者农业水价综合改革分担责任情况。

基于农业水价利益相关者专家综合评价结果,根据式(5-4)计算农业水价利益相关者分担农业水价综合改革的责任情况。结果显示:各方的责任占比在 0.027~0.126,其中包括政府部门、水利经营者和用水农户在内的 7 个农业供用水方应分担 0.666 的农业水价综合改革责任。政府部门的责任总量最高,达到 0.515,可以判断政府部门在农业水价和改革中的权益明显高于非政府团体,政府应承担农

# 第 5 章 农业水价利益相关者研究

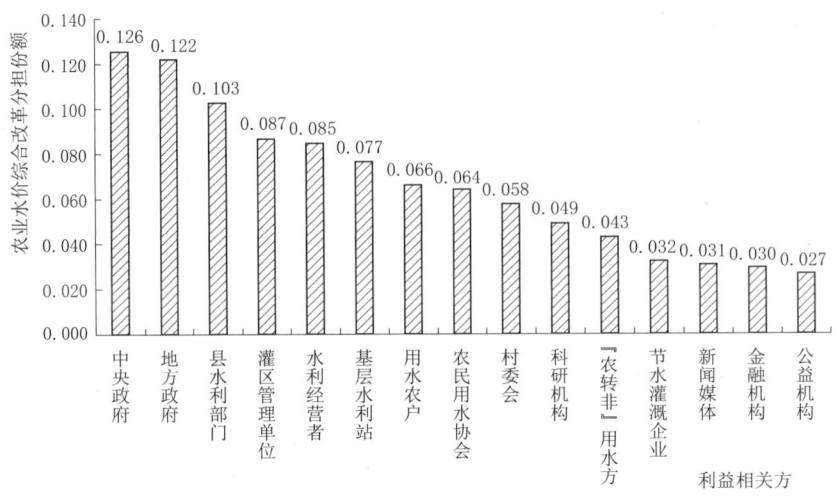

图 5-4 利益相关者农业水价综合改革分担责任情况

业水价综合改革的主要责任。农户及自治组织的责任合计在 0.188，除水利经营者外的社会机构各自的责任均不足 0.05。

## 5.4.3 政府部门的分担方式

政府部门在利益相关者评价中，各方面的权利和影响力都显著高于其他社会部门，基于评价结果，可以判定改革过程中，政府部门承担的责任超过 50%。农业水价的提升，对于保护所有者权益有着重要意义，不仅能够促进节水、提升生产和提升用水效率，也能保障灌溉供给和提升生产力水平，对于经济、社会发展和生态安全保障均有着重要意义，也满足了政府部门的利益诉求。所以政府作为农业水价的直接利益相关者，在改革任务的分担中要强调政府部门的主体地位。政府部门具有较强的经济实力，强有力的政策手段，应该也可以在改革的各个方面进行分担。

#### 5.4.3.1 资金

首先，政府经济实力雄厚，有能力也有责任分担农民的农业水费压力。其次，政府对农业水价的分担，也是对国民收入的再分配，以均衡农业生产者同农产品消费者之间利益分配的不均衡。长期以来，农产品生产者以较低的收益为消费者供应较低价格的农产品，承担起保障国家粮食安全的责任，而消费者多从事其他收益较高的工作，却享受低价农产品供应，农业生产者同社会其他部门的消费者之间存在明显的利益分配不均，政府资金补贴是调节贫富差距、维护社会公平的重要手段。结合我国国情，政府部门主要通过以下几种方式对农业水价进行分担。

（1）扩大各级政府在农业和农田水利系统的资金投入。农业水价综合改革是一项复杂而又长期的改革项目，需要以强大的资金为支撑。在工程建设、设施配套和奖励补贴等方面资金需求量巨大，通过资金投入来进行农业水价分担，是最直接也是最简单的分担方式。政府多有着雄厚的经济实力和高效的资源配置能力，并承担

## 5.4 利益相关者对农业水价综合改革任务的合理分担

着调节社会贫富差距的重要责任,这也决定了在资金投入上政府部门的主体责任。

对中央政府来说,一方面可以通过扩大农田水利投资范围,分担地方政府的财政压力,节约由贷款利率带来的供水成本的提升;另一方面,可以在设施配套和奖励补贴资金的分配上,向粮食主产区、生态脆弱区和经济发展较落后地区倾斜。而对于地方政府来说,则需要进一步扩大在农业水价综合改革中的资金投入,及时分解落实中央水利发展资金,扩大地方资金配套规模。

资金投入的方向主要涉及农田水利工程建设和维修、计量设施配套、节水奖励和水价补贴3个部分。工程建设和设施配套方面,中央政府划拨的资金多通过投资水利工程建设实现,地方政府则需要在项目建设中配套一部分资金。在奖励和补贴方面,中央水利发展资金中包含了一部分改革资金,用于精准补贴和节水奖励。但并未明确这部分资金的规模,在地方政府分解使用的过程中,大部分地区用于奖励补贴的额度普遍偏低,且配套资金规模也相对有限,这也限制了各地改革的开展进度。根据2019年农业水价综合改革台账信息的分析可以发现(见第4章),奖补资金落实与改革进度存在显著联系,目前改革进度排在前五位的北京、上海、江苏、陕西和浙江,地方政府配套资金均超过1亿元。

补贴对象应包括供用水双方、地方政府和科研单位,有利于从工程和用水两个方面促进节水,对于农业生产效率的提升也有重要意义。对于供水单位和水利经营者,政府可对农业执行水价与工程运维成本之间的差额进行补贴,缓解由成本倒挂造成工程老损,提升服务水平。对于用水农户,农业水价应以农民承载力水平为依据,整体不增加农民负担,通过奖励补贴和用水提价双重手段,促进节水和保障收益。对于农民用水协会,进行运维成本和运行经费的补贴,支持协会开展相关工作,推动改革开展。对于地方政府,粮食主产区省份改革任务重、难度大,经济实力有限需要在财政政策上适当倾斜。对于科研机构和农技推广机构,加大科研投入,以科学研究为指导,以科学技术为依托,提升用水和管理效率。

(2)加强农业水利工程建设。如图5-5所示,1960年以来全国水利工程投资总额呈现持续增长趋势,2013—2017年更是飞速增长,用于农业灌溉的水利投资在2015年之前也呈现持续增长趋势,且2000—2015年间增长速度超过全国水利总投资的增长速度。但2015年以后,在全国水利投资额度持续增长的情况下,灌溉投资却持续降低,灌溉占全国投资的比例更是持续下降。

2016年,农业水价综合改革工作在全国范围内全面开展,而完善的农田水利工程是开展改革的重要基础,显然当前农田水利投资情况不利于改革开展。农业水利设施建设情况,能够直接反应区域农业供水服务水平,在改革过程中不难发现,农田水利工程和基础设施老旧、损坏和不配套是制约改革工作开展的重要因素。而工程和修建成本也在全成本水价中占据了较大的份额,由政府部门负责投资建设农业水利工程能显著降低农业供水成本,同时随着供水服务水平的提升,农业用水效率和农民对农业水价的接受度都会有所提升。尽管农田水利投资并非政府一方的责

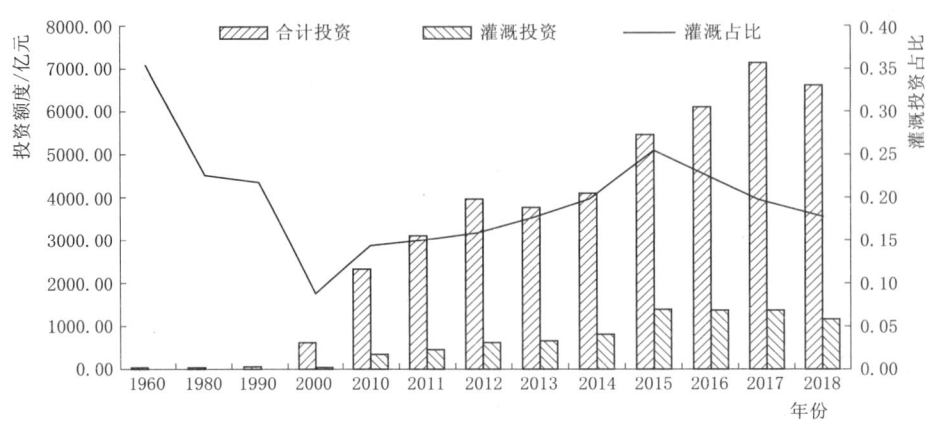

图 5-5 1960—2018 年全国水利投资完成额和灌溉投资完成情况

任,但不可否认政府在其中的主体地位,其他社会部门的参与也要建立在政府投资和引导的基础上。

第一,中央政府应增加农田水利工程建设方面的投资,并通过投资和项目的倾斜以及绩效考核加分等方式,激励地方政府主导或配套资金。第二,出台相关政策、吸引社会资本参与,加强制度建设、推动市场化运营,探索政企合作的高效形式。第三,将更多的灌溉工程建设项目纳入重大水利工程建设中。第四,通过提供补贴鼓励和扶持农户参与末级渠系改造和建设,提高田间供水工程质量。第五,发挥农业水利工程的多重功能性,加强防洪、生态保护、水土治理等项目农田水利工程建设项目的联合,分担农业供水成本。

#### 5.4.3.2 管护责任

农田水利工程管护责任的落实是促进农田水利工程良性运转、实现农业节水的重要环节。政府部门作为农业水价的主要利益相关者,农业节水和用水效率的提升对于维护其水资源所有者(代替国家)的权益有着重要作用,这也决定了政府部门在落实管护责任、维护工程良性运转方面拥有内生动力。政府部门在管护责任分担上主要从以下几点来实现:

(1)中央和地方政府,建立健全农田水利工程运维管理机制。明确各级政府和部门间的职责和权力,并利用严格的绩效考核和监督管理机制,约束下级部门认真完成自己所属的责任义务。

(2)保障灌区和基层水利部门的权益。确保运行维护管理经费及时到位,加强对其工作的监督和考核,建立奖励机制,保障、激励和监督基层水利管理机构提供更加高效、优质的农业供水服务。

(3)对农民用水协会的构建和相关工作的开展提供支持。一方面要加强培训,提升协会管理水平;另一方面要加强监督管理,确保协会能够维护农户权利;同时也要在资金上进行支援,保障协会的良性运转;此外,采用招标、政府购买服务或授权等方式,吸收企业或个人等社会力量参与到农田水利工程的运行维护管理中。

发挥市场机制对改革的促进作用,以专业化的运行维护管理,降低供水成本,提升供水服务水平。

#### 5.4.3.3 配套政策

农业水价的合理分担除了体现在水费分担和工程管护责任分担上,还可以通过配套一定的农业保护政策,提升农业生产效益,增加农民收入的方式实现。

(1) 提升农业补贴金额、扩大补贴范围。面对农业生产效益的持续紧缩,国内出现耕地弃种等现象,而随着农业水价的提升,这一现象还会持续恶化。作为人类生产生活不可或缺的重要产品,政府必需保障国内农产品的稳定供给。对此,应该进一步扩大农业补贴金额和范围,在直补、灌溉、机械化、信息化、社会服务等多个方面进行补贴,以保障农户的生产热情。

(2) 进一步完善农业保险制度。农业生产受自然气候影响颇多,极易受灾,面对自然灾害的侵扰,农户往往会面临着巨大的经济损失,而农民对损失的承受能力又极低。农业保险制度则是对农户效益的保障机制,提高了农业生产抗风险能力,保障了农民生产效益。近年来政府大力扶持和发展农业保险制度,财政支持力度不断增加。但我国农业保险制度仍存诸多问题,政府部门仍要加大财政支持力度、创新经营方式、完善大灾风险分散机制、加强监督和管理(庹国柱,2017)。

(3) 推动农业科技成果转化。农业技术的推广和成果转化,需要政府部门的支持和激励,也需要科研机构的参与和落实,从政策、资金和人才等多方面加强农业推广体系建设,切实推动农业生产和灌溉等科技成果转化,提高农业生产力水平,促进农业节水和高质量发展,带动产业发展、农民增收和资源节约。

#### 5.4.3.4 农业产业发展

落实乡村振兴战略,推动农业产业发展,促进农业现代化、规模化、产业化,提高农业生产力、延伸产业链、增加农产品附加值,促进农业增产、农民增收,是破解当前改革困境的重要途径。但农业生产的低效性和农民的弱势地位,以及市场化机制不健全、运营技能不足、前期投入能力弱等问题是阻碍农业产业化进程的重要因素,农业产业发展离不开政府政策的引导和支持:①培育扶持新型农业经营主体,创新农业经营模式;②扶持农村电商发展,促进农产品流通;③延伸农业产业链条,促进一二三产的产业融合,带动农民增收。

### 5.4.4 用水农户及相关组织的分担方式

#### 5.4.4.1 用水农户

用水农户是农业用水的使用者,并通过农业生产和销售,将农业用水中蕴含的价值转化为实际可见的经济效益。农户获得了经济效益,实际享受了优质的农田水利工程供给服务带来的便捷和保障,因此用水农户也应当支付农业水费、弥补农业供水成本。但我国现行农业水价普遍偏低,既不能实现农业供水成本,也无法保障水资源所有者权益,还不利于农业节水和水资源优化配置,更是限制了国内灌溉农业的发展。在这样的状况面前,无论从维护供水者权益还是促进水资源可持续利用角度出发,农业水价提价都势在必行。

但是农业产业的低效性,使得农业生产投入产出比例失衡、生产效益规模偏低。根据农产品成本收益状况可知,农产品尤其是粮食生产中,产出效益多低于投入成本,当前水平的农业水价下,净收益多为负值,农民在维护粮食安全、促进社会发展的过程中做出了重要贡献。利用剩余价值计算灌溉水价值时发现,诸多农产品灌溉水价值均为负值。从农业生产效益的角度出发,计算农业水价时不应以绝对的水资源价值为依据;对运维成本的弥补角度来看,农业水价的提价空间也非常有限,整体上不应再增加农户负担。面对提价和农民承载力之间的矛盾关系,探索农业水价的合理分担,就非常重要。

灌溉水资源剩余价值法认为(刘维哲 等,2019),农业总产出效益在扣除水以外的其他要素的投入成本之后,剩余部分则为水资源价值。见表5-12,计算了2018年全国主要农产品生产的灌溉剩余价值(数据来源于《2019年全国农产品成本收益汇编》)。根据核算结果,可知主要粮食作物和油料作物,灌溉水资源剩余价值均为负值,可见我国当前的粮食生产效益远难反映农业生产要素的投入成本,农业产出与投入情况严重失衡。

表5-12 2018年全国主要农产品平均成本收益状况 单位:元/亩

| 作物 | 产值 | 总成本 | 生产成本 | 净收益 | 灌排费 | 水资源剩余价值 |
|---|---|---|---|---|---|---|
| 三种粮食 | 1008.18 | 1093.77 | 868.90 | −85.59 | 7.34 | −78.25 |
| 稻谷 | 1289.53 | 1223.64 | 988.52 | 65.89 | 11.11 | 77 |
| 小麦 | 853.53 | 1012.94 | 801.01 | −159.41 | 5.73 | −153.68 |
| 玉米 | 881.48 | 1044.82 | 817.28 | −163.34 | 5.18 | −158.16 |
| 大豆 | 474.29 | 666.33 | 408.23 | −192.04 | 0.03 | −192.01 |
| 两种油料 | 1084.67 | 1164.66 | 976.80 | −79.99 | 1.65 | −78.34 |
| 棉花 | 1814.31 | 2275.21 | 1950.47 | −460.90 | 29.28 | −431.62 |
| 苹果 | 7518.84 | 4904.82 | 4578.60 | 2615.79 | 19.24 | 2633.26 |
| 蔬菜 | 6782.81 | 4517.34 | 4215.18 | 2265.47 | 27.05 | 2292.52 |
| 桑蚕 | 4748.93 | 4494.04 | 4245.27 | 254.89 | 2.35 | 257.24 |
| 烤烟 | 3800.90 | 3717.29 | 3391.63 | 83.61 | 4.40 | 88.01 |

在净利润为负值的情况下,仍然维持着粮食和农业生产,可以说农户为维护国家粮食安全作出了巨大的贡献,从整体来说农民的水费支出不应再增加。而且从理性人的角度来看,如果农业水费支出增多,随着效益规模的持续缩减,必然会导致农民种植意愿降低,威胁国家粮食安全。所以在粮食生产中农民应该支付的农业水价,也不能单纯根据农业灌溉用水的实际价值以及运维成本来确定,更应该以农业生产效益和农民承载力水平为依据进行估算。这与王西琴等(2016)、尹小娟等(2016)的研究结果相适应,他们均认为当前农业水价已经接近农户承受力的最

## 5.4 利益相关者对农业水价综合改革任务的合理分担

高点,应该对农业水价进行补偿,即对农业水价进行分担。

综上所述,在粮食安全和农民收益与农业节水之间,我国农业水价综合改革面临着一定的困境。为了破解这一困境,部分地区提出了"一提一补"的策略,即一方面提高灌溉的单位水价,通过收取较高的农业水价促进农业节水;另一方面再对农户进行节水奖励和精准补贴,保障农业水价提高后农业总体水费支出不提升甚至降低。而除了支付农业水费之外,用水农户还应该承担起末级渠系和田间工程的维护管理,一方面可以降低供水成本,另一方面良好的工程也能促进农业节水、降低水费支出。

### 5.4.4.2 农民用水协会

农民用水协会是农民参与农田水利工程管理和农业水价综合改革的基层用水自治组织,根据其职能和能力,可以通过输出相关服务、降低供水成本的形式分担农业综合改革任务,进而实现非经济形式的农业水价分担。农民用水协会是非营利性的组织,在改革中承担重要的责任,但是并没有利润,收取水费均用于末级渠系的维修和养护,也没有利用农业用水作为生产资料获得经济利益,因此从经济上来说并不需要进行农业水价分担。而从当前改革进程来看,大多数地区协会收入难以支撑当前基础的运行维护,协会也没有能力在资金上进行农业水价分担。并应该由农户和政府共同承担协会在末级渠系管理和改革参与中产生的相关成本。

作为农民自治组织,农民用水协会在农业水价综合改革中充分发挥自己的协调推进作用,成为末级渠系的运行维护管理主体,这也决定了协会分担农业水价综合改革任务的方式包括以下几点:

(1) 末级渠系和田间工程的管护。根据改革方案,灌区国有骨干工程的运行维护管理工作由灌区管理机构负责,而由于末级渠系和田间工程规模小,分布广且较为分散,由政府部门承担其管护责任显然并不容易。因此,决定本着"谁受益,谁管护"的方式进行管护,但是用水农户在管护中普遍缺少热情,且不易管理、约束和激励,而农民用水协会显然可以克服这些问题,在改革探索的过程中逐步成了末级渠系的管护主体。

(2) 承担末级渠系农业水价的定价和水费收取。农民用水协会由用水农户推举代表来运行管理,其组成均为用水农户,这也决定了农户需要共同筹措资金用于管护,协会则承担了核算运行维护成本确定末级渠系农业水价、收取水费的任务。

(3) 协会作为用水农户的代表,还承担着维护农民利益,表达农户的利益诉求,与供水机构就骨干工程农业水价进行协商,争取更好的供水服务等责任。

(4) 对相关资金的管理和分配。具体包括农民缴纳的水费以及各级政府的奖励和补贴。协会应建立透明的资金使用制度,每一笔资金的使用都有迹可循,避免投机行为。同时,协会也承担着核算节水和用水量,进行奖补资金分配管理的责任。

### 5.4.4.3 村委会

村集体经济组织和村委会从法律上来说是两个组织,但在地方实践中,村集体的功能弱化，大多由村委会代行职责（徐增阳 等，2010），因此本书主要就村委会展开分析。村委会是基层民主自治组织，主要负责农村社会的治理工作，在农村社会治理中具有一定的权威性。农业水价综合改革从根本上来说，是为了促进农业产业的发展，对于农村经济发展和社会稳定有着一定的积极作用，而这与村委会的目标是相同的。利益与优势，决定了村委会在改革中应分担一定的责任，但其并不涉及资金来往，主要从治理角度来看：一是，发挥其权威性，支持协会的建设和相关活动的开展；二是，对协会进行监督和考核，确保其工作到位，资金利用合理；三是，协调协会与农户之间的关系，确保农村社会稳定和谐。

### 5.4.5 社会机构的分担方式

从社会分工角度来说农民是农业生产的主体，而其他社会群体作为社会人需要通过市场交易来获得农产品。由于农业和粮食生产的低效益，农民在保障国家粮食安全中发挥了重要作用，随着农业水价的提升，农户的利益将进一步受损，这对农户来说是不公平的。作为社会的构成，其他社会群体的利益都在安全的粮食供给中得到保障，且随着农业节水效益和产业发展带来的社会经济的共同发展，对于社会公众来说都有着积极影响。这也使得社会群体对于农业水价综合改革都有着一定的分担义务。

其他社会群体虽未从事粮食和农业生产，但仍在社会的不同领域发挥各自的功能，并通过纳税来完成对国家发展和社会进步的经济责任。而税收是国家凭借政治权力或公共权力对社会产品进行分配的形式，其本质是国家以法律规定向经济单位和个人无偿征收实物或货币所形成的特殊分配关系。由此也可以认为，社会机构在经济上对农业水价的分担应由政府部门（中央和地方）来实现，是"税收-补贴"转换的过程。完成对农业水价的分担，要秉持"开源"和"节流"的原则，开源就是投入资金直接对农业水价进行分担，而节流则是节约建设、运营、管理费用，降低农业供水成本，从根本上降低农业水价。对于社会机构来说，要求其投入资金来直接分担农业水价显然是不合理也是不现实的，但社会机构却可以在"节流"上发挥其优势。

随着社会分工带来的专业化发展，使得社会机构在农业水价综合改革的部分工作中，有着明显优于政府部门的优势。社会分工实现了专业化，有着劳动力提质增效、机器及技术引进效应、生产率效应和生产力促进等作用，能够促进经济发展和社会进步（曹峥林，2019）。在方案制定、工程建设、一体化服务、舆论宣传、融资等方面社会机构多有着更高的效率，对于节约改革成本、破解改革困境方面有着积极作用，同时这也是社会群体参与改革、分担农业水价的重要形式。

尽管社会群体对于改革有着一定的社会责任，但它们也有着一定的利益诉求。利益是激励社会进步的重要因素，也是激励社会群体参与改革的关键要素。社会群体在参与和农业水价综合改革的过程中，多是合理的利益互换过程，在利益诉求得

## 5.4 利益相关者对农业水价综合改革任务的合理分担

到满足的同时,他们通过其专业化能力分担政府改革压力、节约改革成本、降低供水成本,间接实现了对农业水价的分担,但这部分群体很难在经济上直接分担农业水价。改革过程中,应该正确看待社会群体的利益诉求,由政府通过政策调整和权力赋予来创造更具吸引力的改革环境,鼓励社会机构参与改革,促进农业水价综合改革和农田水利工程运维管理中的社会分工,使之成为推动改革开展和工程良性运转的内生动力,并实现多方共赢的局面。

(1) 科研机构。在农业水价利益相关者排序中排在了社会机构中的第一位,但是科研机构在其中并没有为此获得经济收益,不需要在经济上承担相应的水费。政府及社会各界对科研机构提供资金支持其进行科研,而科研机构也通过知识、政策建议和科技成果的输出来实现农业水价的分担。具体包括:发挥好智库功能,从科学的角度为政府部门提供合理的政策和管理建议,避免政策执行过程中走弯路;提供更加高效、便捷、成本低的节水技术、设备和生产方式,节约农业节水的成本,提升农业用水效率;探究更加高效的管理模式,降低改革和政策成本;通过科技创新和技术进步,提高农业生产水平和效率、提升农业生产效益、促进农民增收。当前改革过程中,科研机构的参与仍可以从以下几点提升。

一是,加强政策等软科学研究,充分发挥好对于政府部门的"智库"功能。政府部门对于科研学者的建议和意见有着较快的反应效率和采纳程度。软科学研究对于保障国家权益、节约政策成本、解决改革中的利益冲突,以及推动改革开展有重要意义。而科研学者在研究中,要走进基层、走进田间,在加强理论研究的同时,更好地发现基层改革中存在的问题,深入探索改革方案和执行过程中存在的问题,避免政策失灵和改革误区等因素制约改革开展。

二是,科研机构和高校也应加强人才培养。为农业和农村培养高素质的管理人才,为基层管理系统输送懂科学、有技术、能创新、促发展的优质人才,促进基层水利管理系统的完善和农业农村的发展。

三是,在研发新技术的同时,注意对已有技术优化、简化和落地化。使灌溉技术省时、省力、省水、省钱,这样的技术才能被广大的农业劳动者接受和利用。注重科技成果的转化和推广,让科研成果走出实验室,在农田里、改革中发挥其应有的积极作用,惠及农户。

(2) 节水灌溉企业。随着农业水价综合改革工作的深入开展,改革工作的复杂性和问题难点逐步凸显,尽管政府部门在改革和治理中,有着较强的权威性和绝对的责任义务。但是改革涉及诸多环节,政府在一些改革环节中显然不具备显著的优势,而且作为社会的构成,社会的每一个部分对农业的发展和水资源的高效配置都承担着不可推卸的责任和义务。政府部门开始通过不同的政策手段,吸引节水灌溉企业参与到农业水价综合改革中来。改革在工程和服务上的需求,为节水灌溉企业创造了巨大的市场,吸引了企业参与相关项目建设;而随着改革的深入和拓展,市场进一步扩大,更是促进了节水灌溉企业的发展。这也使得企业在工程建设、管理服务上的专业化程度逐渐增加，专业化的工程建设、管理、运营和服务，有效降低了农田水利工程的运维成本、提升了供水服务水平，节水灌溉企业的参与分担了政府的改革任务，也提升了改革效率、降低了改革成本，且完成了其在改革中应负的责任，实现对农业水价综合改革的分担。

而对于农业水价-运行维护成本来说，希望企业在经济上进行分担既不现实也不合理。第一，近年来，随着我国经济的飞速增长和社会的进步，使得国内工业和服务业市场的迅速发展，已形成了相对健全的市场体系，而随着农业产业化和现代化进程，工业和服务业市场开始融入农业产业中。这也使相关企业在向农业水利提供相关工程和服务时，供给价格基本能够体现其价值，输出工程、设备、服务等类型的产品价格也充分尊重市场状况，获得效益属合理范围，且企业并没有将农业用水作为生产要素用于生产并获得相关经济效益，因此从水资源经济效益角度来说，并不必在经济上直接对农业水价进行分担。第二，改革中企业围绕灌溉工程建设、维修等内容，提供服务和工程产品获得的相关利益，那对于企业来说理应承担相关社会责任，企业在改革降低成本的作用中，社会效益显著。现代经济学理论认为，"企业本质上是一种资源配置的机制，其能够实现整个社会经济资源的优化配置，降低整个社会的交易成本"，可以说企业参与改革，就已完成了其社会责任。第三，根据《中华人民共和国公司法》要求，企业应该缴纳企业所得税，这也是节水灌溉企业分担其应有的社会责任和补偿社会公共资源的形式。第四，企业的诉求是谋求自身利益的最大化，农田水利供给行业的效益本就有限，企业参与还需要政府政策制度的激励和引导，而经济上分担农业水价将压缩企业盈利，这会导致企业退出改革。

（3）水利经营者。私营的水利供给方的存在，即是在分担政府部门在水利工程运维管理上的任务。农田水利供给需求大、范围广、任务中，政府部门精力和能力均有一定限度，为了更好地提供灌溉供水服务，出现了一批私人水利经营者，一定程度上分担了政府压力，有利于保障粮食安全。私营水利经营者的出现，有利于农田水利工程供给效率的提升，也有利于农业用水的商品化和供水服务的市场化，更高效地实现了改革的最终目的。作为供水方，承担着对农田水利工程进行管理和维护的责任，为了获取尽量高的农业水费不得不提供更加优质的供水服务；而在农业水价的有限提价空间下，需要通过自身的专业化经营和规模效应，来降低农业用水成本，维护自身的利益；而从改革的最终目的来看，还需要水利经营者充分发挥市场的调节作用，促进农业用水商品化和农业节水。

（4）"农转非"用水方。我国存在严重的水资源时空分布差异，水资源稀缺，已成为限制部分地区经济社会发展的重要因素。近年来党和国家着力在水资源稀缺地区探索水权交易试点，尝试通过由政府建立的水权交易平台将农业生产中结余的水量合法转让给"农转非"用水方，创造更高的经济和社会效益，推动区域社会经济发展。当前国内"农转非"水权交易的形式多样，主要包括以下几种：2000年，

## 5.4 利益相关者对农业水价综合改革任务的合理分担

义乌出资 2 亿给东阳对横锦水库和灌区进行改造，获得 5000m³/a 的水资源永久使用权（王海静，2016）；内蒙古鄂尔多斯由工业企业投资农业节水灌溉工程建设，省下来的农业用水指标转给工业，二期工程共投资 18.27 亿元，节约水量 2.13 亿 m³（王丽香，2019）；河北省成安县，将农业节约水权，由政府按照 1 元/m³ 的价格进行回购，汇集后用于新增工业用水需求（崔新玲 等，2019）。

"农转非"用水方通过不同的形式购买农业生产中节约的农业水权，用于其他产业的生产，在这个过程中农业用水创造了更大经济效益，受水方和政府均获得了显著的经济效益，对此"农转非"用水方理应承担一定的改革责任。"农转非"的过程是在政府主导下，以市场交易的形式实现的，"农转非"用水方通过交易支付资金、提供工程建设和管理服务的形式，获得的合法的农业用水使用权，交易价格或产生效益明显高于当前农业用水价格或用于灌溉所产生的效益。"农转非"用水方根据地方需求，有效降低了当地农业供水成本，已经实现了对农业水价的分担，不必再从经济上对狭义的农业水价进行分担。

"农转非"用水方主要通过以下几种方式分担农业供水成本：援助建设农业水利工程，降低农业供水成本，促进农业节水，整体上降低农业水费支出；支持配套农业节水设施建设和技术推广，促进节水；直接以资金的形式购买，用于供水成本分担、节水奖励和精准补贴等。"农转非"用水方不论是从哪种形式上进行农业水价分担，都建立在获得农业水权为基础上，农业水权交易是一个公平的交易过程，"农转非"用水方只需承担与其获得水资源使用权能所创造价值相适应资金、工程及管护责任，以市场供需为调节标准，不必承担额外的责任。

（5）金融机构。农业和农业水利产业，属于利润较低且投资成本回收期较长的产业，对于金融机构来说并不是好的投资选择。农业和农田水利建设利润的有限性，使金融机构以贷款形式对农田水利工程进行投资的比例相对有限。如图 5-6 所示，2005 年以来，国内水利工程投资中银行贷款的额度呈现持续增长的趋势，2014 年以来银行贷款占全国水利投资的份额也有着明显的增长趋势，但银行贷款占比仍不足 9%。农田水利工程中银行贷款的比例更是偏低，多是由政府部门出资筹建。但国内农田水利工程完好率整体偏低，需要大量的资金投入，当前阶段完全依赖政府部门投入显然很难在短期内完成大范围的改造和建设。而作为农业水价综合改革的基础，工程建设投入不可或缺，改革期限又相对紧张，亟须金融机构在投资上分担政府压力。对于金融机构来说，可以从以下几方面来参与改革：一是，针对农田水利建设开发相应的金融信贷产品，适合农田水利建设状况产品和业务流程，完善农田水利工程建设的信贷业务（鄂州银监分局课题组，2011）。二是，开发以小型农田水利工程产权为抵押物的信贷产品（"融水贷"），在贷款利率上提供一定的优惠，针对小型农田水利开发额度小、利率低、好申请、还得起的金融产品。

同时，也必须考虑金融机构的投资要以保障自身的利益为前提，因此金融机构

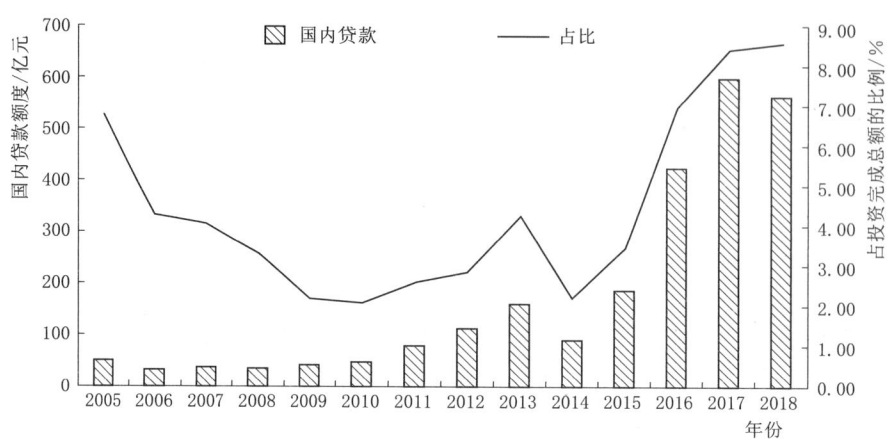

图 5-6 全国农田水利建设银行贷款额度和占比

的投资还要有政府部门的引导和政策保障。政府应通过建立更加完善的市场体系，加强监督管理，健全风险防控和贴息补偿机制等，帮助金融机构在农田水利工程建设投资中站稳脚跟，有所保障。

（6）新闻媒体。新闻媒体在社会生活中，发挥着推动组织工作、提升公众意识、增加资源收集机会、提高组织对当地政策影响，并对政府和决策者产生影响等多重功能。作为社会的构成，社会的发展为新闻媒体提供了丰富的素材和体现其价值的途径，相应地新闻媒体也有其应该承担的社会责任。

由于我国长期以来执行的低水价政策，使我国用水农户和基层管理人员对于水资源稀缺性和商品性认识的不足，对于农业节水和农业水价提升存在抵触情绪，不利于改革工作的开展和落实。而新闻媒体在改变人民意识，构建节约用水、有偿使用水资源的社会环境方面有着重要优势。发挥新闻媒体的舆论引导作用，通过持续宣传水资源价值观，提升农民的水资源商品性认识，意识到水资源的稀缺性，从而改变粗放的用水方式，实现农业节水；也可以让农民认识农业水价综合改革的必要性和紧迫性，从思想上接受农业水价的提升和水费收取，也能认识到自身利益并没有受到损害，提升缴费意愿，减少改革阻力。

同时新闻媒体的舆论作用是双向的，也是传递农户诉求、影响政府部门决策、监督政府行为的重要途径。它是政府部门与农户间的沟通桥梁，能够及时地反馈农业水价综合改革过程中存在的问题，展现农户的诉求和反映，使得政府部门能够更快做出应对，提升政策效率。同时，也能够发挥监督功能，及时发现改革中的不足，监督各级政府和部门行为，维护弱势群体的利益。

（7）公益机构。公益机构是一种公益性质的社会组织，对其利益诉求的分析，明确公益机构多以营利外的社会目标为利益诉求。随着经济社会的发展，公益组织的服务对象开始延伸到农业农村生产生活中，如农村公共性构建（李远 等，2019）、农村学校发展（谈靓婧，2019）、留守儿童教育（廖金萍，2015）等。随着政府部门对农田水利工程等项目的重视，公益组织也逐渐参与到农村用水和农田水工程建设项目中。他们多有着较强的资金支持和专业优势，可以从投资工程建设、补贴农业水价、公益性维修养护、节水意识宣传、基层水利人员培训等多个方面开展公益服务，推动改革开展（涂兆宇，2018）。

## 5.5 小结

（1）初步识别了农业水价利益相关者的范围，并以"Mitchell"评分法对利益相关者属性的定义为依据，确定农业水价利益相关者的15个利益相关者，分别为"中央政府、地方政府、县级水利管理部门、基层水利站、灌区管理单位、农民用水协会、村委会、用水农户、水利经营者、节水灌溉企业、科研机构、公益机构、'农转非'用水方（城市、工业）、金融机构、新闻媒体"。从行政归属和利益关系两个角度，对农业水价利益相关者进行分类，分别划分为"政府、农户和社会机构""供水方、用水方和支援方"。

（2）根据各农业水价利益相关者在农业水价系统中发挥的功能和利益相关方之间的关系，从农业用水供给利益群体、使用利益群体和支援利益群体的分类结果出发，绘制了农业水价利益相关者关系图和利益相关者影响农业水价的机理图。从农业水价利益相关者之间的利益关系出发，分析各利益相关者参与农业水价综合改革的利益诉求和其对农业水价的影响机理，作为农业水价利益相关者研究的理论基础。

（3）构建农业水价利益相关者的评价体系，开展了对农业水价利益相关者不同利益属性的评估，结果呈现水资源供给方＞水资源使用方＞支援保障方，政府部门＞农户及自治组织＞社会机构的形势。科研学者和改革实践工作者两类专家对利益相关者利益情况的判断存在一定差异，学者更注重天然的权利归属，实践工作者则更注重实际的权力。根据评价结果估算了各利益相关者的农业水价综合改革中应分担的责任份额，其中政府部门责任最大，占比50%。

（4）根据农业水价利益相关者的利益诉求，综合考虑各方的职能和分担能力，分别从资金投入、工程建设、运维成本、政策、技术等多个角度对利益相关者的分担方式展开分析。初步确定农户和中央政府、地方政府部门是农业水价的分担主体，农业水价利益相关者均为农业水价综合改革的分担主体。从各方利益诉求和能力出发，提出了各方农业水价和改革任务的分担方式。

# 第6章 基于定量方法的农业水价分担份额研究

上述从利益相关者理论出发,完成了对农业水价利益相关者的识别以及对改革中各方利益关系、利益诉求的分析,可以确定政府和农户为农业水价的主要利益相关者,应以支付水费的方式对农业水价进行合理分担。根据5.2节中对农业水价利益相关者利益诉求的分析,确定在对中央、地方政府和农户农业水价分担份额的定量评估中,应从粮食安全、经济效益和生态效益3个角度来进行评估,其中经济效益指的是农业用水的灌溉效益。

第4章对全国31省份农业水价综合改革进展的综合评估结果中显示,全国13个粮食主产区中,有7省份农业水价综合改革进展排在全国后十位(共31省份),粮食主产区在农业水价综合改革中面临诸多挑战,这部分地区主要面临几点问题:①粮食生产效益有限,农民对农业水价承载力有限,对农业用水提价抵触心理较强;②地方政府经济实力有限,而改革中基础建设、奖励补贴都需要大量资金,地方在改革上面临巨大的资金缺口;③粮食主产区耕地面积普遍较大,改革总体任务较重,改革难度大;④粮食主产区普遍有农业生产效益有限、社会经济发展水平落后的情况,农田水利工程建设进度也多落后于发达地区。

无论是粮食主产区面临的农业水价综合改革困境,还是政府部门对粮食安全的利益诉求,都强调了粮食作物农业水价在整个农业水价综合改革中的重要意义。为了更好地解决粮食主产区和种植粮食作物农户在农业水价综合改革中面临的困境,本书选择以粮食作物为研究对象探索农业水价的合理分担。

## 6.1 基于灌溉效益的农户粮食作物农业水价分担份额研究

研究显示,过高的农业水价会对粮食安全产生威胁(Berbela et al.,2000)。2010年,联合国粮食及农业组织指出:粮食安全是指所有人在任何时候都能在物质、社会和经济上获得充足、安全和富有营养的粮食,以满足其积极和健康生活的膳食需求和食物偏好。而关于粮食安全的内涵中有很关键的两点:"价格能保证所有人都买得起"和"总量能满足人们不断增长的粮食需求"(田野,2004)。这两点内涵决定了农民承担的农业水价必须遵循以下原则:一是农业水价不能单纯地由水资源价值来决定,也要考虑农业生产效益,与其他生产、生活领域水资源价格进行区分,就当前农业发展水平而言,农业水价应低于城市居民水价;二是为了使

## 6.1 基于灌溉效益的农户粮食作物农业水价分担份额研究

粮食产量与粮食安全目标相匹配,农业水价应与农民承载力水平相匹配,确保农业水价的改变不会影响到农民粮食生产的热情。

农户在将农业用水用于灌溉时获得经济效益,他们需为此承担一部分费用。因此,在评估农户地农业水价分担份额时,应该从水资源价值、农民承载力、灌溉增产效益和粮食生产比较效益等角度出发进行考虑。故本书选择将水资源价值模糊数学模型($X_1$)、单位灌溉水产值($X_2$)和 C-D 生产函数计算灌溉效益分摊系数($X_3$)3 种方法结合来确定农户对粮食作物农业水价的分担份额。其中,$X_1$ 考虑了农业用水价值与省域综合水资源价值之间的差异,$X_2$ 考虑了粮食作物与其他作物之间的比较效益差距带来的灌溉价值差异,$X_3$ 考虑了不同地区灌溉增产效益之间的差异。

指标 $X_1$ 根据农业用水价值与省域水资源价值的比值确定农户对农业水价的分担份额。其中,农业用水价值从水资源价值综合评价和农民承载力出发进行判断;而省域水资源价值,则根据水资源价值综合评价和居民生活水价承载力出发确定(各地根据工业生产和农业生产情况计算的水资源价值属于极高和极低值,因此本书中取中间值城镇居民生活用水的价值代表省域水资源价值)。

指标 $X_2$ 根据单位用水粮食产值与单位水农业产值的比值确定粮食种植农户的农业水价分担份额。改革推进过程中,诸多地区采取执行分类水价的政策保障粮食生产农户的效益,即区分粮食作物和经济作物的水价,这与两类作物存在比较效益差距有关。对于农户而言,指标 $X_2$ 越大,当地粮食生产效益与其他作物生产效益之间的差异越小,那么从事粮食作物种植农户的农业水价分担份额也越大。

指标 $X_3$ 根据不同区域粮食生产中灌溉用水的增产效益贡献系数确定,由于各地区的气候、技术和农业生产发展水平不同,这也使各地农业生产对灌溉的依赖程度各不相同、灌溉边际产出不同。本文认为,一个地区粮食生产对灌溉的依赖越大、灌溉产出弹性越大,说明粮食生产中灌溉带来的效益越显著,相应地农户应该承担的农业水价分担份额也越大。

### 6.1.1 基于模糊数学模型的水资源价值研究

模糊数学模型是进行水资源价值评价的重要方法,自 1998 年姜文来将其用于水资源价值评价以来,多年来为诸多学者借鉴和利用,近年来还将其用于农业用水价值研究(李宝萍,2008;任芳梅,2012;边豪 等,2013;刘红艳 等,2018)。基于模糊数学的水资源价值评价分为两个部分:一部分是水资源价值的模糊评价,另一部分是根据价格向量将价值评价转化为能够体现价值的价格。

第一部分,水资源价值系统是个复杂的系统,自然、经济、社会等因素交织在一起,所以在水资源价值的模糊综合评价中,考虑了水质、水量、社会和经济发展等因素。贾绍凤认为,水资源价值不是指水有什么用,"有用"是水的使用价值,使用价值只是价值的前提,而不是价值本身,不能混淆价值和使用价值,不能因为一种商品有多种用途而认为该商品有多种价值。因此在这部分对水资源价值评价的模糊评价中，没有考虑承载力和生产效益等因素，只是单纯地考虑了自然、经济、社会等客观因素。

第二部分，基于生产效益、农民和城市居民承载力，将模糊综合评价结果转化成价格的形式，便于判断。结合农业生产情况，判定农业生产中，灌溉水的实际价值。这部分对农业用水价值的判定从农民承载力出发，考虑了农业生产效益，结合水资源价值模糊综合评价结果。这样的判定方法，符合农户农业水价分担份额的评价原则，既考虑了农业效益和农民承载力，保障粮食安全，也能反映水资源价值。另外，根据城市居民可支配收入和用水情况，判定各省域综合的水资源价值。这一方法既能体现不同地区水资源价值的差异性，又让判断结果符合水资源为人类所利用、并支持社会生存发展的基本逻辑（如果水资源的价值是人类不能支付得起得，那这样的判断结果就失去了实际意义）。

#### 6.1.1.1 水资源价值模糊数学模型

水资源价值系统是一个复杂且模糊的系统，处理这样的复杂系统，由于"不相容原理"的存在，常规数学方法很难达到研究需求，而模糊数学则能较好地处理这个问题。水资源价值模糊数学模型包含水资源价值综合评价模型和水资源价值计算模型两个部分。

（1）水资源价值综合评价模型。构成水资源的价值因素分为三类：自然（包括环境因素）、经济、社会等，水资源价值模型可以用一个函数表示：

$$V = f(X_1, X_2, X_3, \cdots, X_n) \tag{6-1}$$

式中：$V$ 为水资源价值；$X_1, X_2, X_3, \cdots, X_n$ 分别为影响水资源价值的因素。

设水资源价值评价向量为 $W=\{$高，偏高，一般，偏低，低$\}$，水资源价值综合评价表示为

$$V = A \circ R \tag{6-2}$$

式中：$A$ 为水资源价值评价要素的权重；"$\circ$"为模糊矩阵的复合运算符号；$R$ 为由对各要素的评判结果组成的矩阵。

水资源价值综合评价矩阵 $R$ 表示为

$$R = \begin{bmatrix} R_1 \\ R_2 \\ R_3 \\ \vdots \\ R_n \end{bmatrix} = \begin{bmatrix} R_{11} & R_{12} & R_{13} & R_{14} & R_{15} \\ R_{21} & R_{22} & R_{23} & R_{24} & R_{25} \\ R_{31} & R_{32} & R_{33} & R_{34} & R_{35} \\ \vdots & \vdots & \vdots & \vdots & \vdots \\ R_{n1} & R_{n2} & R_{n3} & R_{n4} & R_{n5} \end{bmatrix} \tag{6-3}$$

式中：$R_{nj}(n=1,2,3,\cdots,n; j=1,2,3,4,5)$ 代表对要素 $n$ 的 $j$ 级评价，通过隶属函数计算。

以正向指标水质为例（$x_{i1} < x_{i5}$），其隶属度计算方法如式（6-4）。

## 6.1 基于灌溉效益的农户粮食作物农业水价分担份额研究

$$\mu_1(x)=\begin{cases}1 & ,x\leqslant x_1\\(x_2-x)/(x_2-x_1) & ,x_1<x<x_2\\0 & ,x\geqslant x_2\end{cases}$$

$$\mu_j(x)=\begin{cases}(x_{j+1}-x)/(x_{j+1}-x_j) & ,x_j<x<x_{j+1}\\(x-x_{j-1})/(x_j-x_{j-1}) & ,x_{j-1}<x<x_j\\0 & ,x<x_{j-1},x>x_{j+1}\end{cases} \quad (6-4)$$

$$\mu_5(x)=\begin{cases}1 & ,x\geqslant x_5\\(x_2-x)/(x_2-x_1) & ,x_4<x<x_5\\0 & ,x\leqslant x_4\end{cases}$$

式中：$x$ 为被评价指标的取值；$x_j$ 为对指标的 $j$ 级评价标准；$\mu_j(x)$ 为指标 $x$ 对于等级 $j$ 评价标准的隶属度。

要素权重 $A$ 的确定方法多样，已有研究中使用的方法包括自赋值（赵平萍 等，2010）、专家咨询+经验（卢金锁 等，2017）、问卷调查法（杨旭 等，2008）、AHP 法（Duan et al.，2016）、二元比较模糊决策分析（李百全，2008）、AHP+熵权法（Zhang et al.，2019）、网络分析法+熵权法（Wang Z Y et al.，2019）、超标加权法（李毅华 等，2007）、熵值（权/信息熵）法（贾亦真 等，2018）等。

(2) 农业用水和省域水资源价值计算。上述运算得到的水资源综合评价结果是一个无量纲的向量，必须通过运算将其转化成为水资源价格才能将其价值具象化，便于对比。水资源价格 $WLJ$ 表示为

$$WLJ=VS \quad (6-5)$$

水资源价格的确定需要借助于水资源价格向量 $S$。水资源价格向量能够反映当地人们对于水费的承受能力。姜文来在《水资源价值论》一书中提出了这种水费承受指数计算理论（姜文来，1998）。

由于水资源在用于不同产业时产生的价值存在差异，而根据水资源用途可以划分为工业、城镇生活和农业 3 类，其中工业用水价值偏高、农业用水价值偏低，所以选择以城镇生活用水资源价值代表省域水资源价值。那么就有省域的水价格上限和农业水价上下限的计算公式为

$$\begin{aligned}P&=A\times E/C-D\\p&=a\times e/c\end{aligned} \quad (6-6)$$

式中：$P$ 为城镇生活用水价格上限；$A$ 为水费承受指数；$E$ 为实际收入；$C$ 为用水量；$D$ 为供水成本及正常利润；$p$ 为农业用水价格；$a$ 为农民水费承受指数；$e$ 为农业亩均产值；$c$ 为耕地亩均实际灌溉用水量。

省域（农业）水价的范围需在市民（农民）承载力水平范围内，确定价格向量处于承载力上下限之间，按照线性等差划分评价等级，可得到省域（农业）水价值向量 $S$：

$$S=(P_{下限},P_1,P_2,P_3,P_{上限}) \quad (6-7)$$

### 6.1.1.2 农业用水和省域水资源价值模糊数学模型构建

1998年，姜文来在首次利用模糊数学模型进行水资源价值评价时，选择从水质、水量、GDP和人口4个角度展开。其后的研究中，诸多学者选用这4个指标（边豪等，2013；蔡臣等，2007；陈琳，2019），因此本书中也选择延用这4个指标来评价水资源价值，则有水资源价值评价函数：

$$V=f(X_1,X_2,X_3,X_4) \tag{6-8}$$

式中：$X_1$，$X_2$，$X_3$，$X_4$ 分别为水质、人均水量、人均GDP和人口密度。

确定本书用以水资源价值的4个指标的评价标准，见表6-1。

表6-1 水资源价值评价标准

| 指标方向 | 指标 | 1 | 2 | 3 | 4 | 5 |
| --- | --- | --- | --- | --- | --- | --- |
| | 价值 | 高 | 偏高 | 中 | 偏低 | 低 |
| + | 水质（占比） | Ⅰ类 | Ⅱ类 | Ⅲ类 | Ⅳ类 | Ⅴ类及劣Ⅴ类 |
| + | 人均水量/m³ | 100 | 500 | 2000 | 3000 | 5000 |
| − | 人均GDP/元 | 12.8 | 8 | 5 | 4 | 3 |
| − | 人口密度/(人/km²) | 1500 | 1000 | 500 | 200 | 0 |

指标评价标准的确定依据分别为：水质评价标准根据《地表水环境质量标准》（GB 3838—2002）中划分的五类水质标准；人口密度和人均GDP则根据2018年各省基础数据确定；人均水量评价标准则以"水紧缺指数"为依据（陈琳，2019；任芳梅，2012；蔡臣，2007），并根据2018年各省人均水资源情况进行修正后确定。

本研究中，采用专家咨询和文献查询相结合的方法确定权重。其中，人口密度与人均GDP属社会经济因素，专家做等权处理取权重0.15；水量和水质是自然要素，在当前水资源供需矛盾的现状下，认为量比质更重要，因此对水量赋权0.4，水质为0.3（姜文来，1998）。得到水资源综合评价权重向量 $A$ 为

$$A=(0.3,0.4,0.15,0.15)$$

关于农业水价的承载力指数，国内普遍认同的标准分为几类，但标准间差距不大。本研究是以解决农业水价综合改革过程中，农业水价的合理分担问题为研究目标。因此本书选择按照《农业水价综合改革培训讲义》指出的"水费占亩均产值的5%～8%"的标准进行核算。而省域最大水费承受指数则按ESCAP建议的0.03进行核算（陈超等，2012）。

数据来源：数据均来自国家统计局网站和《2018年中国水资源公报》。

### 6.1.1.3 各省农业用水价值和省域水资源价值

根据式（6-3）和式（6-4）可计算各省水资源价值模糊向量，根据式（6-6）计算农业用水和省域的水价向量，经式（6-2）运算可得各省农业用水价值和省域水资源价值。

与省域内水资源价值相比，农业生产效益偏低，各省农业用水价值均显著低于

## 6.1 基于灌溉效益的农户粮食作物农业水价分担份额研究

省域水资源价值（除西藏）。对于用水者（即农户）来说，本应支付水资源使用的机会成本，即省域内平均水平的水资源价值，但农业产业具有特殊性。因此为了保障粮食安全，用水农户只需承担水资源用于农业灌溉时所产生的价值，而不足的部分则应由政府部门承担。根据农业用水价值占省域水资源价值的比重，可以确定用水农户应该承担的农业水价份额，见表 6-2（其中，西藏具有一定的特殊性，农业用水价值高于省域水资源价值，本书计农民对农业水价的分担份为1）。

表 6-2 各省农业用水和省域水资源价值 单位：元/m³

| 省份 | 模糊评价向量 | | | | | 农业水价向量 | | 省域水价向量 | 水资源价值 | | 农民份额 |
|---|---|---|---|---|---|---|---|---|---|---|---|
| | | | | | | 5% | 8% | 3% | 农业 | 省域 | |
| 北京 | 0.570 | 0.357 | 0.031 | 0.000 | 0.042 | 2.813 | 4.501 | 15.67 | 4.254 | 13.371 | 0.318 |
| 天津 | 0.579 | 0.159 | 0.034 | 0.082 | 0.147 | 0.729 | 1.167 | 17.14 | 1.051 | 12.603 | 0.083 |
| 河北 | 0.293 | 0.218 | 0.144 | 0.228 | 0.118 | 0.713 | 1.141 | 7.56 | 0.963 | 4.420 | 0.218 |
| 山西 | 0.183 | 0.306 | 0.071 | 0.298 | 0.143 | 0.459 | 0.734 | 11.43 | 0.602 | 5.970 | 0.101 |
| 内蒙古 | 0.000 | 0.115 | 0.587 | 0.131 | 0.168 | 0.205 | 0.328 | 13.08 | 0.255 | 5.394 | 0.047 |
| 辽宁 | 0.009 | 0.464 | 0.214 | 0.188 | 0.124 | 0.413 | 0.660 | 9.16 | 0.539 | 4.686 | 0.115 |
| 吉林 | 0.012 | 0.050 | 0.537 | 0.290 | 0.110 | 0.184 | 0.294 | 5.31 | 0.227 | 2.077 | 0.109 |
| 黑龙江 | 0.000 | 0.057 | 0.256 | 0.529 | 0.158 | 0.196 | 0.314 | 9.53 | 0.232 | 2.887 | 0.080 |
| 上海 | 0.621 | 0.084 | 0.173 | 0.103 | 0.018 | 0.343 | 0.550 | 13.73 | 0.508 | 10.945 | 0.046 |
| 江苏 | 0.086 | 0.574 | 0.189 | 0.095 | 0.056 | 0.386 | 0.617 | 9.19 | 0.533 | 5.838 | 0.091 |
| 浙江 | 0.037 | 0.303 | 0.613 | 0.044 | 0.002 | 0.759 | 1.214 | 10.70 | 1.024 | 6.230 | 0.164 |
| 安徽 | 0.002 | 0.200 | 0.549 | 0.233 | 0.015 | 0.322 | 0.515 | 7.01 | 0.416 | 3.401 | 0.122 |
| 福建 | 0.018 | 0.292 | 0.446 | 0.237 | 0.007 | 0.605 | 0.967 | 5.98 | 0.793 | 3.109 | 0.255 |
| 江西 | 0.003 | 0.252 | 0.217 | 0.526 | 0.002 | 0.158 | 0.253 | 6.15 | 0.199 | 2.656 | 0.075 |
| 山东 | 0.162 | 0.381 | 0.301 | 0.078 | 0.078 | 0.885 | 1.417 | 16.14 | 1.213 | 9.968 | 0.122 |
| 河南 | 0.153 | 0.363 | 0.245 | 0.175 | 0.064 | 0.724 | 1.158 | 6.88 | 0.980 | 4.071 | 0.241 |
| 湖北 | 0.007 | 0.234 | 0.646 | 0.106 | 0.007 | 0.357 | 0.571 | 3.44 | 0.471 | 1.829 | 0.257 |
| 湖南 | 0.007 | 0.256 | 0.425 | 0.312 | 0.000 | 0.216 | 0.346 | 5.69 | 0.279 | 2.782 | 0.100 |
| 广东 | 0.006 | 0.292 | 0.591 | 0.076 | 0.035 | 0.320 | 0.512 | 6.88 | 0.424 | 3.714 | 0.114 |
| 广西 | 0.033 | 0.226 | 0.033 | 0.504 | 0.204 | 0.188 | 0.301 | 2.65 | 0.227 | 0.913 | 0.249 |
| 海南 | 0.015 | 0.259 | 0.089 | 0.338 | 0.299 | 0.351 | 0.561 | 3.19 | 0.422 | 1.078 | 0.391 |
| 重庆 | 0.000 | 0.232 | 0.654 | 0.114 | 0.000 | 0.391 | 0.626 | 5.32 | 0.515 | 2.815 | 0.183 |
| 四川 | 0.021 | 0.196 | 0.086 | 0.565 | 0.133 | 0.392 | 0.628 | 4.57 | 0.475 | 1.606 | 0.296 |
| 贵州 | 0.000 | 0.243 | 0.116 | 0.579 | 0.061 | 0.354 | 0.566 | 3.34 | 0.435 | 1.286 | 0.338 |
| 云南 | 0.016 | 0.195 | 0.054 | 0.255 | 0.480 | 0.288 | 0.460 | 5.38 | 0.331 | 1.359 | 0.244 |

续表

| 省份 | 模糊评价向量 | | | | | 农业水价向量 | | 省域水价向量 | 水资源价值 | | 农民份额 |
|---|---|---|---|---|---|---|---|---|---|---|---|
| | | | | | | 5% | 8% | 3% | 农业 | 省域 | |
| 西藏 | 0.047 | 0.225 | 0.023 | 0.121 | 0.583 | 0.196 | 0.314 | 0.73 | 0.226 | 0.187 | 1.000 |
| 陕西 | 0.023 | 0.378 | 0.378 | 0.182 | 0.038 | 0.608 | 0.972 | 8.22 | 0.805 | 4.451 | 0.181 |
| 甘肃 | 0.035 | 0.278 | 0.341 | 0.063 | 0.283 | 0.223 | 0.357 | 7.41 | 0.280 | 3.180 | 0.088 |
| 青海 | 0.214 | 0.076 | 0.005 | 0.157 | 0.548 | 0.210 | 0.336 | 5.97 | 0.249 | 1.866 | 0.133 |
| 宁夏 | 0.297 | 0.202 | 0.096 | 0.250 | 0.156 | 0.144 | 0.230 | 8.63 | 0.192 | 4.815 | 0.040 |
| 新疆 | 0.080 | 0.188 | 0.033 | 0.447 | 0.252 | 0.269 | 0.431 | 5.53 | 0.326 | 1.931 | 0.169 |

## 6.1.2 粮食作物单位水产出与农业单位水产出的关系

农业生产中，普遍认为粮食作物的产值偏低，这也在《2019年全国农产品成本效益汇编》中得到了验证，其中3种粮食作物的平均净收益为负值，而蔬菜、苹果等经济作物的效益则十分可观，对于经济作物而言，农户对灌溉水价的承载能力较强，根据目前各省核算的运行维护成本水价，经济作物水价完全有空间提升到运维成本水价。但对于粮食作物而言，农民承载力水平较低，灌溉产出效益也有限，农民承载力与提价需求间的矛盾，需要政府部门合理分担，确定既符合灌溉水资源价值，也符合农民承载力水平的价格。

粮食作物和经济作物经济效益的巨大差距，要求我们在确定农业水价分担份额时，要区分粮食生产用水的效益和其他农业生产用水效益之间的差别。增加粮食单位水产出与农业产业单位水产出的比值这一指标，用以评价农户粮食生产中应承担的农业水价份额。

单位水粮食作物产值 $x$，是农民在进行粮食而生产时，每使用1方水最终能获得的粮食作物产值，反映粮食生产中水资源的产出效率。数据来源于《2019年农产品成本收益资料》和各省《农业用水定额》和《农业灌溉用水定额：小麦》。部分成本收益资料中未统计的省份，选取周边情况相近的省份的数据代替。根据总产值/灌溉用水量，可以分别计算得各省3种主要粮食作物单位灌溉水产值。根据域内3种粮食作物播种比例，与粮食作物单位灌溉用水产值加权计算，得各省粮食作物单位灌溉水产出 $x$：

$$x = \frac{S_1}{S} \times \frac{Y_1}{W_1} + \frac{S_2}{S} \times \frac{Y_2}{W_2} + \frac{S_3}{S} \times \frac{Y_3}{W_3} \tag{6-9}$$

式中：$S$ 为各省3种粮食作物播种面积和；$S_1$、$S_2$、$S_3$ 分别为水稻、小麦、玉米播种面积；$W_1$、$W_2$、$W_3$ 分别为水稻、小麦和玉米亩均用水量；$Y_1$、$Y_2$、$Y_3$ 分别为3种作物亩均产值。

单位水农业产值 $X$，反映的是省域内农业产业单位用水产值。根据各省农业产

## 6.1 基于灌溉效益的农户粮食作物农业水价分担份额研究

值/农作物播种面积/耕地亩均实际灌溉用水量计算，数据来源于 2018 年国家统计局网站数据。$X$ 可由下式计算：

$$X=Y/(SW) \tag{6-10}$$

式中：$Y$ 为农业产值；$S$ 为农作物播种面积；$W$ 为耕地灌溉亩均用水量。

根据式（6-9）和式（6-10）可以计算各省单位水粮食产值和农业产值的比值（$x/X$），见表 6-3，其中部分省份比值超过 1，均计为 1。

表 6-3 基于单位水粮食作物产值和农业产值的农户农业水价分担份额

| 省份 | 单位灌溉水产值 /（元/m³） | | | 播种面积占 3 种粮食作物播种总面积的比例 | | | 3 种粮食作物单位灌溉水产值/（元/m³） | 单位灌溉水农业产值/（元/m³） | 农户份额 |
|---|---|---|---|---|---|---|---|---|---|
| | 水稻 | 小麦 | 玉米 | 水稻 | 小麦 | 玉米 | | | |
| 北京 | 3.952 | 4.697 | 9.237 | 0.003 | 0.196 | 0.801 | 8.331 | 39.982 | 0.208 |
| 天津 | 3.952 | 4.697 | 9.237 | 0.118 | 0.328 | 0.553 | 7.121 | 12.186 | 0.584 |
| 河北 | 3.952 | 4.697 | 9.237 | 0.013 | 0.401 | 0.585 | 7.344 | 11.382 | 0.645 |
| 山西 | — | 3.279 | 9.812 | 0.000 | 0.243 | 0.757 | 8.223 | 8.409 | 0.978 |
| 内蒙古 | 2.902 | 2.977 | 5.921 | 0.034 | 0.133 | 0.834 | 5.429 | 3.445 | 1.000 |
| 辽宁 | 4.351 | 2.977 | 7.720 | 0.152 | 0.001 | 0.847 | 7.203 | 7.571 | 0.951 |
| 吉林 | 3.175 | — | 8.611 | 0.166 | 0.000 | 0.834 | 7.709 | 3.086 | 1.000 |
| 黑龙江 | 3.542 | 2.977 | 7.732 | 0.371 | 0.011 | 0.619 | 6.128 | 3.831 | 1.000 |
| 上海 | 2.682 | 14.249 | 21.180 | 0.817 | 0.168 | 0.014 | 4.894 | 6.574 | 0.744 |
| 江苏 | 2.682 | 14.249 | 21.180 | 0.431 | 0.468 | 0.100 | 9.956 | 7.779 | 1.000 |
| 浙江 | 5.247 | 7.317 | 11.239 | 0.829 | 0.109 | 0.063 | 5.848 | 14.328 | 0.408 |
| 安徽 | 5.035 | 7.317 | 12.834 | 0.388 | 0.438 | 0.174 | 7.389 | 6.008 | 1.000 |
| 福建 | 4.377 | — | 9.042 | 0.955 | 0.000 | 0.044 | 4.584 | 10.896 | 0.421 |
| 江西 | 4.200 | 2.773 | 9.042 | 0.986 | 0.004 | 0.010 | 4.243 | 3.106 | 1.000 |
| 山东 | 3.700 | 3.781 | 9.797 | 0.014 | 0.501 | 0.485 | 6.700 | 16.313 | 0.411 |
| 河南 | 3.264 | 5.383 | 9.797 | 0.060 | 0.558 | 0.381 | 6.938 | 12.957 | 0.535 |
| 湖北 | 3.495 | 2.773 | 9.042 | 0.559 | 0.258 | 0.183 | 4.322 | 7.113 | 0.608 |
| 湖南 | 3.989 | 2.773 | 9.042 | 0.913 | 0.005 | 0.082 | 4.396 | 4.145 | 1.000 |
| 广东 | 3.263 | — | 8.041 | 0.937 | 0.000 | 0.063 | 3.563 | 6.028 | 0.591 |
| 广西 | 4.490 | — | 8.041 | 0.750 | 0.000 | 0.250 | 5.371 | 3.496 | 1.000 |
| 海南 | 1.457 | — | — | 1.000 | 0.000 | 0.000 | 1.457 | 6.648 | 0.219 |
| 重庆 | 2.930 | 1.703 | 11.608 | 0.584 | 0.022 | 0.394 | 6.319 | 7.052 | 0.896 |
| 四川 | 3.197 | 1.703 | 20.568 | 0.429 | 0.145 | 0.425 | 10.366 | 6.901 | 1.000 |
| 贵州 | 4.583 | 1.305 | 9.894 | 0.475 | 0.100 | 0.425 | 6.514 | 6.147 | 1.000 |
| 云南 | 3.870 | 1.305 | 8.339 | 0.286 | 0.114 | 0.600 | 6.260 | 5.406 | 1.000 |

续表

| 省份 | 单位灌溉水产值/(元/m³) | | | 播种面积占3种粮食作物播种总面积的比例 | | | 3种粮食作物单位灌溉水产值/(元/m³) | 单位灌溉水农业产值/(元/m³) | 农户份额 |
| --- | --- | --- | --- | --- | --- | --- | --- | --- | --- |
| | 水稻 | 小麦 | 玉米 | 水稻 | 小麦 | 玉米 | | | |
| 西藏 | 1.718 | 1.956 | 4.492 | 0.025 | 0.839 | 0.136 | 2.253 | 3.624 | 0.622 |
| 陕西 | 3.190 | 3.586 | 8.788 | 0.047 | 0.430 | 0.524 | 6.292 | 11.052 | 0.569 |
| 甘肃 | — | 1.956 | 4.492 | 0.000 | 0.435 | 0.565 | 3.385 | 4.040 | 0.838 |
| 青海 | — | 1.956 | 4.492 | 0.000 | 0.858 | 0.142 | 2.316 | 3.860 | 0.600 |
| 宁夏 | 1.718 | 4.022 | 6.446 | 0.151 | 0.249 | 0.601 | 5.131 | 2.674 | 1.000 |
| 新疆 | 1.718 | 2.448 | 4.380 | 0.037 | 0.481 | 0.482 | 3.290 | 4.604 | 0.715 |

玉米对灌溉水的需求普遍偏低，其产值与小麦相近，但灌溉需水量远低于水稻和小麦，根据各省农业用水定额规定，全国20个玉米种植面积较大的省份中最大用水定额也仅为284.17m³（甘肃省），这也使得了玉米的单位水产值普遍高于水稻和小麦，最高达到21.18元/m³。最终导致部分地区，单位水粮食产值高于农业产值，对于这类地区，农户农业水价分担份额计为1。

### 6.1.3 基于C-D生产函数的灌溉效益分摊系数

灌溉效益分摊系数，能在诸多影响农产品产量的因素都变化的情况下，反映灌溉对作物增产的贡献。计算灌溉效益分摊系数的方法有很多种，包括对比试验法（古璇清 等，2005）、水分生产函数法（刘昌明 等，2005）、能值法（罗乾 等，2015）和C-D生产函数法（张秋平 等，2008）。前两种方法需要进行试验才能完成，而能值法和C-D生产函数则可以根据数据进行推算，其中能值法依赖于能值转换系数，C-D生产函数则可利用原始数据直接计算。

C-D生产函数，是一种最初用于反映投入和产出关系的经济数学模型。采用边际分析方法，可以分析要素投入对产出的贡献率，是目前应用较为广泛的研究方法。张秋平等（2008）、王静等（2016）等将其应用于灌溉效益分摊系数计算。C-D生产函数的基本形式为

$$Y = A(t) L^{\alpha} K^{\beta} \mu \tag{6-11}$$

式中：$Y$ 为总产值；$A(t)$ 为综合技术；$L$ 为劳动力投入；$K$ 为资本投入；$\alpha$ 为劳动力产出弹性系数；$\beta$ 为资本产出弹性系数；$\mu$ 为随机干扰项（$\mu \leqslant 1$）。

#### 6.1.3.1 模型构建

（1）指标选择。见表6-4，对近年来利用C-D生产函数进行灌溉效益分摊系数计算的研究中生产要素选择情况进行了整理。参考已有文献中的选择，在考虑省域数据可得性的基础上，确定了本研究中的粮食生产要素，包括粮食播种面积（$10^3 hm^2$）、有效灌溉面积（$10^3 hm^2$）、农药投入量（万t）、农业机械总动力（万kW）、农用化肥折纯量（万t）。本书选择根据2000—2018年全国31省份数

## 6.1 基于灌溉效益的农户粮食作物农业水价分担份额研究

据进行计算,数据均来源于国家统计局网站。

表6-4 已有文献中C-D生产函数计算灌溉效益分摊系数的生产要素选择

| 作者 | 粮食生产要素 | 发表年份 |
|---|---|---|
| 张秋平 | 水资源投入、化肥、农药、机械 | 2008 |
| 黄臻 | 化肥施用量、机械使用、劳动力投入、有效灌溉面积、成灾面积、粮食播种面积 | 2014 |
| 吴红霞 | 播种面积、农业机械总动力、有效灌溉面积、化肥施用量、农村用电量 | 2017 |
| 王静 | 灌溉水量、肥料、机械作业投入和播种面积 | 2016 |
| 刘维哲 | 种子、化肥、灌溉、机械、劳动、其他资金 | 2018 |
| 高志玥 | 灌溉面积、化肥、耕地、机械总动力 | 2018 |
| 海洋 | 气候,农机总动力、有效灌溉率和化肥折纯量 | 2019 |
| 张煜 | 粮食播种面积、有效灌溉面积、农用排灌柴油机数量 | 2019 |

(2)粮食生产C-D生产函数构建。假设理性农户在产出最大化的条件下进行农业生产,那么灌溉效益分摊系数(灌溉水产出弹性)即为在其他要素不便的情况下,每增加1单位有效灌溉面积带来的粮食增产效益(刘维哲 等,2018)。本书参考已有研究文献,基于经典C-D生产函数建立了改进后的粮食生产函数模型,选取灌溉、播种面积、农药、化肥、机械5个生产要素,探索各要素与粮食产出的关系。建立函数如下:

$$Y = cW^{\beta_w}S^{\beta_s}P^{\beta_p}F^{\beta_f}M^{\beta_m} \tag{6-12}$$

式中:$Y$为农业产出;$W$灌溉投入;$S$为粮食播种面积;$P$为农药投入量;$F$为化肥折纯量;$M$为机械投入总动力;$\beta_w$为灌溉产出弹性系数(灌溉效益分摊系数)。

对C-D生产函数两边取对数,可以将原函数转化为对数型线性函数:

$$\ln Y = \ln c + \beta_w \ln W + \beta_s \ln S + \beta_p \ln P + \beta_f \ln F + \beta_m \ln M \tag{6-13}$$

### 6.1.3.2 研究尺度确定

利用C-D生产函数计算过程中,首先尝试了从省域尺度运用C-D生产函数进行灌溉效益分摊系数核算,但计算过部分省份后发现,灌溉对粮食产量的影响不显著,运用Spss软件剔除异常值后仍然存在不显著现象,可能与部分地区灌溉水效益分摊系数正在逐年下降有关,成波等(2017)利用能值分析法计算西安灌溉系数,发现2014年(0.28)比2000年降低0.1。

归纳原因包括以下几点:

(1)农业节水工程和节水技术的推广,旱作雨养、水肥一体化、节水灌溉工程的建设,令技术进步对农业生产的影响超出灌溉面积的缩减,使得省域尺度上有效灌溉面积对粮食产量的影响不再显著。2015年,谢栌乐指出2001—2012年河北省因灌溉增加的农业效益占总效益的50%,并认为节水技术和化肥、机械等贡献率的上升使得灌溉对农业产值的贡献率呈现下降趋势,但灌溉对于作物产量的贡献率远大于化肥、机械和其他因素的贡献率。

(2)科技进步对粮食增产的贡献率逐渐增加,姜松等(2012)利用C-D生产

# 第6章 基于定量方法的农业水价分担份额研究

函数计算了全国粮食生产的影响因素,认为1985—2010年科技进步对粮食增产的贡献率达到了51.7%。

(3)农业及用水政策调整,种植结构调整对灌溉水边际产出影响也很大,同一区域内三种主要粮食作物的灌溉产出弹性差异显著,呈现水稻＞玉米＞小麦的现象,水稻与小麦的差值达到0.398(张秋平等,2008)。

最终,本书选择根据全国七大地理区域划分,将区域各省份多年数据纳入C-D生产函数中进行区域灌溉效益分摊系数计算。张秋平等(2008)在对黄淮海区域粮食作物灌溉水效益分摊系数进行计算时,就选择了区域内多省份多年数据进行统计,验证了该方式的可行性。同一区域内,各省份气候条件相似、政策相近、节水技术和工程建设水平相当,灌溉投入产出系数相近,按区域进行计算不仅增加了数据量、提高结果的准确度,而且能够在一定程度上避免技术、政策、科技进步和灌溉贡献逐步降低等因素对灌溉投入产出效应的影响。

### 6.1.3.3 基于C-D生产函数的灌溉效益分摊系数计算

首先利用Spss22.0软件,剔除原始数据中存在的异常值。然后利用Eviews10.0软件求解各地区的C-D生产函数,得到灌溉效益分摊系数。

七大地理区域中,华北地区域内省份之间在农业生产体量上存在显著差异,对区域内全部数据进行Z标准化处理后不存在异常值,利用Eviews10.0求解公式(6-13),发现灌溉投入不显著。可能与北京和天津在区域中经济和农业发展的特殊性有关,剔除这两个地区后,灌溉投入要素在Eviews10.0回归分析中显著,最终确定区域灌溉效益分摊系数。

得到如表6-5所示的各地区灌溉效益分摊系数,其中各区域灌溉投入要素的$P$值均小于0.05,除华中和西南两地外,其余均小于0.01,说明灌溉要素存在显著性。$R^2$均大于0.95,其中最低为华中地区0.966,最高为华南地区0.998,各区域回归效果好。

表6-5 C-D生产函数计算的灌溉效益分摊系数

| 地区 | 省 份 | 分摊系数 | $Prob_w$ | $R^2$ | 已有文献 | 不显著要素 |
|---|---|---|---|---|---|---|
| 东北地区 | 辽宁、吉林、黑龙江 | 0.252 | 0.0016 | 0.974 | 0.138~0.298 | M |
| 华北地区 | (北京、天津)、河北、山西、内蒙古 | 0.225 | 0.0028 | 0.985 | 0.200~0.453 | F,M |
| 华东地区 | 山东、浙江、江苏、安徽、上海、福建 | 0.220 | 0.0021 | 0.995 | 0.095~0.470 | — |
| 华中地区 | 河南、湖北、湖南、江西 | 0.301 | 0.0124 | 0.966 | 0.120~0.247 | M |
| 西北地区 | 甘肃、陕西、宁夏、新疆、青海 | 0.329 | 0.0000 | 0.993 | 0.192~0.415 | — |
| 西南地区 | 西藏、四川、重庆、云南、贵州 | 0.274 | 0.0036 | 0.991 | 0.229~0.661 | F |
| 华南地区 | 广西、广东、海南 | 0.115 | 0.0402 | 0.998 | 0.088~0.274 | M,F |

全国七大地理分区灌溉效益分摊系数分别处于0.115~0.329,求均值后可以确定全国灌溉效益分摊系数为0.245。各区域分摊系数的排序基本呈现"西北地区＞华中地区＞西南地区＞东北地区＞华北地区＞华东地区"的形势。

## 6.1 基于灌溉效益的农户粮食作物农业水价分担份额研究

灌溉分摊效益主要受灌溉依赖性、粮食种植结构和技术进步几点因素影响。其中西北地区粮食生产灌溉效益分摊系数最高，为0.115。西北地区气候干旱，年降水量不足400mm，农业生产对灌溉的依赖性较强，灌溉效益明显高于其他地区。华中为第二高，该地区4省份均属我国粮食主产区，其中湖北、湖南、江西3省份为我国重要水稻产区，2000—2019年区域水稻占粮食播种面积的比例最高达到45.2%，湖北、湖南、江西3省份水稻占粮食播种面积的比例最高达到76.3%，而水稻灌溉效益分摊系数显著高于其他粮食作物（张秋平 等，2008），所以华中地区灌溉效益分摊系数偏高。西南地区，地势起伏较大，地形复杂、地貌独特，受地形地貌影响，土壤蓄水能力较差，作物极易受旱（雷宏军 等，2016），区域内农业生产受干旱灾害影响较大（朱钟麟 等，2001），所以区域对灌溉依赖程度较高，灌溉效益分摊系数偏高。分段东北地区是我国重要的粮食生产基地，近年来也是我国水稻省产的优质产区，但是区域内水稻播种占比最高也仅为23%，所以灌溉分摊系数低于华中地区，且域内玉米种植面积大，对灌溉依赖不足，所以灌溉效益分摊系数偏低。华北地区水资源稀缺程度较高，区域内对灌溉依赖较大，但是近年来，区域面临着严峻的水资源短缺问题，通过调节种植结构，发展低耗水作物，探索旱作农业，推广多样化的节水技术，区域粮食生产与灌溉间的关联逐渐开始降低，因此该区灌溉效益分摊系数偏低。而华东地区尽管区域内水稻播种面积占比高于东北地区，但区域水资源丰富，降水量高于东北地区，且区域经济发展较好，技术进步、机械化以及其农业现代化水平更高，所以其灌溉效益分摊系数显著低于华中和东北地区。而华南地区全国灌溉效益分摊系数为全国最低，区域气候湿润，降水偏多，农业生产对灌溉的依赖程度明显低于其他地区。

### 6.1.3.4 计算结果合理性判定

根据与已有研究结果的对比分析，发现本书计算的区域灌溉效益分摊系数与以往研究相近，证明了本次计算结果的合理性。

（1）黄臻（2014）基于C-D生产函数算得灌溉对粮食增产的弹性系数为0.18（1990—2008年）；张煜（2019）基于C-D生产函数算得全国灌溉效益分摊系数为0.236（2003—2015年）；王学渊和赵连阁（2008）计算的全国平均灌溉效益分摊系数为0.285。根据上表中本书计算的各省灌溉效益分摊系数，求均值可知全国平均灌溉效益分摊系数约为0.245，与已有研究的计算结果相近。

（2）王静等（2017）计算省域尺度（1985—2008年）的灌溉效益分摊系数，根据划分后各省灌溉效益分摊系数，基本都在其计算的区域内各省灌溉效益分摊系数的范围内，七大区域仅华中地区超出了王静计算所得该区域各省系数的最大值。

（3）不同粮食作物间灌溉水产出弹性差异较大：张秋平等（2008）运用C-D生产函数对黄淮海地区三种粮食作物灌溉水投入产出弹性分别为0.576（水稻）、0.387（玉米）、0.178（小麦）。

华中地区4省份中，湖北、湖南和江西3省份均属于我国重要的水稻产区，

2019 年 3 省份水稻播种站粮食播种面积的比例分别为 49.6%、83.5% 和 91.3%，河南虽并非水稻主产区，但近年域内水稻种植比例明显提升，2000 年以来，这 4 省份水稻播种面积最高分别达到 620.41×10³hm² （2018 年）、3541.3×10³hm² （2015 年）、2383.35×10³hm² （2015 年）和 4287.76×10³hm² （2015 年），分别比 2000 年增加 160.82×10³hm²、709.3×10³hm²、388.06×10³hm² 和 391.66×10³hm²。水稻占粮食播种面积的比例最高达到 6.3% （2007 年）、92.8% （2014 年）、53.6% （2005 年）、86.5% （2006 年），比 2000 年增加 1.2%、7.6%、5.6% 和 9%。而水稻灌溉投入产出弹性显著高于其他粮食作物，所以区域内灌溉效益分摊系数偏高也可以解释。

#### 6.1.3.5 基于灌溉分摊系数的农业水价合理分担

本书中计算的灌溉效益分摊系数（灌溉产出弹性），即每增加 1 单位的灌溉投入，可以带来的农业产出的增加量，也就是灌溉的产出效率，以东北地区为例，其灌溉效益分摊系数为 0.252，那就是说灌溉的产出效率为 0.252，那么东北地区农户承担的农业水价份额就为 0.252。受气候、地形、种植结构、技术发展等因素影响，全国不同区域间灌溉效益分摊系数存在显著差异。根据各区域灌溉分摊系数，可以确定各地农户在农业水价中的分担份额。当灌溉效益分摊系数越大，灌溉的产出效益也会越大，那相应地农户分担份额也越大。但从灌溉效益分摊角度来说，粮食生产作为薄利（甚至负利润）的产业，农户只需要承担灌溉产生效益的那部分的水价；其余部分则有政府来承担。那么基于灌溉效益分摊系数进行农业水价分担时，农户承担份额等同于灌溉产出弹性 $\beta_w$（灌溉水分摊效益）。

### 6.1.4 基于灌溉效益的农户水价分担份额计算

#### 6.1.4.1 权重确定

上述曾指出指标确权方法包括，主观、客观和主客结合的组合赋权法 3 种，并分析了不同赋权方法的优缺点，本次评价是完全的定量评价，因此选择 Critic 法进行客观赋权。

研究显示，Critic 法是一种比熵权法和标准离差法更好的客观赋权法，通过综合考虑指标的对比强度和冲突性来进行赋权，在考虑指标变异性的同时兼顾指标间的关联性。对比强度是同一指标内数据间差距的大小，用标准差来表示，标准差越大，权重越高。而指标间的冲突性用相关系数表现，指标间的相关性越强，冲突性也会越小。

(1) 计算步骤如下：

假设有 $m$ 个评价样本，$n$ 个评价指标，形成原始矩阵为

$$X = \begin{pmatrix} a_{11} & \cdots & a_{1n} \\ \vdots & \ddots & \vdots \\ a_{m1} & \cdots & a_{mn} \end{pmatrix} \quad (6-14)$$

式中：$a_{ij}$ 为第 $i$ 个样本第 $j$ 项评价指标的数值。

## 6.1 基于灌溉效益的农户粮食作物农业水价分担份额研究

利用 Spss22.0 对指标进行 Z-score 标准化（目前使用最多的标准化方式），本书指标均为同向不必进行指标同相化处理。

$$x' = \frac{x - \overline{x}}{\sigma} \tag{6-15}$$

式中：$\overline{x}$ 为原始数据均值；$\sigma$ 为原始数据标准差。

指标变异性以标准差的形式来表示，对标准化后的数据求标准差，则有

$$S_j = \sqrt{\frac{\sum_{i=1}^{n}(x_{ij} - \overline{x}_j)}{n-1}}, \quad \overline{x}_j = \frac{1}{n}\sum_{i=1}^{n} x_{ij} \tag{6-16}$$

式中：$S_j$ 为第 $j$ 个指标的标准差；$x_{ij}$ 为标准化后的指标值。

指标间冲突性用相关系数来表现，那么就有指标冲突性 $R_j$：

$$R_j = \sum_{i=1}^{n}(1 - r_{ij}) \tag{6-17}$$

式中：$r_{ij}$ 为指标 $i$ 与指标 $j$ 之间的相关系数，本书采用 Person 相关性分析（应用最为广泛的相关性分析方法）。

$S_j$ 表示标准差，$R_j$ 表示冲突性，则信息量 $C_{ij}$ 表现为

$$C_{ij} = S_j \times R_{ij} \tag{6-18}$$

$C_i$ 表示信息量，那么有权重 $W_j$ 为

$$W_i = C_i \Big/ \sum_{i=1}^{n} C_i \tag{6-19}$$

（2）权重。根据上述客观赋权方法 Critic 法计算过程，利用 Spss22.0 对指标进行标准化，去除异常值后，计算各指标的变异性 $S$、指标间的冲突性 $R$，信息量 $C$，并最终确定权重 $W$，见表 6-6。

表 6-6　　　基于水资源价值的农户水价分担份额权重计算

| 指标 | 指标指向 | S | R | C | 指标权重 |
|---|---|---|---|---|---|
| 基于省域（农业灌溉）水价值 | + | 0.527 | 2.593 | 1.367 | 0.247 |
| 基于单位水农业（粮食）产值 | + | 0.995 | 2.224 | 2.213 | 0.400 |
| 基于灌溉效益分摊系数 | + | 0.997 | 1.964 | 1.957 | 0.353 |

### 6.1.4.2 加权计算基于水资源价值的农户水价分担份额

6.1.1 节至 6.1.3 节中，分别基于水资源价值模糊数学模型（$X_1$）、单方水效益（$X_2$）和灌溉效益分摊系数（$X_3$）3 种方法计算了农户农业水价分担份额，与表 6-6 中的权重加权计算，确定各省基于水资源价值的农户水价分担份额；同时根据 2019 年台账数据中各省农田水利工程运行维护成本，计算了各省农户应承担的最终水价，详见表 6-7。

# 第6章 基于定量方法的农业水价分担份额研究

表6-7 基于水资源价值的农户粮食作物农业水价分担但份额

| 省份 | $X_1$ | $X_2$ | $X_3$ | 粮食农户水价分担份额 | 农户承担水价/(元/m³) | 排序 |
|---|---|---|---|---|---|---|
| 贵州 | 0.338 | 1 | 0.274 | 0.58 | 0.316 | 1 |
| 山西 | 0.101 | 0.978 | 0.225 | 0.496 | 0.305 | 2 |
| 广西 | 0.249 | 1 | 0.115 | 0.502 | 0.298 | 3 |
| 云南 | 0.244 | 1 | 0.274 | 0.557 | 0.234 | 4 |
| 河北 | 0.218 | 0.645 | 0.225 | 0.391 | 0.215 | 5 |
| 辽宁 | 0.115 | 0.951 | 0.252 | 0.498 | 0.149 | 6 |
| 重庆 | 0.183 | 0.896 | 0.274 | 0.5 | 0.149 | 7 |
| 四川 | 0.296 | 1 | 0.274 | 0.57 | 0.125 | 8 |
| 北京 | 0.318 | 0.208 | 0.225 | 0.241 | 0.121 | 9 |
| 内蒙古 | 0.047 | 1 | 0.225 | 0.491 | 0.116 | 10 |
| 天津 | 0.083 | 0.584 | 0.225 | 0.334 | 0.109 | 11 |
| 新疆 | 0.454 | 0.715 | 0.329 | 0.514 | 0.103 | 12 |
| 山东 | 0.122 | 0.411 | 0.22 | 0.272 | 0.101 | 13 |
| 陕西 | 0.088 | 0.569 | 0.329 | 0.473 | 0.099 | 14 |
| 安徽 | 0.122 | 1 | 0.22 | 0.508 | 0.096 | 15 |
| 河南 | 0.241 | 0.535 | 0.301 | 0.38 | 0.092 | 16 |
| 广东 | 0.114 | 0.591 | 0.115 | 0.305 | 0.09 | 17 |
| 吉林 | 0.109 | 1 | 0.252 | 0.516 | 0.089 | 18 |
| 湖南 | 0.1 | 1 | 0.301 | 0.531 | 0.085 | 19 |
| 湖北 | 0.257 | 0.608 | 0.301 | 0.413 | 0.081 | 20 |
| 宁夏 | 0.169 | 1 | 0.329 | 0.444 | 0.079 | 21 |
| 上海 | 0.046 | 0.744 | 0.22 | 0.387 | 0.072 | 22 |
| 浙江 | 0.164 | 0.408 | 0.22 | 0.281 | 0.065 | 23 |
| 江苏 | 0.091 | 1 | 0.22 | 0.5 | 0.054 | 24 |
| 黑龙江 | 0.08 | 1 | 0.252 | 0.509 | 0.053 | 25 |
| 江西 | 0.075 | 1 | 0.22 | 0.496 | 0.047 | 26 |
| 青海 | 0.04 | 0.6 | 0.329 | 0.526 | 0.039 | 27 |
| 西藏 | 0.181 | 0.622 | 0.274 | 0.388 | 0.039 | 29 |
| 福建 | 0.255 | 0.421 | 0.22 | 0.309 | 0.028 | 28 |
| 海南 | 0.391 | 0.219 | 0.115 | 0.225 | 0.021 | 30 |
| 甘肃 | 0.133 | 0.838 | 0.329 | 0.389 | 0.012 | 31 |

（1）农户粮食作物农业水价分担份额分析。全国31省份农户农业水价分担份额为0.225~0.58不等。其中，最高的是贵州达到0.58，其次为四川和云南，

## 6.1 基于灌溉效益的农户粮食作物农业水价分担份额研究

均位于我国西南地区。主要受几点因素影响：第一，这里经济总体发展水平有限，水资源在农业生产中的价值与全省的综合价值差异性不足，显著低于经济发达地区；第二，这里粮食作物与经济作物的单位水产出差距也不大；第三，则是受气候和地形影响，区域对灌溉的依赖程度较大，为七大地理区域的第三位；多重因素的综合作用下，使得位于西南地区农户对农业水价的分担份额为全国最高。

农户农业水价分担份额最小的是海南省为 0.225，其次为北京、山东和浙江，均不足 0.3。其中，海南地区降水充足，农业生产对灌溉的需求偏低，当地灌溉水产出弹性为全国最低，其次当地粮食作物单位水产值要显著低于整个农业产业，这两个因素决定了海南地区农户在粮食作物农业水价中的分担份额为全国最低。北京与海南相似，也主要受粮食与农业产业之间的效益差距大，和灌溉水产出弹性偏低影响，但华北地区灌溉产出弹性低主要受作物品种、政策和技术进步影响。山东和浙江，则主要受农业用水价值与省域水资源价值差距较大影响。

研究结果显示，粮食主产区农户承担农业水价份额普遍偏高，主要是两方面的因素影响：一是粮食主产区经济社会发展情况普遍落后于非粮食主产区，这也导致农业用水价值与省域水资源价值差距偏小；二是由于粮食主产区内，粮食为当地主要播种农产品，经济效益普遍偏低，使得当地粮食灌溉效益与农产品灌溉之间的差距也不大。相对地经济发达地区，其他产业产出效益更高，这也导致农户的整体种粮意愿和对农业水价的心理承载力更低。因此与粮食主产区相比，经济发达地区农户更容易因农业水价提升而降低种粮意愿，经济发达地区农户水价分担份额较低符合当地农户的心理承受能力。而尽管粮食主产区农户农业水价分担份额相对偏高，但粮食主产区整体供水成本整体偏低，所以粮食主产区农户最终承担的农业水价相对较低，符合粮食主产区农户经济承载能力。

（2）农户承担的最终粮食作物农业水价。根据定量评估结果，确定各地农户种植粮食作物承担的农业水价在 $0.012\sim0.316$ 元/$m^3$。其中，甘肃、海南、西藏、福建、青海 5 省份农户承担的最终农业水价最低，主要受当地农业供水成本偏低影响，5 省份中甘肃、青海和西藏社会经济发展水平偏低，海南、福建水资源稀缺性不足。贵州、山西、广西、云南、河北 5 省份农户承担的农业水价最高，这与当地自然经济情况有重要关系。自然方面，受地形地势和水资源分布规律影响，当地农业供水成本偏高；受气候和土壤环境影响，当地农业生产对灌溉的依赖程度也较高。经济方面，地区经济发展水平相对偏低，农业与省域水资源价值之间的差异不明显。

尽管粮食主产区农户的农业水价分担份额偏高，但受供水成本影响，粮食主产区农户在粮食种植中承担的最终农业水价并不高。13 个粮食主产区中，河北、辽宁、四川、内蒙古、山东 5 省份农户承担的农业水价较高，位于全国排序的 5～13 位，其中河北、辽宁、内蒙古、山东 4 省份水资源稀缺程度较高，四川属西南区当地供水成本偏高。其余8省份农户承担的粮食作物农业水价均低于0.1元/m³，位于全国排名的15～26位。

## 6.2 政府内部粮食作物农业水价分担份额研究

### 6.2.1 评价体系构建

#### 6.2.1.1 指标体系构建

对于政府部门来说，农业灌溉过程中，政府部门主要有3方面的利益诉求，即保障粮食安全、实现水资源价值和产生生态效应。根据这3方面诉求，可以确定在计算中央政府与地方政府之间农业水价分担份额时的着力点。

根据指标与被评价要素的关联性、指标间的互斥性和数据易得性，确定了政府部门间农业水价分担份额评价的指标体系，见表6-8。

表6-8　　　　政府部门农业水价分担评估指标体系

| 一级指标 | 二级指标 | 编号 | 指标方向 |
|---|---|---|---|
| 粮食安全 | 粮食占农作物播种面积比例变化 | $L_1$ | − |
| | 粮食产量变化 | $L_2$ | − |
| | 粮食产需关系 | $L_3$ | − |
| 灌溉效益 | 基于模糊数学的灌溉水价值 | $X_1$ | + |
| | 单位水产值 | $X_2$ | + |
| | 灌溉效益分摊系数 | $X_3$ | + |
| 生态价值（节水效益） | 灌溉效率 | $E_1$ | |
| | 节水灌溉占灌溉面积的比例 | $E_2$ | |
| | 耕地实际灌溉面积/耕地有效灌溉面积 | $E_3$ | + |
| | 人均水资源量 | $E_4$ | |
| 生态价值（生态服务） | 灌溉面积（耕地、林果草） | $E_5$ | |
| | 单位面积灌溉生态补水量 | $E_6$ | − |
| | 单位面积生态用水需求 | $E_7$ | + |

#### 6.2.1.2 权重确定

表6-8中的指标分为一级指标和二级指标，其中一级指标选择利用层次分析法确定权重，二级指标则根据6.1.4节中介绍的Critic法确定。

一级指标的权重确定（层次分析法）。对地方政府农业水价分担份额评估，分别从粮食安全、水资源价值和生态效益3个角度入手。根据两两对比法，构建判断矩阵见表6-9（标度标准：1同样重要；3稍微重要；5明显重要；7强烈重要；9极端重要；2、4、6、8为相邻判断中间值）（王国振，2020）。

## 6.2 政府内部粮食作物农业水价分担份额研究

表 6-9　　　　　　　　基于层次分析法的指标权重判断矩阵

| 指　　标 | 粮食安全 | 水资源价值 | 生态效益 |
|---|---|---|---|
| 粮食安全 | 1 | 7/3 | 3/2 |
| 水资源价值 | 3/7 | 1 | 2/3 |
| 生态效益 | 2/3 | 3/2 | 1 |

判断矩阵生成最大特征根 $\lambda_{\max}$ 的特征向量，归一化后确定权重 $A$：
$$A=(0.478\quad 0.207\quad 0.315),\ \lambda_{\max}=3.0001$$

根据最大特征根 $\lambda_{\max}$ 进行一致性检验，引入一致性指标 $CI$，随机性指标 $RI$，一致性指标 $CR$（王国振，2020）：

令
$$CI=\frac{\lambda-n}{n-1},\ CR=\frac{CI}{RI} \tag{6-20}$$

算得：$CI=0.0001$，$RI=0.52$（查表可得），$CR=0.0001<0.1$，一致性显著。

#### 6.2.1.3　地方政府分担份额计算方法

由于各地在水资源禀赋、自然气候条件、社会经济发展状况、农业生产结构和生产力水平上有着各自的特点，这也导致各省在粮食生产能力和需求、灌溉的经济效益和生态效益上都表现出明显差异，而这些差异也决定了各省地方政府在对于农业水价分担份额上存在差异。对于中央政府来说粮食安全、水资源价值实现和生态效益要从全国的尺度上宏观评估，中央政府各项指标的评估结果要反映全国平均水平，因此中央政府在各项指标的取值上按全国 31 省份均值取值。而根据各省指标数值与全国平均水平的差异，可以确定各省在农业水价分担上地方政府与中央政府的各自份额。

根据指标的方向，在确定地方政府分担份额时，按以下方式计算：

正向指标：
$$g_{ij}=\frac{x_{ij}}{x_{ij}+X_i} \tag{6-21}$$

逆向指标：
$$g_{ij}=\frac{X_i}{x_{ij}+X_i} \tag{6-22}$$

#### 6.2.1.4　数据来源

原始数据主要来源于国家统计局网站、《2019 年中国水利统计年鉴》、《中国食品工业年鉴》、中国商业研究数据库、《2019 年全国农产品成本收益资料汇编》。

### 6.2.2　基于粮食安全的农业水价分担份额评估

政府部门对于保障粮食安全有着不容推卸的责任，农业水价综合改革的目标是农业用水提价弥补供水成本，但同时要求不增加农户农业灌溉水费支出，保障粮农收益和粮食安全，从粮食安全角度政府要对农业水价进行分担。关于保障粮食安全，由于中央政府和地方政府权责尺度不同，利益诉求上也存在一定的差异。对于

# 第 6 章 基于定量方法的农业水价分担份额研究

地方政府来说，保障区域内粮食的供求就足够了，但中央政府则需要考虑全国范围内的大均衡。根据地方政府对保障粮食安全做出的贡献，中央政府要在对不同省份粮食作物农业水价的分担份额上有所区别，这有利于激励地方粮食种植、分担粮食主产区水费压力。粮食安全评价中，地方政府为粮食安全贡献越大，中央政府的分担份额也越高。对各省粮食安全贡献情况则主要从粮食播种情况、粮食产量情况和粮食产需情况 3 方面进行。

#### 6.2.2.1 粮食占农业播种面积变化

由于各省耕地资源不同，所以不能单纯地以粮食播种面积来衡量地区为保障粮食安全做出的贡献，一部分地区由于省域面积较小、耕地面积有限等客观因素，导致的粮食面积偏低。因此选择粮食占农作播种面积的变化情况进行粮食安全贡献评估，避免了省域面积、耕地总量等客观因素的影响。与其他作物相比粮食作物生产效益更低，对于地区农业产业和经济发展更不利，因此在一定程度上来说，粮食占农作物播种面积的比例呈现增长趋势，我们则认为该省对于保障粮食安全做出的贡献也越大，相应地中央政府对于当地粮食作物的农业水价分担份额更大。变化情况评估选择 2018 年为当期，2010 年为基期。变化情况 $L_1$ 通过 2018 年和 2010 年表示，即

$$L_1 = \frac{s_{2018}/S_{2018}}{s_{2010}/S_{2010}} \tag{6-23}$$

式中：$s$ 为粮食播种面积；$S$ 为农作物播种面积，若 $L_1 > 1$，则表示与 2010 年相比 2018 年当地粮食占农作物播种面积的比例增加。

2010—2018 年，全国粮食播种面积占农作物播种面积的比例基本维持在 71% 左右，并没有产生显著的波动，2018 年较 2010 年略有增加，仅为 0.11%。见表 6-10，全国 31 省份中，13 省份 2018 年粮食播种面积占农作物播种面积的比例较 2010 年有增加，其余 18 省份粮食播种面积占农作物播种面积的比例有所降低。对于粮/农播种比例降低的省份，在进行农业水价分担份额估算时，地方政府应按比例提升分担份额。（数据来源：国家统计局网站。）

表 6-10  各省粮食作物占农作物播种比例变化和粮食产量变化情况

| 指　标 | 2010—2018 年变化 | 省　份 |
| --- | --- | --- |
| 粮食占播种面积比 | 增加 | 黑龙江、吉林、辽宁、河北、天津、山东、河南、江苏、浙江、安徽、江西、湖北 |
| | 减少 | 上海、海南、福建、广东、广西、湖南、贵州、云南、四川、重庆、西藏、青海、陕西、宁夏、山西、甘肃、新疆、内蒙古、北京 |
| 粮食产量 | 增加 | 黑龙江、吉林、辽宁、河北、天津、山东、河南、江苏、安徽、江西、湖北、湖南、云南、广西、四川、西藏、青海、陕西、宁夏、山西、甘肃、新疆、内蒙古 |
| | 减少 | 北京、上海、浙江、福建、广东、重庆、贵州、海南 |

## 6.2 政府内部粮食作物农业水价分担份额研究

### 6.2.2.2 粮食产量变化 $L_2$

关于粮食产量的变化情况，取 2018 年粮食产量与 2010 年产量的比值，比值大于 1 则说明粮食产量增加，比值大于全国水平则说明当地为保障粮食安全贡献较大，相应地中央政府对粮食作物农业水价的分担份额也要增加。随着农业生产力水平的提升和农业科技发展，粮食单位面积产量也有所提升，所以在粮食播种面积和播种比例变小的同时，产量仍然可能会增加，因此在计算粮食播种面积占比变化的同时，还引入了粮食产量变化这一指标。计算可知 2018 年全国粮食产量为 2010 年的 1.177 倍，全国粮食产量呈现增长趋势，粮食产量变化比值高于 1.177 的省份认为为国家粮食安全做出了贡献，由中央政府分担更大的农业水价份额，低于这一值得省份则由地方政府分担相对较大的份额。该指标为负向指标，因此各地方政府分担份额根据，式（6-22）计算。

全国大部分地区 2018 年粮食产量较 2010 年均有增加，仅北京、上海、浙江、福建、广东、重庆、贵州和海南共 8 省份粮食产量有所降低。13 省份 2018 年与 2010 年粮食产量的比值大于 1.177，超过全国平均水平，见表 6-10。这一指标对于农业水价分担的评价来看，较过去粮食产量有所上升的地区，在一定程度上分担了中央政府对粮食安全保障的压力，因此中央政府则可以在一定程度上增加对于农业水价的分担份额。

### 6.2.2.3 粮食产需比 $L_3$

这一指标能够反映各地粮食产量与粮食需求量之间的关系。当地粮食产需比越大，说明当地粮食自给能较强，说明该省对保障全国粮食安全贡献也越大，相应地中央政府对粮食作物农业水价的分担份额越大，地方政府分担份额越小。

本书对 2018 年全国 31 省份（不包括港澳台）粮食需求量进行了估算。粮食总需求主要由口粮、饲用粮、工业用粮和种用粮 4 个部分构成（孟召娣 等，2020），见表 6-11。（数据来源：2019 年中国统计年鉴、2019 年中国农村统计年鉴、中国食品工业年鉴和中国商业研究院数据库。）

表 6-11 不同产品耗粮系数

| 类别 | 口粮 | 饲用粮 | | | | | | | 工业用粮 | | | | 种用粮 |
|---|---|---|---|---|---|---|---|---|---|---|---|---|---|
| 产品 | 原粮 | 牛肉 | 猪肉 | 羊肉 | 禽肉 | 禽蛋 | 奶类 | 水产品 | 白酒 | 啤酒 | 酒精 | 淀粉 | — |
| 耗粮系数 | 1 | 1.95 | 3.09 | 1.95 | 2.22 | 2.19 | 0.37 | 1.06 | 2.32 | 0.16 | 2.93 | 1.5 | 0.04 |

指标核算方法：

$$粮食产需比 = 粮食总产量/粮食总需求$$
$$粮食总需求 = 口粮 + 种用粮 + 工业用粮 + 饲用粮$$
$$口粮需求 = 城镇(农村)居民家庭人均粮食消费量 \times 城镇(农村)人口数$$
$$种粮需求 = 粮食产量 \times 耗种系数$$
$$饲用粮 = 牛肉(猪肉、羊肉、禽肉、禽蛋、奶类、水产品)产量 \times 耗粮系数 \times 74\%$$

## 第6章 基于定量方法的农业水价分担份额研究

工业用粮＝白酒(啤酒、酒精、淀粉)产量×耗粮系数

其中，饲用粮在饲料中的比例约为74%，饲用粮的最终需求量为肉蛋奶产量乘耗粮系数后再乘74%获得(孟召娣 等，2020)。

根据各省粮食、肉蛋奶和以粮食为原料的主要工业产品的产量数据，根据上述产品耗粮系数，可估算31省份口粮、种用粮、工业用粮、饲用粮需求、粮食总需求、粮食产需比和产需缺口。

见表6－12，对于全国31省份口粮、种用粮、工业用粮、饲用粮和粮食总需求的估算结果，及其占粮食总需求的比例显示。从全国来看呈现：饲用粮比例最高，达到49.17%；口粮其次，为30.87%；工业用粮第三；种用粮最低。

表6－12　　　　　2018年模拟计算的全国各省粮食产需情况

| 省份 | 口粮/万t | 占比/% | 种用粮/万t | 占比/% | 工业粮/万t | 占比/% | 饲用粮/万t | 占比/% | 总需求/万t | 总产量/万t | 产需比 |
|---|---|---|---|---|---|---|---|---|---|---|---|
| 北京 | 198.06 | 50.75 | 1.37 | 0.35 | 125.00 | 32.03 | 65.83 | 16.87 | 390.26 | 34.14 | 0.087 |
| 天津 | 184.02 | 54.73 | 8.39 | 2.49 | 5.25 | 1.56 | 138.54 | 41.21 | 336.21 | 209.69 | 0.624 |
| 河北 | 980.74 | 27.82 | 148.03 | 4.20 | 664.03 | 18.84 | 1731.89 | 49.14 | 3524.70 | 3700.86 | 1.050 |
| 山西 | 502.18 | 48.18 | 55.22 | 5.30 | 103.82 | 9.96 | 381.18 | 36.57 | 1042.39 | 1380.4 | 1.324 |
| 内蒙古 | 383.71 | 29.93 | 142.13 | 11.09 | 60.68 | 4.73 | 695.49 | 54.25 | 1282.02 | 3553.28 | 2.772 |
| 辽宁 | 555.13 | 24.14 | 87.70 | 3.81 | 41.32 | 1.80 | 1615.58 | 70.25 | 2299.73 | 2192.45 | 0.953 |
| 吉林 | 356.23 | 14.05 | 145.31 | 5.73 | 1329.10 | 52.42 | 705.02 | 27.80 | 2535.66 | 3632.74 | 1.433 |
| 黑龙江 | 524.82 | 20.68 | 300.27 | 11.83 | 872.41 | 34.37 | 840.46 | 33.12 | 2537.96 | 7506.8 | 2.958 |
| 上海 | 269.61 | 78.05 | 4.15 | 1.20 | 7.99 | 2.31 | 63.66 | 18.43 | 345.41 | 103.74 | 0.300 |
| 江苏 | 971.41 | 33.76 | 146.41 | 5.09 | 409.93 | 14.25 | 1349.31 | 46.90 | 2877.07 | 3660.28 | 1.272 |
| 浙江 | 754.68 | 48.52 | 23.97 | 1.54 | 41.12 | 2.64 | 735.50 | 47.29 | 1555.25 | 599.14 | 0.385 |
| 安徽 | 866.74 | 34.21 | 160.29 | 6.33 | 222.31 | 8.78 | 1283.94 | 50.68 | 2533.27 | 4007.25 | 1.582 |
| 福建 | 480.96 | 27.98 | 19.94 | 1.16 | 38.59 | 2.24 | 1179.57 | 68.62 | 1719.07 | 498.58 | 0.290 |
| 江西 | 617.30 | 36.06 | 87.63 | 5.12 | 39.36 | 2.30 | 967.64 | 56.52 | 1711.93 | 2190.7 | 1.280 |
| 山东 | 1164.28 | 17.34 | 212.78 | 3.17 | 2230.43 | 33.22 | 3107.40 | 46.28 | 6714.89 | 5319.51 | 0.792 |
| 河南 | 1183.31 | 28.80 | 265.96 | 6.47 | 469.74 | 11.43 | 2189.22 | 53.29 | 4108.23 | 6648.91 | 1.618 |
| 湖北 | 643.67 | 29.97 | 113.58 | 5.29 | 157.29 | 7.32 | 1233.04 | 57.42 | 2147.58 | 2839.47 | 1.322 |
| 湖南 | 923.41 | 35.23 | 120.92 | 4.61 | 43.35 | 1.65 | 1533.27 | 58.50 | 2620.94 | 3022.9 | 1.153 |
| 广东 | 1221.95 | 40.23 | 47.74 | 1.57 | 135.37 | 4.46 | 1632.47 | 53.74 | 3037.53 | 1193.49 | 0.393 |
| 广西 | 617.83 | 30.30 | 54.91 | 2.69 | 213.42 | 10.47 | 1153.11 | 56.55 | 2039.27 | 1372.8 | 0.673 |
| 海南 | 87.54 | 22.21 | 5.88 | 1.49 | 0.55 | 0.14 | 300.18 | 76.16 | 394.16 | 147.12 | 0.373 |
| 重庆 | 405.45 | 42.76 | 43.17 | 4.55 | 13.90 | 1.47 | 485.69 | 51.22 | 948.21 | 1079.34 | 1.138 |
| 四川 | 1185.24 | 29.38 | 139.75 | 3.46 | 977.37 | 24.22 | 1732.45 | 42.94 | 4034.80 | 3493.7 | 0.866 |
| 贵州 | 395.73 | 38.69 | 42.39 | 4.14 | 86.91 | 8.50 | 497.91 | 48.67 | 1022.94 | 1059.7 | 1.036 |

## 6.2 政府内部粮食作物农业水价分担份额研究

续表

| 省份 | 口粮/万t | 占比/% | 种用粮/万t | 占比/% | 工业粮/万t | 占比/% | 饲用粮/万t | 占比/% | 总需求/万t | 总产量/万t | 产需比 |
|---|---|---|---|---|---|---|---|---|---|---|---|
| 云南 | 554.48 | 31.92 | 74.42 | 4.28 | 90.21 | 5.19 | 1018.21 | 58.61 | 1737.32 | 1860.54 | 1.071 |
| 西藏 | 71.83 | 54.38 | 4.18 | 3.16 | 2.13 | 1.62 | 53.96 | 40.84 | 132.10 | 104.4 | 0.790 |
| 陕西 | 502.35 | 50.33 | 49.04 | 4.91 | 51.43 | 5.15 | 395.33 | 39.61 | 998.15 | 1226 | 1.228 |
| 甘肃 | 396.20 | 58.77 | 46.06 | 6.83 | 8.71 | 1.29 | 223.24 | 33.11 | 674.21 | 1151.43 | 1.708 |
| 青海 | 66.78 | 44.63 | 4.12 | 2.75 | 4.18 | 2.80 | 74.54 | 49.82 | 149.63 | 103.06 | 0.689 |
| 宁夏 | 75.10 | 16.77 | 15.70 | 3.51 | 216.43 | 48.34 | 140.51 | 31.38 | 447.75 | 392.58 | 0.877 |
| 新疆 | 384.69 | 44.39 | 60.17 | 6.94 | 32.90 | 3.80 | 388.76 | 44.86 | 866.52 | 1504.23 | 1.736 |
| 全国 | 17525.5 | 30.87 | 2631.6 | 4.64 | 8695.3 | 15.32 | 27912.9 | 49.17 | 56765.2 | 65789.2 | 1.159 |

见表 6-13，显示了全国 31 省份（不包含港澳台地区）粮食产需情况。根据粮食产量不足和粮食产量有余进行划分，全国共 14 省份（45.16%）存在产需缺口，17 省份（54.84%）存在粮食产量剩余。以 500 万 t 为界限，将全国 31 省份划分为高余粮、低余粮；高短缺、低短缺 4 类地区。8 个高余粮省份中，7 个为粮食主产区；17 个余粮省份中 9 省份为粮食主产区，表现出粮食主产区为保障国家粮食安全做出重要贡献。

表 6-13　　　　　　　　　2018 年各省粮食产需情况

| 粮食产需 | 不均衡情况 | 省　份 |
|---|---|---|
| 产量有余 | 高余粮 | 新疆、云南、内蒙古、黑龙江、吉林、河南、湖北、安徽、江苏 |
| | 低余粮 | 甘肃、陕西、山西、河北、云南、重庆、湖南、江西 |
| 产量不足 | 低缺粮 | 西藏、青海、宁夏、北京、天津、辽宁、上海、海南 |
| | 高缺粮 | 四川、山东、广西、广东、福建、浙江 |

### 6.2.2.4　基于粮食安全保障能力的政府内部农业水价分担份额计算

（1）基于 Critic 法的权重计算。根据上文计算方法计算可得全国 31 省份粮食产量变化、粮食占农作物播种面积变化和粮食产需比数据，根据式（6-21）可算得各省地方政府对于农业水价的分担份额。利用 6.2.4 节中指出的 Critic 法可以计算，上述 3 个指标权重，见表 6-14。

表 6-14　　　　　　　基于粮食安全的政府农业水价分担份额权重

| 指标 | 指标指向 | $S$ | $R$ | $C$ | 指标权重 |
|---|---|---|---|---|---|
| 粮食占农作物播种面积变化 | — | 0.026 | 1.060 | 0.027 | 0.140 |
| 粮食产量变化 | — | 0.062 | 0.625 | 0.038 | 0.199 |
| 粮食产需比 | — | 0.148 | 0.863 | 0.127 | 0.660 |

（2）基于粮食安全的政府农业水价分担份额。根据各省粮食产需变化（$L_1$）、粮食占农作物播种面积变化（$L_2$）和粮食产需比（$L_3$），计算各省地方政府农业水

# 第6章 基于定量方法的农业水价分担份额研究

价分担份额（$g_{L1}$、$g_{L2}$、$g_{L3}$），加权计算后为基于各省粮食安全保障能力的中央政府及地方政府农业水价分担份额 $G_L$ 和 $g_L$，见表 6-15。

表 6-15　基于各省粮食安全保障能力的中央（地方）政府农业水价分担

| 省份 | $L_1$ | $L_2$ | $L_3$ | $g_{L1}$ | $g_{L2}$ | $g_{L3}$ | $g_L$ | $G_L$ |
|---|---|---|---|---|---|---|---|---|
| 北京 | 0.752 | 0.295 | 0.087 | 0.571 | 0.799 | 0.930 | 0.853 | 0.147 |
| 天津 | 1.150 | 1.306 | 0.624 | 0.466 | 0.474 | 0.650 | 0.589 | 0.411 |
| 河北 | 1.023 | 1.186 | 1.050 | 0.495 | 0.498 | 0.525 | 0.515 | 0.485 |
| 山西 | 1.000 | 1.246 | 1.324 | 0.500 | 0.486 | 0.467 | 0.475 | 0.525 |
| 内蒙古 | 0.969 | 1.516 | 2.772 | 0.508 | 0.437 | 0.295 | 0.353 | 0.647 |
| 辽宁 | 1.009 | 1.215 | 0.953 | 0.498 | 0.492 | 0.549 | 0.530 | 0.470 |
| 吉林 | 1.036 | 1.302 | 1.433 | 0.492 | 0.475 | 0.447 | 0.458 | 0.542 |
| 黑龙江 | 1.039 | 1.333 | 2.958 | 0.491 | 0.469 | 0.282 | 0.348 | 0.652 |
| 上海 | 0.951 | 0.785 | 0.300 | 0.513 | 0.600 | 0.794 | 0.715 | 0.285 |
| 江苏 | 1.011 | 1.114 | 1.272 | 0.498 | 0.514 | 0.477 | 0.486 | 0.514 |
| 浙江 | 1.027 | 0.873 | 0.385 | 0.494 | 0.574 | 0.751 | 0.679 | 0.321 |
| 安徽 | 1.127 | 1.249 | 1.582 | 0.471 | 0.485 | 0.423 | 0.441 | 0.559 |
| 福建 | 0.958 | 0.853 | 0.290 | 0.511 | 0.580 | 0.800 | 0.715 | 0.285 |
| 江西 | 1.000 | 1.101 | 1.280 | 0.500 | 0.517 | 0.475 | 0.487 | 0.513 |
| 山东 | 1.087 | 1.181 | 0.792 | 0.480 | 0.499 | 0.594 | 0.558 | 0.442 |
| 河南 | 1.054 | 1.191 | 1.618 | 0.487 | 0.497 | 0.417 | 0.443 | 0.557 |
| 湖北 | 1.087 | 1.232 | 1.322 | 0.480 | 0.488 | 0.467 | 0.473 | 0.527 |
| 湖南 | 0.973 | 1.049 | 1.153 | 0.507 | 0.529 | 0.501 | 0.507 | 0.493 |
| 广东 | 0.898 | 0.955 | 0.393 | 0.527 | 0.552 | 0.747 | 0.677 | 0.323 |
| 广西 | 0.921 | 1.001 | 0.673 | 0.521 | 0.540 | 0.633 | 0.598 | 0.402 |
| 海南 | 0.789 | 0.883 | 0.373 | 0.559 | 0.571 | 0.756 | 0.691 | 0.309 |
| 重庆 | 0.899 | 0.999 | 1.138 | 0.527 | 0.541 | 0.505 | 0.514 | 0.486 |
| 四川 | 0.963 | 1.098 | 0.866 | 0.510 | 0.517 | 0.572 | 0.552 | 0.448 |
| 贵州 | 0.812 | 0.982 | 1.036 | 0.552 | 0.545 | 0.528 | 0.534 | 0.466 |
| 云南 | 0.917 | 1.239 | 1.071 | 0.522 | 0.487 | 0.520 | 0.513 | 0.487 |
| 西藏 | 0.879 | 1.145 | 0.790 | 0.533 | 0.507 | 0.595 | 0.568 | 0.432 |
| 陕西 | 0.973 | 1.034 | 1.228 | 0.507 | 0.532 | 0.485 | 0.497 | 0.503 |
| 甘肃 | 0.959 | 1.214 | 1.708 | 0.511 | 0.492 | 0.404 | 0.436 | 0.564 |
| 青海 | 0.970 | 1.008 | 0.689 | 0.508 | 0.539 | 0.627 | 0.592 | 0.408 |
| 宁夏 | 0.935 | 1.102 | 0.877 | 0.517 | 0.516 | 0.569 | 0.551 | 0.449 |
| 新疆 | 0.765 | 1.104 | 1.736 | 0.567 | 0.516 | 0.400 | 0.446 | 0.554 |
| 全国平均 | 1.002 | 1.177 | 1.159 | | | | | |

## 6.2.3 基于水资源灌溉效益的政府农业水价分担份额计算

由于各省自然气候、地形地势、农业发展水平和农业种植结构不同，各地灌溉在农业生产中的灌溉效益也不同，基于各省水资源灌溉效益与全国灌溉效益情况，可以推算地方（中央）政府的农业水价分担份额。根据 6.1 节中，分别利用模糊数学模型（$X_1$）、求算数平均数（$X_2$）和 C-D 生产函数（$X_3$）3 种方法，评价各省粮食作物灌溉水经济效益，以此为依据计算各省地方（中央）政府农业水价分担份额（$g_{x1}$、$g_{x2}$、$g_{x3}$）。

对于各省来说当地的灌溉效益越高，相应地地方政府农业水价分担份额（$g_x$）也越高，中央政府分担份额（$G_x$）更低，定义本指标均为正向指标，那么在计算地方政府农业水价分担份额时应采用式（6-21）。

(1) 权重计算：根据 Critic 法计算基于三种方法计算的灌溉效益指标的权重，根据 6.2.4 节中介绍的方法，可得权重，见表 6-16。

表 6-16  基于灌溉效益的政府农业水价分担份额权重

| 指标 | 指标指向 | S | R | C | 指标权重 |
| --- | --- | --- | --- | --- | --- |
| 基于模糊数学的灌溉水价值 | + | 0.101 | 1.644 | 0.166 | 0.375 |
| 单方水粮食产值 | + | 0.102 | 1.373 | 0.140 | 0.317 |
| 灌溉效益分摊系数 | + | 0.068 | 2.006 | 0.136 | 0.308 |

(2) 地方（中央）政府农业水价分担份额计算。根据农业灌溉水价值（$X_1$）、单方水的粮食产值（$X_2$）和灌溉效益分摊系数（$X_3$）计算的各省及全国粮食灌溉效益，可以推算各省地方政府农业水价分担份额（$g_{x1}$、$g_{x2}$、$g_{x3}$），加权计算后为基于水资源灌溉效益的中央（地方）政府农业水价分担份额 $G_x$ 和地方政府分担份额 $g_x$，见表 6-17。

表 6-17  基于各省灌溉效益的中央（地方）政府农业水价分担

| 省份 | $X_1$ | $X_2$ | $X_3$ | $g_{x1}$ | $g_{x2}$ | $g_{x3}$ | $g_x$ | $G_x$ |
| --- | --- | --- | --- | --- | --- | --- | --- | --- |
| 北京 | 0.451 | 8.331 | 0.225 | 0.683 | 0.590 | 0.476 | 0.590 | 0.410 |
| 天津 | 0.358 | 7.121 | 0.225 | 0.631 | 0.552 | 0.476 | 0.558 | 0.442 |
| 河北 | 0.267 | 7.344 | 0.225 | 0.561 | 0.559 | 0.476 | 0.534 | 0.466 |
| 山西 | 0.215 | 8.223 | 0.225 | 0.507 | 0.587 | 0.476 | 0.523 | 0.477 |
| 内蒙古 | 0.181 | 5.429 | 0.225 | 0.464 | 0.484 | 0.476 | 0.474 | 0.526 |
| 辽宁 | 0.285 | 7.203 | 0.252 | 0.577 | 0.555 | 0.504 | 0.547 | 0.453 |
| 吉林 | 0.196 | 7.709 | 0.252 | 0.484 | 0.571 | 0.504 | 0.518 | 0.482 |
| 黑龙江 | 0.209 | 6.128 | 0.252 | 0.500 | 0.514 | 0.504 | 0.506 | 0.494 |
| 上海 | 0.287 | 4.894 | 0.220 | 0.579 | 0.458 | 0.470 | 0.507 | 0.493 |
| 江苏 | 0.180 | 9.956 | 0.220 | 0.463 | 0.633 | 0.470 | 0.519 | 0.481 |

续表

| 省份 | $X_1$ | $X_2$ | $X_3$ | $g_{x1}$ | $g_{x2}$ | $g_{x3}$ | $g_x$ | $G_x$ |
|---|---|---|---|---|---|---|---|---|
| 浙江 | 0.332 | 5.848 | 0.220 | 0.613 | 0.503 | 0.470 | 0.534 | 0.466 |
| 安徽 | 0.251 | 7.389 | 0.220 | 0.545 | 0.561 | 0.470 | 0.527 | 0.473 |
| 福建 | 0.222 | 4.584 | 0.220 | 0.515 | 0.442 | 0.470 | 0.478 | 0.522 |
| 江西 | 0.199 | 4.243 | 0.220 | 0.488 | 0.423 | 0.470 | 0.462 | 0.538 |
| 山东 | 0.254 | 6.700 | 0.220 | 0.548 | 0.537 | 0.470 | 0.521 | 0.479 |
| 河南 | 0.182 | 6.938 | 0.301 | 0.465 | 0.545 | 0.548 | 0.516 | 0.484 |
| 湖北 | 0.183 | 4.322 | 0.301 | 0.467 | 0.428 | 0.548 | 0.480 | 0.520 |
| 湖南 | 0.214 | 4.396 | 0.301 | 0.506 | 0.432 | 0.548 | 0.495 | 0.505 |
| 广东 | 0.214 | 3.563 | 0.115 | 0.506 | 0.381 | 0.317 | 0.408 | 0.592 |
| 广西 | 0.221 | 5.371 | 0.115 | 0.514 | 0.482 | 0.317 | 0.443 | 0.557 |
| 海南 | 0.075 | 1.457 | 0.115 | 0.263 | 0.201 | 0.317 | 0.260 | 0.740 |
| 重庆 | 0.193 | 6.319 | 0.274 | 0.480 | 0.522 | 0.525 | 0.507 | 0.493 |
| 四川 | 0.103 | 10.366 | 0.274 | 0.330 | 0.642 | 0.525 | 0.489 | 0.511 |
| 贵州 | 0.282 | 6.514 | 0.274 | 0.574 | 0.530 | 0.525 | 0.545 | 0.455 |
| 云南 | 0.075 | 6.260 | 0.274 | 0.264 | 0.520 | 0.525 | 0.425 | 0.575 |
| 西藏 | 0.113 | 2.253 | 0.274 | 0.351 | 0.280 | 0.525 | 0.382 | 0.618 |
| 陕西 | 0.237 | 6.292 | 0.329 | 0.532 | 0.521 | 0.570 | 0.540 | 0.460 |
| 甘肃 | 0.123 | 3.385 | 0.329 | 0.370 | 0.369 | 0.570 | 0.432 | 0.568 |
| 青海 | 0.116 | 2.316 | 0.329 | 0.357 | 0.286 | 0.570 | 0.400 | 0.600 |
| 宁夏 | 0.114 | 5.131 | 0.329 | 0.354 | 0.470 | 0.570 | 0.457 | 0.543 |
| 新疆 | 0.148 | 3.290 | 0.329 | 0.414 | 0.363 | 0.570 | 0.446 | 0.554 |
| 全国平均 | 0.209 | 5.783 | 0.248 | | | | | |

## 6.2.4 基于生态价值的政府农业水价分担份额计算

### 6.2.4.1 指标体系构建

基于生态价值的中央（地方）政府部门间的农业水价分担份额计算，要从各地农业节水能力和灌溉的生态服务功能两个角度来看。根据指标的易得性以及指标与被评价要素间的关联性，可以确定生态价值评价指标体系见表6-18。

表6-18 基于生态价值的政府农业水价分担评估指标体系

| 一级指标 | 二级指标 | 编号 |
|---|---|---|
| 节水能力 | 灌溉用水效率 | $E_1$ |
| | 节水灌溉占灌溉面积的比例 | $E_2$ |
| | 耕地实际灌溉面积/耕地有效灌溉面积 | $E_3$ |
| | 人均水资源量 | $E_4$ |

## 6.2 政府内部粮食作物农业水价分担份额研究

续表

| 一级指标 | 二级指标 | 编号 |
|---|---|---|
| 灌溉生态服务功能 | 灌溉面积（耕地、林果草） | $E_5$ |
| | 单位面积灌溉生态补水量 | $E_6$ |
| | 单位面积生态用水需求 | $E_7$ |

#### 6.2.4.2 权重确定

（1）一级指标确权（主观）。农业节水的生态价值和灌溉生态服务价值，从一定程度上来说这两者是相互对立的。在不考虑其他条件的情况下，农业节水能力越强，农业用水效率越高，节约的水资源产生的生态价值也越大，而相应地灌溉对周边生态的补水量降低，灌溉的生态服务功能也会减小。而灌溉用水越多、面积越大，灌溉生态服务就能覆盖范围越大，服务价值也会随之提升，农业节水能力就会相应地降低。

从单方水的生态价值来看，水资源用于灌溉后产生的生态服务价值是经过人工干预的价值，远不如将水资源节约下来，在自然界中直接发挥的生态服务价值更大（封志明，2004）。节约1单位水资源产生的生态价值，应该明显高于1单位灌溉用水产生的生态服务价值。一级指标赋权选择主观赋权法，根据6.3.1中层次分析法两两对比的判断矩阵标度标准，认为节水生态价值：灌溉生态服务价值＝3：1。因此，确定节水生态效益的权重为0.75、灌溉生态服务价值为0.25。

（2）二级指标确权（客观Critic法）。用以评价节水能力和灌溉生态服务价值的二级指标的权重选择利用客观赋权法Critic法，该方法的原理和计算过程，见6.1.4节。确定指标权重见表6-19。

表6-19　　　　　　　　　生态价值评价指标权重

| 一级指标 | 权重 | 二级指标 | $S$ | $R$ | $CI$ | 权重 |
|---|---|---|---|---|---|---|
| 节水能力 ($E_j$) | 0.75 | 灌溉用水效率（耕地灌溉有效利用系数） | 0.032 | 3.682 | 0.119 | 0.062 |
| | | 节水灌溉占灌溉面积的比例 | 0.132 | 3.140 | 0.416 | 0.219 |
| | | 耕地实际灌溉面积/耕地有效灌溉面积 | 0.110 | 3.432 | 0.377 | 0.198 |
| | | 人均水资源量（水资源稀缺程度） | 0.244 | 4.043 | 0.988 | 0.520 |
| 灌溉生态服务功能 ($E_f$) | 0.25 | 灌溉覆盖度（单位面积上灌溉服务面积） | 0.143 | 1.868 | 0.267 | 0.204 |
| | | 灌溉生态补水能力（单位面积灌溉生态补水量） | 0.196 | 1.642 | 0.321 | 0.246 |
| | | 生态用水需求程度（单位面积生态用水量） | 0.236 | 3.038 | 0.718 | 0.550 |

#### 6.2.4.3 指标解释

（1）基于农业节水的生态价值。

1）$E_1$灌溉用水效率。通过农田灌溉水有效利用系数来表现，该系数由各省水利部门测算，是某次或某一时间内农作物利用的净灌溉水量与水源渠首处总灌溉和引水量的比值。农田灌溉水有效利用系数越高，说明当地灌溉用水效率越高，节水

## 第6章 基于定量方法的农业水价分担份额研究

能力越强,节水产生的生态价值也越高。与全国相比,省域农田灌溉水有效利用系数越高,节水生态价值越高,中央政府水价分担份额越高。

2)$E_2$ 节水灌溉占灌溉面积的比例。节水灌溉工程建设,是当前推动节水农业实现的重要途径,低压管道输水灌溉节水率一般在30%,喷灌节水率能达到40%,膜上灌则可节水25%~35%。节水灌溉工程项目建设,能够实现更加精细的灌溉管理,对促进田间灌溉用水效率效果显著,节水灌溉面积占灌溉面积的比例越高,当地灌溉的节水生态价值也越高。

3)$E_3$ 耕地实灌面积占农作物播种面积的比例。这一指标能够反映各地区在保障农产品供给基础上的农业节水生态价值,比例越低,价值越高。耕地实际灌溉面积,指利用灌溉工程和设施,在耕地灌溉面积中当年实际已进行正常灌溉的耕地面积。由于各地灌溉能力、种植结构、水资源禀赋等多重因素影响,各地耕地实际灌溉占农作物播种面积的比例存在显著差别。灌溉对农业作物增产有着明显的促进作用,而保证一定规模的农作物播种面积的同时,限制耕地实际灌溉面积,对农业节水做出了巨大贡献。从省域尺度来看,耕地实灌面积占农作物播种面积的比例越小,证明当地农业节水程度越高,农业节水生态价值越高。与全国水平相比,这一比例越低,说明当地在保障农产品供给的同时为农业做出的贡献越大,相应地中央政府农业水价分担份额也越大、地方政府则越小。

4)$E_4$ 水资源稀缺程度。各地水资源稀缺程度通过人均水资源量来表现。对省域来说,水资源稀缺性越强,农业节水对当地的生态价值越高。与全国平均水平相比,某地人均水资源量越低,农业节水对当地的生态价值越高,那么在与中央政府进行农业水价分担时,地方政府也应该承担更大的份额。

(2)灌溉生态服务价值。灌溉的生态服务价值主要从三个角度探讨,即供给服务、调节服务、文化服务和支持服务,具体的供给服务包括供给原材料、水产品、航运和水力发电;调节服务包括气体调节、环境质量调节(水质净化、空气净化)、水资源调节(调洪滞涝、涵养水源)和气候调节等;文化服务是指灌溉工程管理改善生态环境,供人类休闲娱乐;支持服务则是为生物提供栖息地,维持生物多样性(邱立波,2020)。

对于灌溉生态价值的研究,仍处于探索阶段,尚未形成成熟的研究成果,而且省域内自然、社会经济条件的不同,也使得灌溉生态服务价值的计算更难实现。各省灌溉生态服务价值与灌溉面积、灌溉生态补水能力和区域对生态用水需求程度决定,同时通过除以"省域面积"剔除了省域面积大小对指标的影响。因此本书通过省域灌溉覆盖率、单位面积生态补水和生态需水量这3个指标对各省灌溉生态服务功能进行评价。

1)$E_5$ 灌溉覆盖度。灌溉覆盖度是指单位省域面积上匹配的灌溉面积,覆盖度越大,该省灌溉的生态服务价值越大。诸多研究显示农业灌溉有显著的生态服务功能,由于各省域内灌溉类型、种植结构、气候条件复杂,因此省域尺度的灌溉生态

## 6.2 政府内部粮食作物农业水价分担份额研究

服务价值较难估量。与灌溉水量相比,省域内灌溉的空气净化、气候调节、文化服务、调洪滞洪等服务功能,受灌溉面积的影响更显著。因此从省域和全国的角度来看,可以利用省域灌溉覆盖度率(灌溉面积与省域面积的比)来评价各地灌溉生态服务功能的大小。不考虑其他条件时,省域面积内灌溉面积越大,灌溉对该省的生态服务功能越强。与全国灌溉服务相比,省域灌溉覆盖率越高,该省灌溉对全国的生态服务贡献相对更大,相应地地方政府在农业水价分担份额上也越小。

省域灌溉覆盖率 $E_5$ 计算方式为

$$E_5 = \frac{S_{耕} + S_{其他}}{S} \tag{6-24}$$

式中:$S_{耕}$ 为耕地实际灌溉面积;$S_{其他}$ 为耕地外的林草果灌溉面积;$S$ 为省域面积。

2)$E_6$ 单位面积灌溉生态补水量。灌溉生态补水量,即灌溉水损失量。通过农业用水总量*灌溉水渠系损失率/省域面积计算。灌溉过程中由于渠系渗漏、破损或过量灌溉,都会造成灌溉用水的损失,损失的水都流入周边生态系统,灌溉水损失发挥了生态补水的功能。以甘肃民勤县为例,当地气候干旱、少有植物存活,但是灌溉旁边植被与其他区域差异明显。灌溉的生态服务功能中,供给服务(周边植物、动物、发电等)以及净化水体等功能则受水量的影响。省域内单位面积灌溉生态补水量越多,生态服务功能也越大。

3)$E_7$ 生态需水程度。该指标通过单位省域面积生态补水量来表现,由生态用水量/省域面积算得。单位省域面积生态用水量越高,说明当地生态需水程度更高,相应地当地灌溉的生态服务价值也越高。与全国平均水平相比,省域生态需水程度越高,该省地方政府对农业水价的分担份额也越高。

#### 6.2.4.4 基于生态价值的政府部门的粮食作物农业水价分担评估

根据上述对各指标的解释,以及式(6-21)和式(6-22)计算各指标下不同地区地方政府的农业水价分担份额。表中 $g_{E1} \sim g_{E7}$ 表示不同指标下,地方政府的农业水价分担份额。加权计算后得到基于生态价值的地方政府农业水价分担额 $g_E$,并推断中央政府分担份额 $G_E$,见表6-20。

表6-20 基于生态价值评价的政府粮食作物农业水价分担份额

| 省份 | $g_{E1}$ | $g_{E2}$ | $g_{E3}$ | $g_{E4}$ | $g_{Ej}$ | $g_{E5}$ | $g_{E6}$ | $g_{E7}$ | $g_{Ef}$ | $g_E$ | $G_E$ |
|---|---|---|---|---|---|---|---|---|---|---|---|
| 北京 | 0.427 | 0.327 | 0.726 | 0.923 | 0.722 | 0.049 | 0.107 | 0.975 | 0.572 | 0.685 | 0.315 |
| 天津 | 0.439 | 0.394 | 0.645 | 0.946 | 0.733 | 0.022 | 0.029 | 0.960 | 0.539 | 0.685 | 0.315 |
| 河北 | 0.452 | 0.395 | 0.584 | 0.901 | 0.698 | 0.025 | 0.035 | 0.787 | 0.447 | 0.636 | 0.364 |
| 山西 | 0.505 | 0.444 | 0.541 | 0.857 | 0.682 | 0.059 | 0.058 | 0.518 | 0.311 | 0.589 | 0.411 |
| 内蒙古 | 0.505 | 0.387 | 0.457 | 0.520 | 0.477 | 0.168 | 0.125 | 0.499 | 0.339 | 0.442 | 0.558 |
| 辽宁 | 0.484 | 0.469 | 0.481 | 0.785 | 0.636 | 0.051 | 0.033 | 0.652 | 0.377 | 0.571 | 0.429 |
| 吉林 | 0.485 | 0.538 | 0.400 | 0.526 | 0.501 | 0.060 | 0.040 | 0.529 | 0.313 | 0.454 | 0.546 |
| 黑龙江 | 0.477 | 0.581 | 0.486 | 0.424 | 0.474 | 0.048 | 0.030 | 0.267 | 0.164 | 0.396 | 0.604 |

续表

| 省份 | $g_{E1}$ | $g_{E2}$ | $g_{E3}$ | $g_{E4}$ | $g_{Ej}$ | $g_{E5}$ | $g_{E6}$ | $g_{E7}$ | $g_{Ef}$ | $g_E$ | $G_E$ |
|---|---|---|---|---|---|---|---|---|---|---|---|
| 上海 | 0.429 | 0.406 | 0.657 | 0.925 | 0.727 | 0.019 | 0.011 | 0.859 | 0.479 | 0.665 | 0.335 |
| 江苏 | 0.475 | 0.439 | 0.587 | 0.807 | 0.662 | 0.015 | 0.007 | 0.539 | 0.301 | 0.572 | 0.428 |
| 浙江 | 0.481 | 0.404 | 0.655 | 0.565 | 0.542 | 0.041 | 0.025 | 0.721 | 0.411 | 0.509 | 0.491 |
| 安徽 | 0.507 | 0.686 | 0.540 | 0.597 | 0.599 | 0.019 | 0.015 | 0.697 | 0.391 | 0.547 | 0.453 |
| 福建 | 0.503 | 0.461 | 0.616 | 0.499 | 0.513 | 0.060 | 0.023 | 0.594 | 0.345 | 0.471 | 0.529 |
| 江西 | 0.521 | 0.633 | 0.469 | 0.443 | 0.494 | 0.049 | 0.016 | 0.408 | 0.238 | 0.430 | 0.570 |
| 山东 | 0.464 | 0.456 | 0.551 | 0.852 | 0.681 | 0.017 | 0.024 | 0.768 | 0.432 | 0.619 | 0.381 |
| 河南 | 0.476 | 0.568 | 0.466 | 0.848 | 0.687 | 0.020 | 0.027 | 0.871 | 0.490 | 0.638 | 0.362 |
| 湖北 | 0.518 | 0.756 | 0.469 | 0.576 | 0.590 | 0.037 | 0.019 | 0.251 | 0.150 | 0.480 | 0.520 |
| 湖南 | 0.513 | 0.786 | 0.460 | 0.503 | 0.556 | 0.041 | 0.017 | 0.449 | 0.259 | 0.482 | 0.518 |
| 广东 | 0.525 | 0.706 | 0.519 | 0.539 | 0.570 | 0.053 | 0.013 | 0.586 | 0.336 | 0.512 | 0.488 |
| 广西 | 0.529 | 0.432 | 0.409 | 0.346 | 0.388 | 0.079 | 0.018 | 0.378 | 0.228 | 0.348 | 0.652 |
| 海南 | 0.494 | 0.641 | 0.463 | 0.305 | 0.421 | 0.062 | 0.019 | 0.549 | 0.319 | 0.396 | 0.604 |
| 重庆 | 0.528 | 0.575 | 0.264 | 0.537 | 0.490 | 0.071 | 0.047 | 0.411 | 0.252 | 0.431 | 0.569 |
| 四川 | 0.539 | 0.467 | 0.415 | 0.357 | 0.404 | 0.090 | 0.043 | 0.358 | 0.226 | 0.359 | 0.641 |
| 贵州 | 0.540 | 0.618 | 0.327 | 0.420 | 0.452 | 0.091 | 0.040 | 0.197 | 0.137 | 0.373 | 0.627 |
| 云南 | 0.538 | 0.509 | 0.394 | 0.301 | 0.379 | 0.110 | 0.050 | 0.328 | 0.215 | 0.338 | 0.662 |
| 西藏 | 0.558 | 0.877 | 0.724 | 0.014 | 0.377 | 0.631 | 0.386 | 0.012 | 0.230 | 0.340 | 0.660 |
| 陕西 | 0.492 | 0.418 | 0.420 | 0.671 | 0.554 | 0.086 | 0.061 | 0.528 | 0.323 | 0.497 | 0.503 |
| 甘肃 | 0.497 | 0.413 | 0.467 | 0.609 | 0.531 | 0.160 | 0.082 | 0.331 | 0.235 | 0.457 | 0.543 |
| 青海 | 0.526 | 0.526 | 0.492 | 0.110 | 0.302 | 0.614 | 0.366 | 0.079 | 0.259 | 0.291 | 0.709 |
| 宁夏 | 0.509 | 0.439 | 0.535 | 0.902 | 0.703 | 0.065 | 0.019 | 0.652 | 0.377 | 0.621 | 0.379 |
| 新疆 | 0.500 | 0.433 | 0.688 | 0.362 | 0.450 | 0.144 | 0.055 | 0.468 | 0.300 | 0.413 | 0.587 |

**注** 表中 $G$ 代表中央政府农业水价分担份额，$g$ 表示地方政府农业水价分担份额。

## 6.2.5 地方及中央政府粮食作物农业水价分担份额计算

根据 6.2.1 节至 6.2.3 节中所得，基于粮食安全、灌溉效益和生态价值 3 个角度的中央和地方政府农业水价分担份额，加权计算可得政府部门内部的农业水价分担规模，地方政府（$g$）、中央政府（$G$），见表 6-21。

表 6-21　中央及地方政府粮食作物农业水价分担份额综合评估结果

| 排序 | 省份 | $g_L$ | $g_X$ | $g_E$ | $g$ | $G$ |
|---|---|---|---|---|---|---|
| 1 | 北京 | 0.853 | 0.59 | 0.726 | 0.759 | 0.241 |
| 2 | 上海 | 0.715 | 0.507 | 0.657 | 0.654 | 0.346 |
| 3 | 浙江 | 0.679 | 0.534 | 0.655 | 0.641 | 0.359 |

## 6.2 政府内部粮食作物农业水价分担份额研究

续表

| 排序 | 省份 | $g_L$ | $g_X$ | $g_E$ | $g$ | $G$ |
|---|---|---|---|---|---|---|
| 4 | 福建 | 0.715 | 0.478 | 0.616 | 0.635 | 0.365 |
| 5 | 天津 | 0.589 | 0.558 | 0.645 | 0.6 | 0.4 |
| 6 | 西藏 | 0.568 | 0.382 | 0.724 | 0.579 | 0.421 |
| 7 | 广东 | 0.677 | 0.408 | 0.519 | 0.572 | 0.428 |
| 8 | 山东 | 0.558 | 0.521 | 0.551 | 0.548 | 0.452 |
| 9 | 河北 | 0.515 | 0.534 | 0.584 | 0.541 | 0.459 |
| 10 | 海南 | 0.691 | 0.26 | 0.463 | 0.53 | 0.47 |
| 11 | 宁夏 | 0.551 | 0.457 | 0.535 | 0.527 | 0.473 |
| 12 | 江苏 | 0.486 | 0.519 | 0.587 | 0.525 | 0.475 |
| 13 | 新疆 | 0.446 | 0.446 | 0.688 | 0.522 | 0.478 |
| 14 | 青海 | 0.592 | 0.4 | 0.492 | 0.521 | 0.479 |
| 15 | 辽宁 | 0.53 | 0.547 | 0.481 | 0.518 | 0.482 |
| 16 | 山西 | 0.475 | 0.523 | 0.541 | 0.506 | 0.494 |
| 17 | 广西 | 0.598 | 0.443 | 0.409 | 0.506 | 0.494 |
| 18 | 四川 | 0.552 | 0.489 | 0.415 | 0.496 | 0.504 |
| 19 | 安徽 | 0.441 | 0.527 | 0.54 | 0.49 | 0.51 |
| 20 | 湖南 | 0.507 | 0.495 | 0.46 | 0.49 | 0.51 |
| 21 | 陕西 | 0.497 | 0.54 | 0.42 | 0.482 | 0.518 |
| 22 | 江西 | 0.487 | 0.462 | 0.469 | 0.476 | 0.524 |
| 23 | 湖北 | 0.473 | 0.48 | 0.469 | 0.473 | 0.527 |
| 24 | 贵州 | 0.534 | 0.545 | 0.327 | 0.471 | 0.529 |
| 25 | 河南 | 0.443 | 0.516 | 0.466 | 0.465 | 0.535 |
| 26 | 云南 | 0.513 | 0.425 | 0.394 | 0.457 | 0.543 |
| 27 | 吉林 | 0.458 | 0.518 | 0.4 | 0.452 | 0.548 |
| 28 | 甘肃 | 0.436 | 0.432 | 0.467 | 0.445 | 0.555 |
| 29 | 重庆 | 0.514 | 0.507 | 0.264 | 0.434 | 0.566 |
| 30 | 黑龙江 | 0.348 | 0.506 | 0.486 | 0.424 | 0.576 |
| 31 | 内蒙古 | 0.353 | 0.474 | 0.457 | 0.411 | 0.589 |

表 6-21 中，$g_L$ 表示基于粮食安全评价，地方政府应该承担的农业水价份额，该值越大表示当地为保护国家粮食安全做出的贡献越大；$g_X$ 表示基于灌溉效益，地方政府应该承担的农业水价份额，与全国平均灌溉效益相比，当地的灌溉效益越高，则当地政府承担的水价份额也越高，而当地灌溉效益低于全国平均水平时，中央政府则适度的增加水价分担份额，以鼓励当地农业生产；$g_E$ 表示基于生态效益评价的地方政府农业水价分担份额，综合考虑当地节水效益和灌溉生态服务功能后进行判定，节水效果越好、生态服务功能越大，当地农业灌溉对保障生态安全做出

的贡献越大,中央政府也应该成但更高的农业水价份额。

表 6-21 中,与中央政府分担份额相比,17 省份地方政府分担份额更高,其中北京地方政府分担份额最高,达到 0.759,其后 4 省份分别为上海、浙江、福建、天津,均属于经济发达地区,农业发展水平较高,灌溉效益较好,粮食生产能力较差,生态效益偏低,因此地方政府应承担更高份额的农业水价,同时这些地区地方政府经济实力较强,也有足够的水价分担能力。

共 14 省份中央政府分担份额高于地方政府,其中中央政府分担份额最大的是内蒙古,达到 0.589,其后分别为黑龙江、重庆、甘肃和吉林。5 省份中除重庆外均为维护国家粮食安全作出了重要贡献,从粮食安全的角度来看中央政府要分担更高的份额;从灌溉效益来看,重庆、黑龙江和吉林的灌溉效益高于全国平均水平,甘肃和内蒙古尽管水资源稀缺性较强,但可能受社会经济发展影响,灌溉效益偏低,需要中央政府进行分担;从生态效益来看,各地生态效益均较好,除重庆外均位于北方地区,农业节水情况整体优于南方地区,且因为气候干燥,灌溉对服务周边生态系统的能力也较强,而重庆灌溉工程水平高,当地灌溉用水效率较高。从相关利益的角度出发,中央政府理应承担较高的农业水价;5 省份中 3 省份为粮食主产区,中央政府承担更高份额也在情理之中;从经济发展水平来说,除重庆外其他省份均缺乏强劲发展动能,分担能力较差。

13 个粮食主产区中,包括内蒙古、黑龙江、吉林、河南、湖北、江西、湖南、安徽、四川在内的 9 省份中央政府农业水价分担份额均高于地方。仅山东、河北、辽宁和江苏 4 省份地方政府分担份额高于中央,这与当地灌溉效益较高和粮食、生态贡献能力不足有关。从灌溉效益来看,4 省份水资源稀缺性较强、经济社会发展水平较高,整体来看水资源利用效率和水资源价值普遍偏高,农业灌溉效益和水资源价值高于全国平均水平。从粮食供给情况来看,河北、辽宁和山东尽管作为粮食产区粮食生产能力强,但粮食需求也很大,粮食自给能力不足。从生态贡献来看,水资源稀缺性较高,当地对农业节水和灌溉的生态服需求较高,对全国的生态贡献不足。综合各方因素后,4 省份地方政府农业水价分担份额高于中央,不过整体来看当地经济发展水平普遍偏高,地方政府承载能力整体高于其他粮食主产区。

## 6.3 基于定量方法的粮食作物农业水价分担研究

### 6.3.1 基于定量评价的农业水价分担份额

6.1 节中根据灌溉效益确定了农户的农业水价分担份额,而剩余部分农业水价则应由政府部门承担(1-农户份额)。6.2 节中基于粮食安全、灌溉效益和生态价值确定了政府部门内部(各省地方政府与中央政府)的农业水价分担份额。结合

## 6.3 基于定量方法的粮食作物农业水价分担研究

6.1节和6.2节中的计算结果,可以确定,中央政府、地方政府和农户3个农业水价主要利益相关群体间粮食作物农业水价的合理分担份额,详见表6-22。

表 6-22　　　　基于定量方法确定的3方粮食作物农业水价分担份额

| 排序 | 中央政府（G） | | 地方政府（g） | | 农户（N） | |
|---|---|---|---|---|---|---|
| | 省份 | 分担份额 | 省份 | 分担份额 | 省份 | 分担份额 |
| 1 | 海南 | 0.364 | 北京 | 0.576 | 贵州 | 0.580 |
| 2 | 甘肃 | 0.339 | 浙江 | 0.461 | 四川 | 0.570 |
| 3 | 河南 | 0.331 | 福建 | 0.439 | 云南 | 0.557 |
| 4 | 山东 | 0.329 | 海南 | 0.411 | 湖南 | 0.531 |
| 5 | 湖北 | 0.309 | 上海 | 0.401 | 青海 | 0.526 |
| 6 | 内蒙古 | 0.300 | 天津 | 0.400 | 吉林 | 0.516 |
| 7 | 广东 | 0.298 | 山东 | 0.399 | 新疆 | 0.514 |
| 8 | 重庆 | 0.283 | 广东 | 0.397 | 黑龙江 | 0.509 |
| 9 | 黑龙江 | 0.283 | 西藏 | 0.354 | 安徽 | 0.508 |
| 10 | 河北 | 0.280 | 河北 | 0.329 | 广西 | 0.502 |
| 11 | 陕西 | 0.273 | 宁夏 | 0.293 | 江苏 | 0.500 |
| 12 | 天津 | 0.266 | 河南 | 0.289 | 重庆 | 0.500 |
| 13 | 吉林 | 0.265 | 湖北 | 0.278 | 辽宁 | 0.498 |
| 14 | 江西 | 0.264 | 甘肃 | 0.272 | 山西 | 0.496 |
| 15 | 宁夏 | 0.263 | 江苏 | 0.262 | 江西 | 0.496 |
| 16 | 西藏 | 0.258 | 辽宁 | 0.260 | 内蒙古 | 0.491 |
| 17 | 浙江 | 0.258 | 山西 | 0.255 | 陕西 | 0.473 |
| 18 | 福建 | 0.252 | 陕西 | 0.254 | 宁夏 | 0.444 |
| 19 | 安徽 | 0.251 | 新疆 | 0.254 | 湖北 | 0.413 |
| 20 | 山西 | 0.249 | 广西 | 0.252 | 河北 | 0.391 |
| 21 | 广西 | 0.246 | 青海 | 0.247 | 甘肃 | 0.389 |
| 22 | 辽宁 | 0.242 | 安徽 | 0.241 | 西藏 | 0.388 |
| 23 | 云南 | 0.240 | 江西 | 0.240 | 上海 | 0.387 |
| 24 | 湖南 | 0.239 | 湖南 | 0.230 | 河南 | 0.380 |
| 25 | 江苏 | 0.238 | 吉林 | 0.219 | 天津 | 0.334 |
| 26 | 新疆 | 0.232 | 重庆 | 0.217 | 福建 | 0.309 |
| 27 | 青海 | 0.227 | 四川 | 0.213 | 广东 | 0.305 |
| 28 | 贵州 | 0.222 | 内蒙古 | 0.209 | 浙江 | 0.281 |
| 29 | 四川 | 0.217 | 黑龙江 | 0.208 | 山东 | 0.272 |
| 30 | 上海 | 0.212 | 云南 | 0.203 | 北京 | 0.241 |
| 31 | 北京 | 0.183 | 贵州 | 0.198 | 海南 | 0.225 |

表6-22中,基于定量分析的3个农业水价主要利益相关者对粮食作物农业水价的分担份额,结果显示:

中央政府分担份额（G）最大的省份为海南省,达到0.364,其次为甘肃、河南、山东和湖北。其中3省份为粮食主产区,甘肃经济相对落后,由中央政府承担更高的农业水价在情理之中,而海南则是因为当地水资源丰富,灌溉效益偏低,农户农业水价分担份额较低有关。分担份额最小的是北京,仅为0.183,其次为上海、四川、贵州、青海。其中,北京、上海两地经济发达,中央政府分担份额偏低较为合理;至于四川、贵州和青海,则受农户水价分担份额较高影响。三地经济发展水平偏低,当地灌溉效益与全省水资源产出效益间的差距较小,且对灌溉的依赖程度较高,导致了农户水价分担份额较高。

地方政府分担份额（g）最大的省份为北京,达到0.576,其次为浙江、福建、海南和上海;分担份额最小的是贵州,仅为0.198,其后则为云南、黑龙江、内蒙古和四川。

农户分担份额（N）最大的省份是贵州,达到0.58,其次为四川、云南、湖南和青海;最小的是海南省为0.225,其次为北京、山东、浙江和广东。

整体来看,定量评估下农户农业水价分担份额偏高,12省份农户农业水价分担比例超过50%,25省份农户农业水价分担份额超过1/3,粮食主产区和经济欠发达地区,农业与社会、粮食与农业生产中,用水效益之前的差距不足导致了当地农户农业水价分担份额偏高。

## 6.3.2 基于运行维护成本各方分担的农业水价

根据本书对农业水价的定义,认为当前阶段探索的农业水价分担问题,是对农田水利工程运行维护成本的分担,根据上文基于定量评价方式确定的农业水分担份额,可以确定中央、地方政府和农户应承担的农业水价,见表6-23。

表6-23　　　　基于定量评估结果确定各方要承担的农业水价　　　　单位:元/m³

| 省份 | 中央政府 | | | | 地方政府 | | | | 农户 | | | | 排名 |
| --- | --- | --- | --- | --- | --- | --- | --- | --- | --- | --- | --- | --- | --- |
| | 大 | 小 | 井 | 平均 | 大 | 小 | 井 | 平均 | 大 | 小 | 井 | 平均 | |
| 甘肃 | 0.003 | | 0.017 | 0.010 | 0.003 | | 0.014 | 0.008 | 0.004 | | 0.019 | 0.012 | 1 |
| 海南 | 0.022 | 0.047 | | 0.034 | 0.025 | 0.053 | | 0.039 | 0.014 | 0.029 | | 0.021 | 2 |
| 福建 | 0.029 | 0.011 | 0.028 | 0.023 | 0.050 | 0.020 | 0.048 | 0.039 | 0.035 | 0.014 | 0.034 | 0.028 | 3 |
| 西藏 | | | | 0.022 | | | | 0.016 | | | | 0.039 | 4 |
| 青海 | 0.023 | 0.011 | | 0.017 | 0.025 | 0.012 | | 0.018 | 0.052 | 0.025 | | 0.039 | 5 |
| 江西 | 0.055 | 0.009 | 0.011 | 0.025 | 0.050 | 0.008 | 0.010 | 0.023 | 0.103 | 0.017 | 0.020 | 0.047 | 6 |
| 黑龙江 | 0.037 | 0.023 | | 0.030 | 0.027 | 0.017 | | 0.022 | 0.066 | 0.041 | | 0.053 | 7 |
| 江苏 | 0.030 | 0.021 | | 0.026 | 0.033 | 0.024 | | 0.028 | 0.063 | 0.045 | | 0.054 | 8 |

## 6.3 基于定量方法的粮食作物农业水价分担研究

续表

| 省份 | 中央政府 | | | | 地方政府 | | | | 农 户 | | | | 排名 |
| --- | --- | --- | --- | --- | --- | --- | --- | --- | --- | --- | --- | --- | --- |
| | 大 | 小 | 井 | 平均 | 大 | 小 | 井 | 平均 | 大 | 小 | 井 | 平均 | |
| 浙江 | 0.103 | 0.017 | | 0.060 | 0.184 | 0.030 | | 0.107 | 0.112 | 0.018 | | 0.065 | 9 |
| 上海 | 0.042 | 0.036 | | 0.039 | 0.080 | 0.068 | | 0.074 | 0.077 | 0.066 | | 0.072 | 10 |
| 宁夏 | 0.079 | 0.012 | 0.050 | 0.047 | 0.088 | 0.014 | 0.056 | 0.052 | 0.133 | 0.021 | 0.084 | 0.079 | 11 |
| 湖北 | 0.075 | 0.046 | | 0.060 | 0.067 | 0.042 | | 0.054 | 0.100 | 0.062 | | 0.081 | 12 |
| 湖南 | 0.058 | 0.019 | | 0.038 | 0.055 | 0.018 | | 0.037 | 0.128 | 0.042 | | 0.085 | 13 |
| 吉林 | 0.045 | 0.040 | 0.053 | 0.046 | 0.037 | 0.033 | 0.044 | 0.038 | 0.088 | 0.077 | 0.103 | 0.089 | 14 |
| 广东 | 0.066 | 0.045 | 0.153 | 0.088 | 0.088 | 0.059 | 0.205 | 0.117 | 0.068 | 0.046 | 0.157 | 0.090 | 15 |
| 河南 | 0.089 | 0.066 | 0.086 | 0.081 | 0.078 | 0.058 | 0.075 | 0.070 | 0.103 | 0.076 | 0.099 | 0.092 | 16 |
| 安徽 | 0.063 | 0.038 | 0.041 | 0.048 | 0.061 | 0.036 | 0.040 | 0.046 | 0.129 | 0.076 | 0.084 | 0.096 | 17 |
| 陕西 | 0.060 | 0.052 | 0.060 | 0.057 | 0.056 | 0.048 | 0.056 | 0.053 | 0.104 | 0.090 | 0.104 | 0.099 | 18 |
| 山东 | 0.142 | 0.104 | 0.122 | 0.123 | 0.172 | 0.126 | 0.148 | 0.149 | 0.117 | 0.086 | 0.101 | 0.101 | 19 |
| 新疆 | 0.035 | | 0.058 | 0.046 | 0.038 | | 0.063 | 0.051 | 0.077 | | 0.129 | 0.103 | 20 |
| 天津 | 0.122 | 0.053 | 0.085 | 0.087 | 0.184 | 0.080 | 0.128 | 0.131 | 0.154 | 0.067 | 0.107 | 0.109 | 21 |
| 内蒙古 | 0.064 | | 0.078 | 0.071 | 0.044 | | 0.055 | 0.049 | 0.104 | | 0.128 | 0.116 | 22 |
| 北京 | | | 0.092 | 0.092 | | | 0.288 | 0.288 | | | 0.121 | 0.121 | 23 |
| 四川 | 0.061 | 0.035 | | 0.048 | 0.060 | 0.034 | | 0.047 | 0.160 | 0.091 | | 0.125 | 24 |
| 重庆 | 0.085 | 0.084 | | 0.084 | 0.065 | 0.064 | | 0.065 | 0.150 | 0.148 | | 0.149 | 25 |
| 辽宁 | 0.032 | 0.030 | 0.156 | 0.072 | 0.034 | 0.032 | 0.167 | 0.078 | 0.065 | 0.062 | 0.321 | 0.149 | 26 |
| 河北 | 0.126 | | 0.182 | 0.154 | 0.148 | | 0.214 | 0.181 | 0.176 | | 0.254 | 0.215 | 27 |
| 云南 | 0.132 | 0.159 | 0.012 | 0.101 | 0.112 | 0.134 | 0.010 | 0.085 | 0.307 | 0.369 | 0.027 | 0.234 | 28 |
| 广西 | 0.118 | 0.074 | 0.246 | 0.146 | 0.121 | 0.076 | 0.252 | 0.149 | 0.240 | 0.151 | 0.502 | 0.298 | 29 |
| 山西 | 0.132 | | 0.174 | 0.153 | 0.135 | | 0.178 | 0.157 | 0.263 | | 0.347 | 0.305 | 30 |
| 贵州 | 0.108 | 0.135 | | 0.121 | 0.096 | 0.120 | | 0.108 | 0.281 | 0.351 | | 0.316 | 31 |

表 6-23 中，各地农业供水成本的差异对各方承担的农业水价产生重要影响，西南地区及华北地区各方承担的农业水价普遍偏高。31 省份农户承担的农业水价为 0.012~0.316 元/m³，甘肃、海南、福建、西藏和青海 5 地农户水价最低，除甘肃外各地水资源稀缺性不足，农业供水成本较低。贵州、山西、广西、云南和河北 5 地农户承担的农业水价最高，各地存在资源性或工程性缺水，对灌溉的依赖程度较高，且都需要进行高扬程提水，灌溉供水成本较高。中央政府承担的农业水价在 0.01~0.154 元/m³，最低的是甘肃、青海、西藏、福建和江西 5 地，与各地供水成本偏低有关系显著；最高的是河北、山西、广西、山东和云南 5 地，与当地供水成本偏高关系显著。地方政府承担的农业水价在 0.008~0.288 元/m³，与其他两方

相似,地方政府承担水价与供水成本之间的关系显著。

## 6.3.3 计算结果的合理性及局限性分析

### 6.3.3.1 结果的合理性

(1) 基于定量评估的农业水价合理分担研究,建立了综合的评价体系,依赖的数据都是各地的统计数据,具有客观性和综合性。在进行农户的农业水价分担份额计算时,综合考虑了地方社会经济与农业灌溉效益间的差异、粮食生产与农业生产效益的差异、还考虑了当地农业对灌溉的依赖情况。

(2) 计算结果符合农户心理。农户的心理的变化更容易受自己所处的社会经济形势影响,粮食生产灌溉效益与其他农业生产以及其他社会生产部门用水效益之间的差别更能影响农户的粮食生产行为,而不同省份间的差距对农户的影响不明显。粮食主产区和欠发达地区农业水价分担的心理承载力更强,当农业与其他产业效益差距越明显,农户的种植意愿越低。而发达地区由于粮食生产与其他产业间效益差距较大,农户对农业水价的心理承载力相对偏低。

(3) 农户最终承担的农业水价符合当地水资源和灌溉形势。与分担份额相比,农户最终承担的农业水价更有参考意义,而农户承担的最终农业水价与当地水资源禀赋和供水成本有明显关联。农户农业水价在区域间的差异,符合当地水资源禀赋和灌溉需求。水资源稀缺性越强、农业生产对灌溉依赖越大、灌溉对工程要求越高的地区农民最终承担的农业水价越高,井灌区、提灌区农户农业水价普遍偏高。粮食主产区中,农户农业水价最高的是河北省、其次为辽宁和内蒙古,存在严重的水资源短缺,相对偏高的农户农业水价有利于当地水资源的优化配置。

(4) 中央政府与地方政府农业水价分担份额的差异。中央与地方政府之间的分担份额的分配,考虑了当地对粮食安全、生态安全的贡献,以及当地农业的灌溉效益,评价结果符合预期。整体来看,除江苏和山东外粮食主产区中央农业水价均高于地方政府农业水价。

### 6.3.3.2 定量评估结果的局限性

(1) 从经济承载力和社会公平性的角度来看,定量分析的结果存在一定的局限性,第一,粮食主产区和欠发达地区,农业生产效益偏低,农民对水价的经济承载能力偏低;第二,过高的农业水价会威胁国家粮食安全。

(2) 定量评估结果中,农户农业水价分担份额普遍高于中央和地方政府,这与第五章中专家对中央、地方和农户的利益评价结果存在一定差距。

### 6.3.3.3 "定量+定性"结合的综合评价方法

所以在分析了基于定量评估的3方农业水价分担份额后,既能发现定量评估结果的合理性,也能够发现定量分析的局限性。李钰等(2014)对于定量和定性方法优劣性进行了分析,认为定量方法依赖客观数据,具有客观性,不以人类意志转移,但定量方法缺乏能动性,完全依赖数据,受数据质量影响显著,与现实情况存在一定差距。定性方法，易受研究者主观倾向的影响，但研究结果更符合现实需求。定性和定量评估方法各有优劣，因此利用定量和定性结合的研究方法，更能满足研究需求，也是当前科学研究的发展趋势。

## 6.4 小结

（1）根据灌溉效益计算的31省份农户粮食作物农业水价分担份额，在0.225~0.58不等。其中，分担最高的是贵州达到0.58，其次为四川和云南，均位于我国西南地区。分担份额最小的是海南省为0.225，其次为北京、山东和浙江，均不足0.3。

（2）基于粮食安全、灌溉水价值和生态价值3个角度的政府内部分担份额评估中，17省份地方政府分担份额高于中央政府，多为经济较发达地区，其中北京最高达到0.759；共14省份中央政府分担份额高于地方政府份额，多为国家粮食和生态安全作出重要贡献，其中内蒙古最高达0.589；13个粮食主产区中9省份中央政府农业水价分担份额均高于地方，仅山东、河北、辽宁和江苏4省份地方政府分担份额高于中央，多存在粮食自给能力不足、生态贡献不足等问题，除河北外经济承载力均高于全国平均水平。

（3）基于定量分析确定的中央、地方和农户3方的粮食作物农业水价分担份额中，中央政府分担份额（$G$）在0.183~0.364，地方政府分担份额（$g$）0.198~0.576，农户分担份额（$N$）0.225~0.58。整体来看，定量评估下农户农业水价分担份额偏高，12省份农户农业水价分担比例超过50%，25省份农户农业水价分担份额超过1/3，多为粮食主产区和经济欠发达地区，农业与社会、粮食与农业生产中，用水效益之前的差距不足导致了当地农户农业水价分担份额偏高。

（4）各地农业供水成本的差异对各方承担的农业水价产生重要影响，西南地区及华北地区各方承担的农业水价普遍偏高。各省农户承担的农业水价为0.012~0.316元/$m^3$，中央政府承担的农业水价在0.01~0.154元/$m^3$，地方政府承担的农业水价在0.008~0.288元/$m^3$。其中，地形较为复杂，需要进行提水的灌区，以及水资源稀缺性较强、依赖地下水灌溉的地区，农户承担的农业水价普遍较高。

（5）分析了定量研究结果的合理性和局限性，采用"定量+定性"结合的方法也许能够更好地弥补定量研究的不足。定量研究结果在客观性、综合性、结果的可解释性上具有一定的优势，评价结果在趋势上也相对合理。但现实需求和定量分析结果也存在一定偏差，缺乏主观判断认可的社会公平性，反映了该方法的局限性。

# 第 7 章 农业水价合理分担份额确定和机制建设

农业水价合理分担机制的建设,要有科学合理的农业水价分担份额研究成果为依托。根据当前目标水价-运行维护成本确定各方承担的农业水价,是构建合理水价机制的基础。上文分析了定性和定量研究方法的优势和劣势,发现研究结果具有一定的合理性,但也有一定的局限性,不能满足农业水价合理分担的需求,所以本章将结合定量和定性分析结果,确定各方的农业水价分担份额和实际水价。还在综合评价结果的基础上,以农业水价综合改革进展评价结果为依据,提出了具有激励改革和扶持粮食产区作用的农业水价分担方案。结合对利益相关者诉求的分析结果,构建了"一个核心,四个服务"的农业水价合理分担机制,希望能推动农业水价综合改革开展、保障农业水利工程运维经费到位。

## 7.1 基于"定量+定性"综合评价的粮食作物农业水价分担研究

上文基于定量评估方法确定的农业水价分担份额,具有合理性和一定的局限性,整体看来定量评价中农户的水价分担份额偏高,与第 5 章中基于利益相关者研究的定性评估结果存在差异。而研究显示,定量和定性研究方法各具优势和局限性,因此本书在农业水价合理分担份额的计算中选择"定量+定性"结合的评价方法。定性和定量各有优势,在实践研究中同样重要,所以对于定量和定性分析结果做等权处理。

### 7.1.1 "定量+定性"综合评价的农业水价分担份额计算

根据 5.3 节中,中央、地方政府和农户的利益相关者定性评分结果,可以计算各利益相关者的农业水价分担份额 $Y_i$ 为

$$Y_i = \frac{R_i}{\sum_{i=1}^{n} R_i} \tag{7-1}$$

式中:$R_i$ 为不同利益相关者的定量评分结果,$i=1,2,\cdots,n$。

根据式(7-1)可以计算得利益相关者定性分析下,农业水价主要利益相关者中央、地方政府和用水农户 3 方间的农业水价分担份额(表 7-1)。再结合上文中

## 7.1 基于"定量+定性"综合评价的粮食作物农业水价分担研究

各省基于定量评价的 3 方农业水价分担份额，做加权计算，可得基于"定量+定性"综合分析的各省农业水价主要利益相关者的农业水价分担份额，表 7-2 中，$G$、$g$、$N$ 分别表示中央政府、地方政府和用水农户的农业水价分担份额。

表 7-1　　　　　基于专家评价结果确定的农业水价分担份额

| 利益相关方 | 专家利益评价结果 | 基于定性评价的农业水价分担份额 |
|---|---|---|
| 中央政府 | 7.243 | 0.400 |
| 地方政府 | 7.038 | 0.389 |
| 农户 | 3.810 | 0.211 |

表 7-2　　　　　基于"定量+定性"综合评价的粮食作物农业水价分担份额

| 排序 | 省份 | $G$ | 省份 | $g$ | 省份 | $N$ |
|---|---|---|---|---|---|---|
| 1 | 北京 | 0.292 | 贵州 | 0.293 | 海南 | 0.218 |
| 2 | 上海 | 0.306 | 云南 | 0.296 | 北京 | 0.226 |
| 3 | 四川 | 0.309 | 黑龙江 | 0.299 | 山东 | 0.241 |
| 4 | 贵州 | 0.311 | 内蒙古 | 0.299 | 浙江 | 0.246 |
| 5 | 青海 | 0.314 | 四川 | 0.301 | 广东 | 0.258 |
| 6 | 新疆 | 0.316 | 重庆 | 0.303 | 福建 | 0.260 |
| 7 | 江苏 | 0.319 | 吉林 | 0.304 | 天津 | 0.272 |
| 8 | 湖南 | 0.320 | 湖南 | 0.309 | 河南 | 0.295 |
| 9 | 云南 | 0.320 | 江西 | 0.315 | 上海 | 0.299 |
| 10 | 辽宁 | 0.321 | 安徽 | 0.315 | 西藏 | 0.299 |
| 11 | 广西 | 0.323 | 青海 | 0.318 | 甘肃 | 0.300 |
| 12 | 山西 | 0.325 | 广西 | 0.321 | 河北 | 0.301 |
| 13 | 安徽 | 0.326 | 新疆 | 0.321 | 湖北 | 0.312 |
| 14 | 福建 | 0.326 | 陕西 | 0.321 | 宁夏 | 0.327 |
| 15 | 浙江 | 0.329 | 山西 | 0.322 | 陕西 | 0.342 |
| 16 | 西藏 | 0.329 | 辽宁 | 0.325 | 内蒙古 | 0.351 |
| 17 | 宁夏 | 0.332 | 江苏 | 0.326 | 山西 | 0.353 |
| 18 | 江西 | 0.332 | 甘肃 | 0.330 | 江西 | 0.353 |
| 19 | 吉林 | 0.333 | 湖北 | 0.333 | 辽宁 | 0.354 |
| 20 | 天津 | 0.333 | 河南 | 0.339 | 江苏 | 0.355 |
| 21 | 陕西 | 0.337 | 宁夏 | 0.341 | 重庆 | 0.355 |
| 22 | 河北 | 0.340 | 河北 | 0.359 | 广西 | 0.356 |
| 23 | 黑龙江 | 0.342 | 西藏 | 0.372 | 安徽 | 0.359 |
| 24 | 重庆 | 0.342 | 广东 | 0.393 | 黑龙江 | 0.360 |
| 25 | 广东 | 0.349 | 山东 | 0.394 | 新疆 | 0.362 |
| 26 | 内蒙古 | 0.350 | 天津 | 0.394 | 吉林 | 0.363 |

续表

| 排序 | 省份 | $G$ | 省份 | $g$ | 省份 | $N$ |
|---|---|---|---|---|---|---|
| 27 | 湖北 | 0.355 | 上海 | 0.395 | 青海 | 0.368 |
| 28 | 山东 | 0.365 | 海南 | 0.400 | 湖南 | 0.371 |
| 29 | 河南 | 0.366 | 福建 | 0.414 | 云南 | 0.384 |
| 30 | 甘肃 | 0.370 | 浙江 | 0.425 | 四川 | 0.390 |
| 31 | 海南 | 0.382 | 北京 | 0.482 | 贵州 | 0.395 |

由于定性评估中，各方农业水价的分担份额整体呈现：中央＞地方＞农户的形势，且中央和地方政府的分担份额明显高于用水农户的农业水价分担份额。而定量评估中，则多呈现农户农业水价分担份额高于地方政府和中央政府的形势。因此在结合定性和定量评估结果的综合评价中，中央政府和地方政府的分担份额整体呈现上升趋势，用水农户分担份额整体呈现下降趋势。

基于"定量＋定性"综合评估的结果显示，各省中央政府粮食作物农业水价分担份额在 0.292～0.382，地方政府分担份额在 0.293～0.482，农户分担份额在 0.218～0.395。

全国粮食生产中农户对农业水价的分担份额均低于 40%，粮食主产区和经济欠发达地区农户农业水价分担份额相对偏高，经济发达地区和丰水区农户农业水价分担份额则相对偏低，符合各地农户对农业水价分担份额的心理承载力。粮食主产区和欠发达地区，经济社会发展水平有限，粮食灌溉效益与农业和其他产业用水效益间的差异不足，域内农户农业水价分担份额偏高，而这一现象在西南地区得到了突出体现，因此这一区域农户的农业水价分担份额普遍较高。但总体来看，这一结果符合实践需求，由于粮食生产与其他产业效益间的差异较小，粮食主产区和经济欠发达省份粮食生产黏性强，对农业水价分担份额的心理承受能力更强，而经济发达省份农业与其他产业效益的差距过大，农户对农业水价的心理承载力更低、也更敏感，提高分担份额更容易导致耕地弃种或种植结构调整现象。

地方政府农业水价分担份额的省域间差别较大，北京最高达到 0.482，贵州最低仅为 0.293，差值近 0.2，差距明显高于中央和农户。全国 16 省份地方政府分担份额高于中央，地方政府分担份额的最大值高于中央和农户，这部分地区多属于经济较发达地区，地方政府经济承载能力整体较强。经济欠发达地区和粮食主产区地方政府的农业水价分担份额普遍偏低，仅河南和河北两地超过农业水价的 1/3，其中河南与农户分担份额较低有关，河北则受粮食和生态贡献不足影响。中央政府对农业水价分担，向粮食主产区和欠发达地区倾斜，15 省份中央政府农业水价分担份额超过地方，其中 9 省份为粮食主产区，4 省份分别位于西南地区以及甘肃和山西两地。

## 7.1.2 基于运行维护成本各方承担的农业水价

根据国办发〔2016〕2 号文件要求应将农业水价逐步提高到运行维护成本水

## 7.1 基于"定量+定性"综合评价的粮食作物农业水价分担研究

平，甚至全成本。但根据 2019 年农业水价综合改革台账数据显示，目前全国多数地区改革后的执行水价仍难达到运维成本水价，因此本研究中初步设置各地农田水利工程运行维护成本为当前目标的农业水价。

### 7.1.2.1 各方应承担的粮食作物水价

根据"定量+定性"综合评估所得的中央、地方政府和用水农户对粮食作物农业水价的分担份额，和当前不同灌区类型下的农田水利工程运行维护成本，可以确定中央政府、地方政府和用水农户在粮食作物灌溉中各自应该承担的农业水价，见表 7-3。

表 7-3　　基于"定量+定性"综合分析的 3 方农业水价

| 省份 | 中央政府水价 | | | | 地方政府水价 | | | | 农户水价 | | | | 排序 |
|---|---|---|---|---|---|---|---|---|---|---|---|---|---|
| | 大中灌区 | 小型灌区 | 井灌区 | 平均 | 大中灌区 | 小型灌区 | 井灌区 | 平均 | 大中灌区 | 小型灌区 | 井灌区 | 平均 | |
| 甘肃 | 0.004 | | 0.018 | 0.011 | 0.003 | | 0.017 | 0.010 | 0.003 | | 0.015 | 0.009 | 1 |
| 海南 | 0.023 | 0.049 | | 0.036 | 0.024 | 0.051 | | 0.038 | 0.013 | 0.028 | | 0.020 | 2 |
| 福建 | 0.037 | 0.015 | 0.036 | 0.029 | 0.047 | 0.019 | 0.046 | 0.037 | 0.030 | 0.012 | 0.029 | 0.023 | 3 |
| 西藏 | | | | 0.025 | | | | 0.024 | | | | 0.027 | 4 |
| 青海 | 0.031 | 0.015 | | 0.023 | 0.032 | 0.015 | | 0.023 | 0.037 | 0.018 | | 0.027 | 5 |
| 江西 | 0.069 | 0.011 | 0.013 | 0.031 | 0.065 | 0.011 | 0.013 | 0.030 | 0.073 | 0.012 | 0.014 | 0.033 | 6 |
| 黑龙江 | 0.044 | 0.027 | | 0.036 | 0.039 | 0.024 | | 0.031 | 0.047 | 0.029 | | 0.038 | 7 |
| 江苏 | 0.040 | 0.029 | | 0.035 | 0.041 | 0.029 | | 0.035 | 0.045 | 0.032 | | 0.038 | 8 |
| 上海 | 0.061 | 0.052 | | 0.057 | 0.079 | 0.067 | | 0.073 | 0.060 | 0.051 | | 0.055 | 9 |
| 浙江 | 0.132 | 0.021 | | 0.077 | 0.170 | 0.028 | | 0.099 | 0.098 | 0.016 | | 0.057 | 10 |
| 宁夏 | 0.099 | 0.016 | 0.063 | 0.059 | 0.102 | 0.016 | 0.065 | 0.061 | 0.098 | 0.015 | 0.062 | 0.059 | 11 |
| 湖南 | 0.077 | 0.025 | | 0.051 | 0.075 | 0.024 | | 0.049 | 0.089 | 0.029 | | 0.059 | 12 |
| 湖北 | 0.086 | 0.053 | | 0.069 | 0.080 | 0.050 | | 0.065 | 0.075 | 0.047 | | 0.061 | 13 |
| 吉林 | 0.057 | 0.050 | 0.067 | 0.058 | 0.052 | 0.046 | 0.061 | 0.053 | 0.062 | 0.054 | 0.073 | 0.063 | 14 |
| 安徽 | 0.082 | 0.049 | 0.054 | 0.062 | 0.080 | 0.047 | 0.052 | 0.060 | 0.091 | 0.054 | 0.059 | 0.068 | 15 |
| 陕西 | 0.074 | 0.064 | 0.074 | 0.071 | 0.071 | 0.061 | 0.071 | 0.068 | 0.075 | 0.065 | 0.075 | 0.072 | 16 |
| 河南 | 0.099 | 0.073 | 0.095 | 0.089 | 0.091 | 0.068 | 0.088 | 0.082 | 0.080 | 0.059 | 0.077 | 0.072 | 17 |
| 新疆 | 0.047 | | 0.079 | 0.063 | 0.048 | | 0.080 | 0.064 | 0.054 | | 0.091 | 0.072 | 18 |
| 广东 | 0.077 | 0.052 | 0.180 | 0.103 | 0.087 | 0.059 | 0.202 | 0.116 | 0.057 | 0.039 | 0.133 | 0.076 | 19 |
| 内蒙古 | 0.074 | | 0.091 | 0.083 | 0.063 | | 0.078 | 0.071 | 0.074 | | 0.092 | 0.083 | 20 |
| 四川 | 0.086 | 0.049 | | 0.068 | 0.084 | 0.048 | | 0.066 | 0.109 | 0.062 | | 0.086 | 21 |
| 天津 | 0.153 | 0.067 | 0.107 | 0.109 | 0.181 | 0.079 | 0.126 | 0.129 | 0.125 | 0.054 | 0.087 | 0.089 | 22 |
| 山东 | 0.157 | 0.115 | 0.136 | 0.136 | 0.170 | 0.125 | 0.147 | 0.147 | 0.104 | 0.076 | 0.090 | 0.090 | 23 |
| 重庆 | 0.103 | 0.101 | | 0.102 | 0.091 | 0.090 | | 0.090 | 0.107 | 0.105 | | 0.106 | 24 |
| 辽宁 | 0.042 | 0.040 | 0.207 | 0.096 | 0.042 | 0.041 | 0.209 | 0.097 | 0.046 | 0.044 | 0.228 | 0.106 | 25 |

139

续表

| 省份 | 中央政府水价 | | | | 地方政府水价 | | | | 农户水价 | | | | |
|---|---|---|---|---|---|---|---|---|---|---|---|---|---|
| | 大中灌区 | 小型灌区 | 井灌区 | 平均 | 大中灌区 | 小型灌区 | 井灌区 | 平均 | 大中灌区 | 小型灌区 | 井灌区 | 平均 | 排序 |
| 北京 | | | 0.146 | 0.146 | | | 0.241 | 0.241 | | | 0.113 | 0.113 | 26 |
| 云南 | 0.176 | 0.212 | 0.016 | 0.135 | 0.163 | 0.196 | 0.014 | 0.124 | 0.211 | 0.254 | 0.019 | 0.161 | 27 |
| 河北 | 0.153 | | 0.221 | 0.187 | 0.162 | | 0.233 | 0.198 | 0.135 | | 0.196 | 0.165 | 28 |
| 广西 | 0.154 | 0.097 | 0.323 | 0.191 | 0.153 | 0.096 | 0.321 | 0.190 | 0.170 | 0.107 | 0.356 | 0.211 | 29 |
| 贵州 | 0.151 | 0.188 | | 0.170 | 0.142 | 0.178 | | 0.160 | 0.192 | 0.239 | | 0.216 | 30 |
| 山西 | 0.172 | | 0.227 | 0.200 | 0.171 | | 0.225 | 0.198 | 0.187 | | 0.247 | 0.217 | 31 |

各省份中央、地方政府和农户需要承担的粮食作物农业水价各不相同，与3方的农业水价分担份额有关，同时受灌溉工程运行维护成本的影响显著。

其中，农户承担的粮食作物水价（平均）在 0.009～0.217 元/m³，山西最高，其次为贵州、广西、河北、云南，这些地区普遍存在工程性或资源型缺水，供水成本较高，农业供水依赖提水工程，且农业对灌溉的依赖程度较高，灌溉效益显著。甘肃最低，其次为海南、福建、西藏和青海，其中海南、福建，处于南方丰水区，灌溉需求低、水资源丰富、供水成本低；青海、西藏和甘肃，属于边远地区、经济较落后，青海、西藏水资源丰富，甘肃水利工程用途较广，农业需要承担的运行维护成本偏低。

地方政府需承担的粮食作物农业水价在 0.010～0.241 元/m³，其中北京政府承担的灌溉水价最高，其次为山西、河北、广西和贵州，北京、山西和河北位于华北地区，水资源稀缺，河北依赖地下水、山西需要进行提水；广西和贵州位于西南地区，工程供水成本较高。

中央政府粮食作物农业水价在 0.011～0.200 元/m³，山西中央政府灌溉水价最高，其次为广西、河北、贵州和北京，这些地区供水成本普遍偏高，尽管中央政府的分担份额并非最高，但承担水价却普遍偏高。最低的为甘肃，其次为青海、西藏、江西和福建，与各地供水成本偏低有显著关系。

总体看来，农户承担的农业水价与当地水资源供给形势表现出重要关联关系。其中，北方地区农户承担的水价高于南方地区；地形较为复杂，需要进行提水的灌区，农户承担水价普遍高于自流灌区；水资源稀缺性较强、依赖地下水灌溉的地区，农户承担的农业水价普遍高于水资源丰富的地区。与中央和地方政府承载的农业水价相比，农户承载的农业水价相对偏高。特别是西南山区、华北平原两个区域农户承载的农业水价整体较高。

#### 7.1.2.2 基于自然断点分类法的农户粮食作物农业水价分析

见表 7-4，根据自然断点法对各省农户的粮食作物灌溉平均水价进行分类，将全国30省份（西藏尚未完成运维成本核算）划分为5类。并从高到低将水价类型定义为高、较高、中、较低和低。

## 7.1 基于"定量+定性"综合评价的粮食作物农业水价分担研究

表 7-4    基于自然断点法的全国各省农户承担的农业水价分类（粮食作物）

| 分类 | 水价范围 | 省 份 |
|---|---|---|
| 高 | 0.114~0.217 | 云南、广西、贵州、山西、河北 |
| 较高 | 0.091~0.113 | 重庆、北京、辽宁 |
| 中 | 0.073~0.09 | 内蒙古、山东、四川、天津 |
| 较低 | 0.039~0.072 | 新疆、吉林、天津、宁夏、陕西、河南、湖北、安徽、浙江、上海、湖南 |
| 低 | 0.009~0.038 | 青海、甘肃、黑龙江、江苏、江西、福建、海南 |

云南、贵州、广西、山西、河北5省份农户粮食灌溉水价为高，主要受这些地区工程建设和运行维护成本较高影响。其中，云南、贵州受地质条件和气候影响，作物对灌溉需求较大；河北、山西水资源稀缺，依赖地下水或提水工程，供水成本偏高；广西地区降水丰富，属于补充灌溉区，但地形复杂、水资源分配不均，依赖提水或调水，导致供水成本偏高。

江苏、江西和福建为低，3省份所在区域水资源丰富，灌溉供水成本较低，且粮食生产效益与省域经济发展水平差异较大，为了保障粮食安全，区域粮食灌溉水价较低才能保障种粮热情，且地方政府经济实力较强，分担能力较强，多重因素作用下使得3省份粮食灌溉水价低。

全国13个粮食主产区中，除河北和辽宁外，粮食灌溉水价均为中等及以下水平，符合粮食主产区水价承载能力，有利于保障粮食安全。

### 7.1.3 农户分担的水价与当前执行水价之间的关系

改革地区，小型灌区和井灌区农业执行水价相对合理，但对于粮食作物来说相对偏高，要注意分类定价和对粮食作物灌溉水价的补贴；大中型灌区执行水价则相对偏低，大部分地区还需要提高最低执行水价和经济作物灌溉水价，见表7-5，表中差值为负值的表示为核定水价高于执行水价，仍需要提价。井灌区改革区域平均执行水价全部高于计算所得的农户粮食作物灌溉水价，小型灌区中仅河南平均执行水价低于农户承担的粮食灌溉水价。大中型灌区，改革后执行水价仍然整体偏低，8省份平均执行水价仍低于核定后的农户粮食灌溉水价；21省份改革后最低执行水价，仍低于核定后的农户粮食作物核定水价；13个粮食主产区中，除了江苏外大中灌区执行水价普遍偏低，还需要提高执行水价，但提价需求并不高，位于0.004~0.068元/m³，其中南方地区的提价需求整体来看高于北方。

表 7-5    农户分担的核定水价与改革区域执行水价的关系

| 省份 | 核定水价 | | | 改革区域执行水价 | | | | 核定-执行的差值 | | | |
|---|---|---|---|---|---|---|---|---|---|---|---|
| | 大中 | 小型 | 井灌 | 大中最低 | 大中 | 小型 | 井灌 | 大中最低 | 大中 | 小型 | 井灌 |
| 北京 | | | 0.113 | | | | 0.500 | | | | -0.387 |
| 天津 | 0.125 | 0.054 | 0.087 | 0.24 | 0.350 | 0.200 | 0.320 | -0.115 | -0.225 | -0.146 | -0.233 |
| 河北 | 0.135 | | 0.196 | 0.120 | 0.120 | | 0.650 | 0.015 | 0.015 | | -0.454 |

续表

| 省份 | 核定水价 | | | 改革区域执行水价 | | | | 核定-执行的差值 | | | |
|---|---|---|---|---|---|---|---|---|---|---|---|
| | 大中 | 小型 | 井灌 | 大中最低 | 大中 | 小型 | 井灌 | 大中最低 | 大中 | 小型 | 井灌 |
| 山西 | 0.187 | | 0.247 | 0.06 | 0.270 | | 0.700 | 0.127 | −0.083 | | −0.453 |
| 内蒙古 | 0.074 | | 0.092 | 0.015 | 0.112 | 0.015 | 0.267 | 0.059 | −0.038 | −0.015 | −0.176 |
| 辽宁 | 0.046 | 0.044 | 0.228 | 0.015 | 0.143 | 0.129 | 0.665 | 0.031 | −0.097 | −0.085 | −0.437 |
| 吉林 | 0.062 | 0.054 | 0.073 | 0.045 | 0.045 | | 0.200 | 0.017 | 0.017 | | −0.127 |
| 黑龙江 | 0.047 | 0.029 | | 0.024 | 0.055 | 0.045 | | 0.023 | −0.008 | −0.016 | |
| 上海 | 0.060 | 0.051 | | 0.2 | 0.200 | 0.170 | 0.000 | | −0.140 | −0.140 | −0.119 |
| 江苏 | 0.045 | 0.032 | | | 0.054 | 0.093 | 0.097 | 0.000 | −0.009 | −0.048 | −0.065 |
| 浙江 | 0.098 | 0.016 | | 0.022 | 0.354 | 0.035 | | 0.076 | −0.256 | −0.019 | |
| 安徽 | 0.091 | 0.054 | 0.059 | 0.08 | 0.153 | 0.140 | 0.150 | 0.011 | −0.062 | −0.086 | −0.091 |
| 福建 | 0.030 | 0.012 | 0.029 | 0.045 | 0.114 | 0.045 | 0.110 | −0.015 | −0.084 | −0.033 | −0.081 |
| 江西 | 0.073 | 0.012 | 0.014 | 0.01 | 0.056 | 0.016 | 0.040 | 0.063 | 0.017 | −0.004 | −0.026 |
| 山东 | 0.104 | 0.076 | 0.090 | 0.1 | 0.287 | 0.357 | 0.404 | 0.004 | −0.182 | −0.281 | −0.315 |
| 河南 | 0.080 | 0.059 | 0.077 | 0.040 | 0.040 | 0.040 | 0.110 | 0.040 | 0.040 | 0.019 | −0.033 |
| 湖北 | 0.075 | 0.047 | | 0.062 | 0.062 | 0.120 | | 0.013 | 0.013 | −0.073 | |
| 湖南 | 0.089 | 0.029 | | 0.021 | 0.086 | 0.081 | | 0.068 | 0.003 | −0.052 | |
| 广东 | 0.057 | 0.039 | 0.133 | | 0.205 | 0.143 | 0.448 | | −0.148 | −0.104 | −0.315 |
| 广西 | 0.170 | 0.107 | 0.356 | 0.017 | 0.101 | 0.300 | 1.000 | 0.153 | 0.069 | −0.193 | −0.644 |
| 海南 | 0.013 | 0.028 | | | 0.102 | 0.156 | | | −0.089 | −0.128 | |
| 重庆 | 0.107 | 0.105 | | 0.04 | 0.383 | 0.336 | | 0.067 | −0.276 | −0.231 | |
| 四川 | 0.109 | 0.062 | | 0.05 | 0.180 | 0.130 | | 0.059 | −0.071 | −0.068 | |
| 贵州 | 0.192 | 0.239 | | 0.168 | 0.314 | 0.606 | | 0.024 | −0.122 | −0.366 | |
| 云南 | 0.211 | 0.254 | 0.019 | 0.185 | 0.185 | 0.670 | 0.750 | 0.026 | 0.026 | −0.416 | −0.731 |
| 西藏 | | | | | | | | | | | |
| 陕西 | 0.075 | 0.065 | 0.075 | 0.05 | 0.130 | 0.170 | 0.200 | 0.025 | −0.055 | −0.105 | −0.125 |
| 甘肃 | 0.003 | | 0.015 | 0.02 | 0.184 | | 0.075 | −0.017 | −0.181 | | −0.060 |
| 青海 | 0.037 | 0.018 | | 0.018 | 0.124 | 0.048 | | 0.019 | −0.088 | −0.030 | |
| 宁夏 | 0.098 | 0.015 | 0.062 | 0.031 | 0.851 | 0.030 | 0.370 | 0.068 | −0.753 | −0.015 | −0.308 |
| 新疆 | 0.054 | | 0.091 | 0.091 | 0.145 | | 0.250 | −0.037 | −0.091 | | −0.159 |

## 7.1.4 基于"定量+定性"综合评估的各方资金投入需求

根据 2018 年各省耕地亩均实际灌溉水量、粮食占农作物播种面积的比例和耕地实际灌溉面积,可以估算各省粮食作物灌溉总水量。再根据各省 3 方利益相关者灌溉水价,可以算得各省农业水价综合改革全部落实后,为使各地农田水利工程灌溉水价达到运行维护成本,中央、地方政府需针对粮食作物灌溉投入的资金。

## 7.1 基于"定量+定性"综合评价的粮食作物农业水价分担研究

粮食灌溉总水 W 为

$$W = wS_w \frac{S_l}{S_n} \quad (7-2)$$

式中：$w$ 为耕地实际亩均灌溉水量；$S_w$ 为耕地实际灌溉面积；$S_l$ 为粮食播种面积；$S_n$ 为农作物播种面积。

式（7-2）的数据来源：2019 年中国水资源公报（纸质版）和国家统计局网站）

以 2018 年耕地亩均实际灌溉水量和粮食播种情况为例，为保障全部地区实现农田水利工程运行工维护成本水价，针对粮食作物，中央政府需累计下达资金 165.77 亿元/a，地方政府需累计下达资金 165.21 亿元/a（表 7-6），政府部门累计需要投入奖补资金 331.97 亿元/a，农户在粮食作物种植中需累计投入灌溉水费 165.85 亿元/a，整体来看中央政府的在粮食灌溉水价补贴中的投入需求高于农户，农户高于地方政府。各方在粮食灌溉水价的资金投入需求上的差异受分担份额影响，但同时也与供水成本和用水总量之间关系密切。

中央政府对各省的粮食灌溉补贴在 0.17 亿～17.98 亿元/a。其中河北最高，其次为广西、山东、黑龙江和广东。河北和广西两地供水成本较高；黑龙江用水总量高；广东则受用水量、供水成本和分担份额多重因素影响，地方投入需求还要高于中央投入。投入最少的是青海，其次为北京、西藏、上海和海南，主要受供水成本偏低和用水量低影响。

表 7-6　　农业水价 3 方利益相关者粮食作物灌溉水费支出

| 省份 | 粮食灌溉总水量 /万 m³ | 资金投入量/万元 | | | | | 省域排名 |
|---|---|---|---|---|---|---|---|
| | | 中央政府 | 地方政府 | 政府总量 | 农户 | 省域总量 | |
| 青海 | 73088.68 | 1694.754 | 1717.246 | 3412.000 | 1989.254 | 5401.253 | 1 |
| 北京 | 11982.11 | 1748.300 | 2890.005 | 4638.306 | 1352.749 | 5991.055 | 2 |
| 西藏 | 154838.97 | 2917.160 | 2955.874 | 5873.034 | 3424.078 | 9297.112 | 3 |
| 海南 | 131331.36 | 4719.909 | 4936.530 | 9656.439 | 2688.709 | 12345.148 | 4 |
| 上海 | 67959.09 | 3851.421 | 4964.433 | 8815.854 | 3756.577 | 12572.432 | 5 |
| 甘肃 | 580838.53 | 6443.151 | 5758.034 | 12201.185 | 5223.971 | 17425.156 | 6 |
| 天津 | 74966.39 | 8162.569 | 9658.219 | 17820.787 | 6668.233 | 24489.021 | 7 |
| 重庆 | 126725.29 | 12918.487 | 11452.757 | 24371.245 | 13430.909 | 37802.154 | 8 |
| 福建 | 433901.77 | 12698.370 | 16100.442 | 28798.812 | 10107.713 | 38906.525 | 9 |
| 宁夏 | 313505.96 | 18603.714 | 19111.715 | 37715.429 | 18349.887 | 56065.316 | 10 |
| 陕西 | 360796.6 | 25516.602 | 24353.818 | 49870.421 | 25896.865 | 75767.286 | 11 |
| 浙江 | 343248.79 | 26263.732 | 33925.872 | 60189.604 | 19615.739 | 79805.344 | 12 |
| 江西 | 972658.61 | 30372.892 | 28755.305 | 59128.197 | 32301.713 | 91429.909 | 13 |
| 吉林 | 628158.36 | 36232.193 | 33092.766 | 69324.959 | 39555.823 | 108880.782 | 14 |

## 第7章 农业水价合理分担份额确定和机制建设

续表

| 省份 | 粮食灌溉总水量 /万 m³ | 资金投入量/万元 ||||| 省域排名 |
|---|---|---|---|---|---|---|---|
| | | 中央政府 | 地方政府 | 政府总量 | 农户 | 省域总量 | |
| 贵州 | 272005.78 | 46178.120 | 43533.817 | 89711.937 | 58644.549 | 148356.486 | 15 |
| 湖北 | 790901.42 | 54860.962 | 51550.169 | 106411.131 | 48210.097 | 154621.228 | 16 |
| 湖南 | 1048410.62 | 53653.877 | 51892.587 | 105546.464 | 62199.235 | 167745.699 | 17 |
| 辽宁 | 588969.43 | 56681.398 | 57282.177 | 113963.575 | 62531.174 | 176494.749 | 18 |
| 江苏 | 1753248.84 | 60587.592 | 61850.282 | 122437.875 | 67475.092 | 189912.966 | 19 |
| 河南 | 803165.81 | 71516.138 | 66209.339 | 137725.477 | 57711.536 | 195437.014 | 20 |
| 四川 | 954284.84 | 64786.594 | 63216.538 | 128003.132 | 81939.533 | 209942.665 | 21 |
| 内蒙古 | 912410.19 | 75586.764 | 64561.218 | 140147.982 | 75728.269 | 215876.251 | 22 |
| 云南 | 525990.44 | 70913.046 | 65470.422 | 136383.468 | 84944.542 | 221328.011 | 23 |
| 山西 | 372256.96 | 74346.882 | 73708.530 | 148055.412 | 80882.619 | 228938.030 | 24 |
| 安徽 | 1302104.24 | 80283.775 | 77670.387 | 157954.162 | 88577.574 | 246531.736 | 25 |
| 广东 | 939358.35 | 96877.836 | 109103.101 | 205980.937 | 71544.659 | 277525.597 | 26 |
| 新疆 | 1517343.59 | 95815.486 | 97369.423 | 193184.909 | 109752.738 | 302937.648 | 27 |
| 黑龙江 | 2891502.08 | 103698.581 | 90672.655 | 194371.236 | 109236.482 | 303607.718 | 28 |
| 山东 | 883563.18 | 120227.237 | 129909.815 | 250137.053 | 79552.340 | 329689.393 | 29 |
| 广西 | 834225.49 | 159746.875 | 158512.325 | 318259.200 | 176158.440 | 494417.640 | 30 |
| 河北 | 961198.95 | 179773.966 | 189867.445 | 369641.411 | 159018.012 | 528659.423 | 31 |
| 全国总计 | 21624940.7 | 1657678.386 | 1652053.246 | 3309731.632 | 1658469.115 | 4968200.746 | |

各省地方政府针对粮食作物水价补贴的资金在 0.14 亿~18.89 亿元/a,其中河北省最高,其次为广西、山东、广东和新疆,与用水总量和供水成本偏高有关;投入最少的依旧是青海,其次为北京、西藏、海南和上海。

各省农户粮食灌溉水费总投入为 0.14 亿~15.86 亿元/a,其中广西最高,其次为河北、黑龙江、新疆和安徽,最低为北京,其次为青海、上海、海南和西藏。

粮食灌溉总投入最高的为河北,达到 52.86 亿元,其次为广西、山东、黑龙江和新疆,其中黑龙江和新疆粮食灌溉水量大,河北、广西和山东则受运维成本较高影响。

粮食主产区粮食作物灌溉用水的资金总需求普遍偏高,资金总需求占全国总量的 58.75%,其中 12 省份资金需求超过 10 亿元;6 省份超过 20 亿元。中央粮食灌溉资金投入向粮食主产区倾斜,中央政府粮食水费总投入的 59.62% 用于粮食主产区,高于灌溉资金总投入中粮食主产区的占比。中央资金投入需求最大的 5 省份中 3 省份为粮食主产区,需求最高的 10 省份中 6 省份为粮食主产区。

### 7.1.5 综合评价结果的区域性特征

见表 7-7,基于"定量+定性"结合的综合评价方法确定的农业水价合理分担

## 7.1 基于"定量+定性"综合评价的粮食作物农业水价分担研究

份额,有着明显的区域性特征。

**表 7-7　基于"定量+定性"综合评价的农业水价分担区域特征**

| 分类 | 地区 | 分担份额 | | | 承担水价/(元/m³) | | | 以2018年为例的资金投入需求/亿元 | | | | | |
|---|---|---|---|---|---|---|---|---|---|---|---|---|---|
| | | G | g | N | G | g | N | G | g | 政总 | N | 全部 | 省均总 |
| 南北方 | 北方 | 0.336 | 0.343 | 0.321 | 0.091 | 0.098 | 0.085 | 87.60 | 86.62 | 174.22 | 83.34 | 257.57 | 17.171 |
| | 南方 | 0.330 | 0.343 | 0.327 | 0.081 | 0.082 | 0.085 | 78.16 | 78.59 | 156.75 | 82.50 | 239.25 | 15.888 |
| 东中西部 | 东部 | 0.333 | 0.392 | 0.275 | 0.092 | 0.110 | 0.076 | 57.16 | 62.05 | 119.21 | 48.43 | 167.64 | 15.240 |
| | 中部 | 0.337 | 0.317 | 0.346 | 0.074 | 0.071 | 0.076 | 50.50 | 47.36 | 97.85 | 51.87 | 149.72 | 18.715 |
| | 西部 | 0.329 | 0.318 | 0.353 | 0.083 | 0.079 | 0.094 | 58.11 | 55.80 | 113.91 | 65.55 | 179.46 | 14.955 |
| 七大区域 | 华东 | 0.329 | 0.378 | 0.293 | 0.066 | 0.075 | 0.055 | 30.39 | 32.44 | 62.83 | 26.91 | 89.74 | 14.957 |
| | 西北 | 0.334 | 0.326 | 0.340 | 0.045 | 0.045 | 0.048 | 14.81 | 14.83 | 29.64 | 16.12 | 45.76 | 9.152 |
| | 华北 | 0.328 | 0.371 | 0.301 | 0.145 | 0.167 | 0.134 | 33.96 | 34.07 | 68.03 | 32.36 | 100.40 | 20.079 |
| | 西南 | 0.322 | 0.313 | 0.365 | 0.099 | 0.092 | 0.118 | 19.77 | 18.66 | 38.43 | 24.24 | 62.67 | 12.535 |
| | 东北 | 0.332 | 0.309 | 0.359 | 0.063 | 0.067 | 0.069 | 19.66 | 18.10 | 37.77 | 21.13 | 58.90 | 19.633 |
| | 华中 | 0.343 | 0.324 | 0.333 | 0.060 | 0.057 | 0.056 | 21.04 | 19.84 | 40.88 | 20.04 | 60.92 | 15.231 |
| | 华南 | 0.352 | 0.371 | 0.277 | 0.110 | 0.115 | 0.103 | 26.13 | 27.26 | 53.39 | 25.04 | 78.43 | 26.143 |

### 7.1.5.1 农业水价分担份额的区域性特征

(1) 南北方。按照南北方划分,北方地区中央政府分担份额明显高于南方地区,地方政府分担份额基本持平,北方农户分担份额低于南方。可能与北方粮食主产区偏多、水资源稀缺性较足和粮食灌溉效益偏低等因素有关。粮食主产区对于保障粮食安全的贡献普遍偏高;水资源稀缺性激励北方地区农业节水事业的发展,生态贡献显著;另外,北方地区粮食作物以小麦、玉米为主,整体效益低于水稻等粮食作物,农民承载力相对偏低。整体来看,北方地区为国家粮食安全和生态安全做出的贡献更大、粮食生产效益偏低,同时北方地区经济发展水平整体低于南方,地方和农户承载能力也低于南方,综合来看需要中央政府分担更高农业水价份额。

(2) 东中西部。从东中西部来看,中央政府分担份额呈现"中>西>东",地方政府分担份额与之相反呈现"东>西>中"的形势。其中,东部地区中央分担份额低于地方,中西部地区中央分担份额高于地方。整体来看,东部地区经济社会发展水平普遍偏高,地方经济承载能力较强,有能力分担更高的份额;中西部地区经济社会发展水平滞后,地方政府承载能力不足,中部地区分布着我国大部分的粮食主产省份,这一区域对粮食安全的贡献显著,中央分担份额最高。农户呈现"西>中>东",西部地区受地形和气候影响,农业生产对灌溉依赖较强,所以农户的农业水价分担份额高于中东部;且中西部地区经济社会发展的滞后,使得粮食与其他社会部门差异不够显著,因此农户也对相对较高的农业水价分担份额拥有更高心理承受能力,但是国家农业补贴、项目建设上对中西部地区有一定倾斜,农户收益仍能有所保障。

# 第 7 章　农业水价合理分担份额确定和机制建设

（3）地理区域。从七大地理区域来看，中央和地方政府分担份额，具有公平性和合理性。华东、华南、华北等经济相对发达的地区，中央政府分担份额低于地方；西北、西南、东北、华中几地属于经济落后地区和粮食主产区，地方经济承载能力不足，对于保障粮食安全的贡献度较高，地方政府分担份额普遍低于中央。

农户分担份额最高的是西南和西北，最低的是华南和华东。结果看起来与经济发展水平不协调，但与当地灌溉效益关系显著，且更符合农户心理预期，有利于保障粮食安全。西南和西北地区，气候干旱、地形复杂，粮食生产对灌溉依赖较强，灌溉对工程依赖较强，灌溉效益较高；地区经济水平发展偏低，导致农业与其他产业效益差距没有发达地区差异大，灌溉效益与其他产业差距不显著，粮食生产忠诚度高于发达地区，从心理和效益两个角度来看，当地农户农业水价分担能力强于东部地区。尽管这些地区农户农业水价分担份额偏高，但实际水价确普遍偏低（除西南地区），符合农民经济承载力；西南地区农民水价较高，但粮食播种面积低于平均水平，用水效率也比较高。华东和华南地区，水资源丰富，生产对灌溉依赖度较低，灌溉效益不显著，同时粮食生产效益与其他产业差距明显，整体粮食种植热情不足，水价分担心理承载力不足，农户水价分担份额偏低。

### 7.1.5.2　各方承担的农业水价

（1）从南北方来看，南北方农户承担的农业水价相近，但政府角度来看，北方水价高于南方水价。北方地区水资源稀缺性较足，粮食主产区较多，粮食生产灌溉用水总投入高；农业供水依赖提水工程，供水成本偏高。

（2）从东中西部来看，整体水价呈现东部＞西部＞中部，东部地区包含了辽宁和华北大部分省份，这部分地区对地下水依赖较强，供水成本普遍偏高。西部地区中包含西南和西北大部分地区，西南地区地形复杂，灌溉对工程依赖较强，需要提水，工程建设和运维成本普遍偏高，导致当地水价较高。中部地区，水资源稀缺性整体低于东西两部分，平原较多对于提水需求相对偏低，工程运行维护成本整体低于东西部。

（3）从七大地理区域来看，农业水价与水资源禀赋、自然地理状况有着显著地关系。华北地区依赖地下水、西南地区需要提水，供水成本较高。华南地区水资源丰富，但时空分布不均，提水、引水需求大，广西地形复杂，供水成本偏高；广东水资源总量丰富，但时空分布不均，对提水、引水、调水需求较强（近70%），供水成本属于全国中等偏高。华东、华中、东北、西北地区地势相对平坦，供水成本整体偏低。

### 7.1.5.3　粮食灌溉水费投入情况

灌溉水费投入情况，受供水价格、播种面积、灌溉需求、灌溉效率、分担份额等多重因素影响。根据2018年粮食播种和农业用水情况，推测2018年各省粮食灌溉水费投入需求，显现出明显的区域性差异。西南、西北、华中等地区尽管农户的农业水价分担份额偏高，但农户最终承担的农业水费则整体偏低。

(1) 南北方。粮食灌溉水费总需求北方地区整体高于南方，北方地区总需求为 257.57 亿元，南方则仅为 239.25 亿元，各区域省均需求则分别为 17.17 亿元和 15.88 亿元。可能与北方粮食主产区偏多，各省平均粮食播种面积更大、平均水价更高有关。南北方在不同利益相关者水费投入需求上的差异显著，特别是南方地区各省之间差距明显，可能与地区内各省在自然禀赋、农业发展和经济社会发展情况的复杂性有关。总体看来，北方地区中央、地方、农户水费总投入需求分别为 87.60 亿元、86.62 亿元和 83.34 亿元，中央投入需求最大；南方则分别为 78.16 亿元、78.59 亿元和 82.50 亿元，农户投入需求大，但各方投入整体低于北方。

(2) 东中西部。东中西部粮食灌溉水费投入总需求分别为 167.64 亿元、149.72 亿元和 179.46 亿元，其中西部总数最高，可能与区域的省份数量有关。为更加直观进行比较，计算各区域省均水费投入需求分别为 15.24 亿元、18.72 亿元和 14.96 亿元。其中，中部地区粮食主产区最多，省均粮食播种和灌溉面积大，尽管水价偏低，但总体水费需求最高；西部地区粮食主产区较少，水资源稀缺性较足，粮食播种和灌溉面积相对有限，水价虽高于中部，但用水效率也较高，省均粮食灌溉水费投入需求最低；东部地区涉及多个粮食主产区，但少于中部，水资源稀缺性不足，用水效率高于中部，水费总需求位于中部和西部之间。

(3) 地理分区。七大地理区域中，华北地区粮食灌溉水费投入总需求最高，超过 100 亿元，可能与当地粮食播种面积大和水价较高有关；西北地区最低，仅为 45.76 亿元可能与粮食播种面积有限、水资源利用效率高和供水成本低有关。各区域省均水费投入需求更能体现区域差异，总体看来华南地区粮食灌溉水费整体投入最高，达到 26.143 亿元，与当地供水成本偏高，用水效率偏低，省均粮食灌溉总需求较高有重要关系。华北作为重要的粮食产区，省均播种面积较大，但水资源稀缺性较强，用水效率较高，省均粮食灌溉水费需求为 20.079 亿元，低于华南地区位于第二；位于第三位的东北地区，也是重要的粮食产区，省均粮食灌溉水费总需求 19.633 亿元；第四位是华中地区，省均水费需求为 15.231 亿元，当地水稻播种面积较大、用水效率偏低，但水价不高，因此省均需求位于中等水平；第五位华东地区，14.957 亿元；第六位西南，12.535 亿元，当地水价偏高，但粮食播种面积有限，因此省均粮食灌溉投入较低；西北地区投入最少，为 9.152 亿元，区域粮食种植以自给为主，面积不算特别大，且用水效率极高，因为其他产业的分担供水成本也很低，因此比较意外的西北各省在粮食灌溉上的水费总需求最低。

## 7.2 基于激励和扶持机制的农业水价合理分担份额修正

### 7.2.1 标准确定

目前全国农业水价综合改革进度良好，改革区域效果显著，但完成进度则相对

# 第7章 农业水价合理分担份额确定和机制建设

滞后，按当前进展来看想要在 2025 年按期完成改革任务还存在一定的难度。制约改革开展诸多因素中，既包括资金短缺、工程较差和任务重等客观因素，同时也受地方改革意识落后、改革劲头不足等主观因素影响。客观因素在粮食主产区改革开展中的限制作用最为突出，这些地区普遍面临着资金短缺、工程落后和改革任务过重等问题，对于这部分地区中央政府可以在政策和资金上适当倾斜，予以扶持。而主观因素对改革的制约，与当前激励机制不足有显著关系，为了更好地发挥农业水价分担对改革的激励作用，根据各地改革进展适当调整中央的农业水价分担份额。根据当前水价分担份额和第 4 章中对于各地改革进展的综合评估，对 7.1 节中核算的各方农业水价进行修正，更好地发挥农业水价分担的激励和扶持机制。

(1) 激励机制：对于改革进展好的中央政府适当提高分担份额。

激励机制，可以根据各地农业水价综合改革进展，适度调整中央对农业水价的分担份额。进展越好地区中央分担份额增加得越多，进展越差则增加越少。如表 7-2 中基于"定量+定性"评估的中央政府农业水价分担份额，最大与最小值的差值为 0.09。本书中认为基于定性和定量结合的综合评估是分担份额的主要评价依据，激励机制在一定程度上略反映差别即可，因此设置调整标准为，进展最好的省份中央分担份额增加 0.01，进展最差的省份分担份额增加 0，其他省份按照改革进展评价结果按比例增加份额。那么就有修正后的中央政府分担份额 $G_{修i}$ 为

$$G_{修i} = G_i + 0.01 \times \frac{S_i - \min(S_i)}{\max(S_i) - \min(S_i)} \tag{7-3}$$

修正后的地方政府分担份额 $g_{修i}$ 为

$$g_{修i} = g_i - (G_{修i} - G_i) \tag{7-4}$$

式中：$G_i$ 为 7.1 节中中央政府的农业水价分担份额；$g_i$ 为地方政府分担方份额；$i$ 为第 $i$ 省份；$S_i$ 为各省农业水价综合改革评分。

(2) 扶持机制：向粮食主产区倾斜，适度降低农户农业水价分担份额。

粮食主产区农户农业水价分担份额相对偏高，不利于保障农户权益和粮食安全，应适度降低粮食主产区农户农业水价分担份额，政府可以适度扶持粮食主产区，适度降低农户农业水价分担份额。31 省份农户农业水价分担份额差距较大，近 0.2，为保障"定量+定性"综合评估结果决定分担份额的主体地位，将粮食主产区农户农业水价最大修正额度定为 0.05。区域改革进度受农民对农业用水提价的抵触心理的影响，根据改革进度适度降低农户农业水价分担份额。对于农户降低的分担份额，进展较好的省份由中央政府承担，进展低于全国平均水平的省份由地方政府和中央政府共同承担。那么就有粮食主产区农户修正后的农业水价分担份额 $N_{粮i}$ 为

$$N_{粮i} = N_i - 0.05 \times \frac{S_i - \min(S_i)}{\max(S_i) - \min(S_i)} \tag{7-5}$$

式中：$N_i$ 为 7.1 节中综合评价确定的农户农业水价分担份额；$S_i$ 为农业水价综合

改革进展评分。

$$G_{粮i}=G_{修i}+\frac{N_i-N_{粮i}}{2}, \quad g_{粮i}=g_{修i}+\frac{N_i-N_{粮i}}{2}, \quad S_i \leqslant \overline{S_i} \quad (7-6)$$

$$G_{粮i}=G_{修i}+N_i-N_{粮i}, S_i \geqslant \overline{S_i} \quad (7-7)$$

## 7.2.2 修正后的农业水价分担份额

根据式（7-3）~式（7-7），可以计算体现激励和扶持机制的修正后的农业水价分担份额。$G$、$g$、$N$ 分别表示中央政府、地方政府和农户3方的农业水价分担份额，并按修正后的农户分担份额进行由高到低排序。

表7-8中，修正后中央政府农业水价分担份额整体上有所增加，地方政府农业水价分担份额有所降低，粮食主产区农户农业水价分担份额有所降低。其中，由于江苏改革进展较好，当地农户份额降低最多；北京地方政府分担份额降低最多。修正后20省份地方政府的分担份额低于中央，粮食主产区地方分担份额全部低于中央。中央分担份额在0.302~0.399，地方政府分担份额在0.292~0.472，农户分担份额在0.210~0.395。

表7-8　　基于激励和扶持机制修正的农业水价分担份额

| 省份 | 综合评估的份额 | | | 修正后的份额 | | | 地方变化 | 农户变化 |
|---|---|---|---|---|---|---|---|---|
| | $G$ | $g$ | $N$ | $G$ | $g$ | $N$ | | |
| 山东 | 0.365 | 0.394 | 0.241 | 0.399 | 0.391 | 0.210 | −0.003 | −0.031 |
| 海南 | 0.382 | 0.400 | 0.218 | 0.382 | 0.400 | 0.218 | 0.000 | 0.000 |
| 北京 | 0.292 | 0.482 | 0.226 | 0.302 | 0.472 | 0.226 | −0.010 | 0.000 |
| 浙江 | 0.329 | 0.425 | 0.246 | 0.334 | 0.420 | 0.246 | −0.005 | 0.000 |
| 广东 | 0.349 | 0.393 | 0.258 | 0.349 | 0.393 | 0.258 | 0.000 | 0.000 |
| 福建 | 0.326 | 0.414 | 0.260 | 0.328 | 0.412 | 0.260 | −0.002 | 0.000 |
| 天津 | 0.333 | 0.394 | 0.272 | 0.337 | 0.391 | 0.272 | −0.004 | 0.000 |
| 河北 | 0.340 | 0.359 | 0.301 | 0.371 | 0.357 | 0.272 | −0.002 | −0.028 |
| 河南 | 0.366 | 0.339 | 0.295 | 0.367 | 0.340 | 0.293 | 0.001 | −0.002 |
| 湖北 | 0.355 | 0.333 | 0.312 | 0.362 | 0.340 | 0.298 | 0.007 | −0.014 |
| 上海 | 0.306 | 0.395 | 0.299 | 0.313 | 0.388 | 0.299 | −0.007 | 0.000 |
| 西藏 | 0.329 | 0.372 | 0.299 | 0.329 | 0.372 | 0.299 | 0.000 | 0.000 |
| 甘肃 | 0.370 | 0.330 | 0.300 | 0.372 | 0.328 | 0.300 | −0.003 | 0.000 |
| 江苏 | 0.319 | 0.326 | 0.355 | 0.365 | 0.319 | 0.316 | −0.006 | −0.039 |
| 内蒙古 | 0.350 | 0.299 | 0.351 | 0.382 | 0.297 | 0.322 | −0.003 | −0.029 |
| 辽宁 | 0.321 | 0.325 | 0.354 | 0.353 | 0.322 | 0.325 | −0.003 | −0.029 |
| 宁夏 | 0.332 | 0.341 | 0.327 | 0.332 | 0.341 | 0.327 | 0.000 | 0.000 |
| 江西 | 0.332 | 0.315 | 0.353 | 0.341 | 0.324 | 0.335 | 0.009 | −0.019 |

续表

| 省份 | 综合评估的份额 | | | 修正后的份额 | | | 地方变化 | 农户变化 |
|---|---|---|---|---|---|---|---|---|
| | $G$ | $g$ | $N$ | $G$ | $g$ | $N$ | | |
| 陕西 | 0.337 | 0.321 | 0.342 | 0.342 | 0.316 | 0.342 | −0.006 | 0.000 |
| 安徽 | 0.326 | 0.315 | 0.359 | 0.334 | 0.324 | 0.342 | 0.009 | −0.017 |
| 湖南 | 0.320 | 0.309 | 0.371 | 0.329 | 0.318 | 0.353 | 0.009 | −0.018 |
| 山西 | 0.325 | 0.322 | 0.353 | 0.327 | 0.320 | 0.353 | −0.002 | 0.000 |
| 黑龙江 | 0.342 | 0.299 | 0.360 | 0.344 | 0.302 | 0.354 | 0.003 | −0.006 |
| 重庆 | 0.342 | 0.303 | 0.355 | 0.346 | 0.299 | 0.355 | −0.004 | 0.000 |
| 广西 | 0.323 | 0.321 | 0.356 | 0.323 | 0.321 | 0.356 | 0.000 | 0.000 |
| 新疆 | 0.316 | 0.321 | 0.362 | 0.316 | 0.321 | 0.362 | 0.000 | 0.000 |
| 四川 | 0.309 | 0.301 | 0.390 | 0.338 | 0.299 | 0.363 | −0.002 | −0.027 |
| 吉林 | 0.333 | 0.304 | 0.363 | 0.333 | 0.304 | 0.363 | 0.000 | 0.000 |
| 青海 | 0.314 | 0.318 | 0.368 | 0.314 | 0.318 | 0.368 | 0.000 | 0.000 |
| 云南 | 0.320 | 0.296 | 0.384 | 0.320 | 0.296 | 0.384 | 0.000 | 0.000 |
| 贵州 | 0.311 | 0.293 | 0.395 | 0.312 | 0.292 | 0.395 | −0.001 | 0.000 |

## 7.2.3 修正后各方承担的农业水价

表 7-9 中，修正后粮食主产区农户承担的农业水价整体有下降趋势，处于 0.009~0.217 元/m³ 之间。非粮主产区农户农业水价没有变动。粮食主产区中，农户农业水价最高的是河北，达到 0.150 元/m³。

表 7-9　　　　基于激励和扶持机制修正的各方农业水价　　　单位：元/m³

| 省份 | 中央政府 | | | | 地方政府 | | | | 用水农户 | | | |
|---|---|---|---|---|---|---|---|---|---|---|---|---|
| | 大中 | 小 | 井 | 平均 | 大中 | 小 | 井 | 平均 | 大中 | 小 | 井 | 平均 |
| 北京 | | | 0.151 | 0.151 | | | 0.236 | 0.236 | | | 0.113 | 0.113 |
| 天津 | 0.155 | 0.067 | 0.108 | 0.110 | 0.180 | 0.078 | 0.125 | 0.128 | 0.125 | 0.054 | 0.087 | 0.089 |
| 河北 | 0.167 | | 0.241 | 0.204 | 0.161 | | 0.232 | 0.196 | 0.123 | | 0.177 | 0.150 |
| 山西 | 0.173 | | 0.229 | 0.201 | 0.170 | | 0.224 | 0.197 | 0.187 | | 0.247 | 0.217 |
| 内蒙古 | 0.081 | | 0.100 | 0.090 | 0.063 | | 0.077 | 0.070 | 0.068 | | 0.084 | 0.076 |
| 辽宁 | 0.046 | 0.044 | 0.227 | 0.106 | 0.042 | 0.040 | 0.207 | 0.096 | 0.042 | 0.041 | 0.209 | 0.097 |
| 吉林 | 0.057 | 0.050 | 0.067 | 0.058 | 0.052 | 0.046 | 0.061 | 0.053 | 0.062 | 0.054 | 0.073 | 0.063 |
| 黑龙江 | 0.045 | 0.028 | | 0.036 | 0.039 | 0.024 | | 0.032 | 0.046 | 0.028 | | 0.037 |
| 上海 | 0.063 | 0.053 | | 0.058 | 0.078 | 0.066 | | 0.072 | 0.060 | 0.051 | | 0.055 |
| 江苏 | 0.046 | 0.033 | | 0.040 | 0.041 | 0.029 | | 0.035 | 0.040 | 0.028 | | 0.034 |
| 浙江 | 0.134 | 0.022 | | 0.078 | 0.168 | 0.027 | | 0.098 | 0.098 | 0.016 | | 0.057 |
| 安徽 | 0.085 | 0.050 | 0.055 | 0.063 | 0.082 | 0.049 | 0.053 | 0.061 | 0.087 | 0.051 | 0.056 | 0.065 |

## 7.2 基于激励和扶持机制的农业水价合理分担份额修正

续表

| 省份 | 中央政府 | | | | 地方政府 | | | | 用水农户 | | | |
|---|---|---|---|---|---|---|---|---|---|---|---|---|
| | 大中 | 小 | 井 | 平均 | 大中 | 小 | 井 | 平均 | 大中 | 小 | 井 | 平均 |
| 福建 | 0.037 | 0.015 | 0.036 | 0.029 | 0.047 | 0.019 | 0.045 | 0.037 | 0.030 | 0.012 | 0.029 | 0.023 |
| 江西 | 0.071 | 0.012 | 0.014 | 0.032 | 0.067 | 0.011 | 0.013 | 0.030 | 0.070 | 0.011 | 0.013 | 0.031 |
| 山东 | 0.172 | 0.126 | 0.148 | 0.149 | 0.169 | 0.124 | 0.145 | 0.146 | 0.091 | 0.067 | 0.078 | 0.078 |
| 河南 | 0.099 | 0.073 | 0.095 | 0.089 | 0.092 | 0.068 | 0.088 | 0.083 | 0.079 | 0.059 | 0.076 | 0.071 |
| 湖北 | 0.087 | 0.054 | | 0.071 | 0.082 | 0.051 | | 0.067 | 0.072 | 0.045 | | 0.058 |
| 湖南 | 0.079 | 0.026 | | 0.053 | 0.077 | 0.026 | | 0.051 | 0.085 | 0.028 | | 0.057 |
| 广东 | 0.077 | 0.052 | 0.180 | 0.103 | 0.087 | 0.059 | 0.202 | 0.116 | 0.057 | 0.039 | 0.133 | 0.076 |
| 广西 | 0.154 | 0.097 | 0.323 | 0.191 | 0.153 | 0.096 | 0.321 | 0.190 | 0.170 | 0.107 | 0.356 | 0.211 |
| 海南 | 0.023 | 0.049 | | 0.036 | 0.024 | 0.051 | | 0.038 | 0.013 | 0.028 | | 0.020 |
| 重庆 | 0.104 | 0.102 | | 0.103 | 0.090 | 0.089 | | 0.089 | 0.107 | 0.105 | | 0.106 |
| 四川 | 0.095 | 0.054 | | 0.074 | 0.084 | 0.048 | | 0.066 | 0.102 | 0.058 | | 0.080 |
| 贵州 | 0.152 | 0.189 | | 0.170 | 0.142 | 0.177 | | 0.159 | 0.192 | 0.239 | | 0.216 |
| 云南 | 0.176 | 0.212 | 0.016 | 0.135 | 0.163 | 0.196 | 0.014 | 0.124 | 0.211 | 0.254 | 0.019 | 0.161 |
| 西藏 | | | | 0.019 | | | | 0.019 | | | | 0.022 |
| 陕西 | 0.075 | 0.065 | 0.075 | 0.072 | 0.069 | 0.060 | 0.069 | 0.066 | 0.075 | 0.065 | 0.075 | 0.072 |
| 甘肃 | 0.004 | | 0.019 | 0.011 | 0.003 | | 0.016 | 0.010 | 0.003 | | 0.015 | 0.009 |
| 青海 | 0.031 | 0.015 | | 0.023 | 0.032 | 0.015 | | 0.023 | 0.037 | 0.018 | | 0.027 |
| 宁夏 | 0.099 | 0.016 | 0.063 | 0.059 | 0.102 | 0.016 | 0.065 | 0.061 | 0.098 | 0.015 | 0.062 | 0.059 |
| 新疆 | 0.047 | | 0.079 | 0.063 | 0.048 | | 0.080 | 0.064 | 0.054 | | 0.091 | 0.072 |

地方政府承担的农业水价整体上有所下降，部分改革进展较慢的粮食主产区地方政府需要分担部分农户降低的水价，使其水价有一定程度的提升，但整体来看省域间水价的排序变动不大。地方分担水价最高的依旧是北京，达到 0.236 元/m³，其次为山西、河北、广西和贵州，但均有不同程度的降低。最低的省份仍为甘肃，价格未变，之前政府水价较低的省份并未显著降价，反而部分地区有小幅提价，符合修正的预期。

中央政府承担的农业水价整体有增加趋势，最高为河北，达到 0.204 元/m³，其次为山西、广西、贵州和北京，这与这部分地区供水成本偏高有关。对于北京来说，其改革进展好增加了中央分担份额，但仍低于地方政府分担份额。从粮食安全角度来看，北京虽然经济发达，但是适度保障当地的粮食生产功能，对于国家粮食安全和地区抗风险能力有一定益处。

### 7.2.4 修正后的各方粮食灌溉水费总投入

激励和扶持机制修正后，按 2018 年粮食播种和用水情况计算，中央政府粮食作物灌溉水费投入总需求为 172.1 亿元/a，地方政府为 165.19 亿元/a，农户为

# 第 7 章 农业水价合理分担份额确定和机制建设

159.54 亿元/a。修正后的中央总投入有所增加，地方和农户投入有所降低。中央、地方和农户粮食作物水费总投入占全国总需求的比例分别为 34.6%、33.2% 和 32.1%，中央明显高于地方和农户的分担比例。政府部门总投入占总需求的比例达到 67.9%，高于修正前的分担比例，见表 7-10。

表 7-10　　激励和扶持机制修正后的粮食作物农业水费总投入　　单位：万元

| 省份 | 中央政府总投入 | 地方政府总投入 | 政府总投入 | 农户总投入 | 省域总投入 |
|---|---|---|---|---|---|
| 北京 | 1808.211 | 2830.095 | 4638.306 | 1352.749 | 5991.055 |
| 天津 | 8249.460 | 9571.328 | 17820.787 | 6668.233 | 24489.021 |
| 河北 | 196016.906 | 188652.254 | 384669.160 | 143990.262 | 528659.423 |
| 山西 | 74809.707 | 73245.705 | 148055.412 | 80882.619 | 228938.030 |
| 内蒙古 | 82421.743 | 64011.799 | 146433.542 | 69442.709 | 215876.251 |
| 辽宁 | 62311.360 | 56821.973 | 119133.333 | 57361.415 | 176494.749 |
| 吉林 | 36232.193 | 33092.766 | 69324.959 | 39555.823 | 108880.782 |
| 黑龙江 | 104580.785 | 91554.859 | 196135.643 | 107472.075 | 303607.718 |
| 上海 | 3933.432 | 4882.422 | 8815.854 | 3756.577 | 12572.432 |
| 江苏 | 69265.289 | 60665.929 | 129931.218 | 59981.748 | 189912.966 |
| 浙江 | 26659.263 | 33530.341 | 60189.604 | 19615.739 | 79805.344 |
| 安徽 | 82407.488 | 79794.100 | 162201.587 | 84330.149 | 246531.736 |
| 福建 | 12766.970 | 16031.841 | 28798.812 | 10107.713 | 38906.525 |
| 江西 | 31220.957 | 29603.370 | 60824.327 | 30605.583 | 91429.909 |
| 山东 | 131497.872 | 128851.821 | 260349.693 | 69339.699 | 329689.393 |
| 河南 | 71697.728 | 66390.929 | 138088.657 | 57348.357 | 195437.014 |
| 湖北 | 55944.086 | 52633.293 | 108577.379 | 46043.849 | 154621.228 |
| 湖南 | 55125.850 | 53364.560 | 108490.410 | 59255.289 | 167745.699 |
| 广东 | 96877.836 | 109103.101 | 205980.937 | 71544.659 | 277525.597 |
| 广西 | 159746.875 | 158512.325 | 318259.200 | 176158.440 | 494417.640 |
| 海南 | 4719.909 | 4936.530 | 9656.439 | 2688.709 | 12345.148 |
| 重庆 | 13062.098 | 11309.147 | 24371.245 | 13430.909 | 37802.154 |
| 四川 | 70876.888 | 62828.701 | 133705.589 | 76237.075 | 209942.665 |
| 贵州 | 46340.493 | 43371.444 | 89711.937 | 58644.549 | 148356.486 |
| 云南 | 70913.046 | 65470.422 | 136383.468 | 84944.542 | 221328.011 |
| 西藏 | 2917.160 | 2955.874 | 5873.034 | 3424.078 | 9297.112 |
| 陕西 | 25942.095 | 23928.326 | 49870.421 | 25896.865 | 75767.286 |
| 甘肃 | 6490.382 | 5710.803 | 12201.185 | 5223.971 | 17425.156 |
| 青海 | 1694.754 | 1717.246 | 3412.000 | 1989.254 | 5401.253 |

## 7.2 基于激励和扶持机制的农业水价合理分担份额修正

续表

| 省份 | 中央政府总投入 | 地方政府总投入 | 政府总投入 | 农户总投入 | 省域总投入 |
|---|---|---|---|---|---|
| 宁夏 | 18603.714 | 19111.715 | 37715.429 | 18349.887 | 56065.316 |
| 新疆 | 95815.486 | 97369.423 | 193184.909 | 109752.738 | 302937.648 |
| 合计 | 1720950.036 | 1651854.441 | 3372804.477 | 1595396.270 | 4968200.746 |

见表 7-11，中央补贴向粮食主产区倾斜，粮食主产区地方政府和农户需要分担的粮食作物灌溉水费分担的比例整体低于其他地区。全国粮食作物灌溉水费总需求有 58.75% 来自粮食主产区，而中央投资的 60.99% 投向了粮食主产区，高于平均水平；粮食主产区农户农业水费投入则低于全国平均水平仅为 56.47%。

表 7-11　　　　　　　　　粮食主产区粮食作物水费投入情况

| 指　　标 | 中央政府 | 地方政府 | 政府部门 | 农户农业水费 | 合计 |
|---|---|---|---|---|---|
| 资金总额/万元 | 1049599.144 | 968266.354 | 2017865.498 | 900964.035 | 2918829.533 |
| 主产区占比全国/% | 60.99 | 58.62 | 59.83 | 56.47 | 58.75 |

### 7.2.5　修正后分担结果的区域性特征

激励和扶持机制修正后，各地区的农业水价分担份额、承担水价和各方的资金投入需求状况均表现出明显的区域特征，见表 7-12。

表 7-12　　　　　激励和扶持机制修正后农业水价分担呈现的区域特征

| 分类 | 地区 | 分担份额 | | | 承担水价/(元/m³) | | | 以2018年为例的资金投入需求/亿元 | | | | | |
|---|---|---|---|---|---|---|---|---|---|---|---|---|---|
| | | $G$ | $g$ | $N$ | $G$ | $g$ | $N$ | $G$ | $g$ | 政府总投入 | $N$ | 全部 | 省均总计 |
| 南北方 | 北方 | 0.346 | 0.341 | 0.313 | 0.095 | 0.097 | 0.082 | 91.82 | 86.29 | 178.10 | 79.46 | 257.57 | 17.17 |
| | 南方 | 0.338 | 0.343 | 0.318 | 0.082 | 0.082 | 0.083 | 80.28 | 78.90 | 159.18 | 80.08 | 239.25 | 15.89 |
| 东中西部 | 东部 | 0.348 | 0.388 | 0.264 | 0.097 | 0.109 | 0.072 | 61.41 | 61.59 | 123.00 | 44.64 | 167.64 | 15.24 |
| | 中部 | 0.342 | 0.321 | 0.336 | 0.075 | 0.072 | 0.075 | 51.20 | 47.97 | 99.17 | 50.55 | 149.72 | 18.71 |
| | 西部 | 0.336 | 0.317 | 0.348 | 0.084 | 0.080 | 0.093 | 59.48 | 55.63 | 115.11 | 64.35 | 179.46 | 14.96 |
| 七大区域 | 华东 | 0.345 | 0.376 | 0.279 | 0.069 | 0.075 | 0.052 | 32.65 | 32.38 | 65.03 | 24.71 | 89.74 | 14.96 |
| | 西北 | 0.335 | 0.325 | 0.340 | 0.046 | 0.045 | 0.048 | 14.85 | 14.78 | 29.64 | 16.12 | 45.76 | 9.15 |
| | 华北 | 0.344 | 0.367 | 0.289 | 0.151 | 0.165 | 0.129 | 36.33 | 33.83 | 70.16 | 30.23 | 100.40 | 20.08 |
| | 西南 | 0.329 | 0.312 | 0.359 | 0.100 | 0.117 | 0.117 | 20.41 | 18.59 | 39.00 | 23.67 | 62.67 | 12.53 |
| | 东北 | 0.343 | 0.309 | 0.347 | 0.067 | 0.060 | 0.066 | 20.31 | 18.15 | 38.46 | 20.44 | 58.90 | 19.63 |
| | 华中 | 0.350 | 0.330 | 0.320 | 0.061 | 0.058 | 0.054 | 21.40 | 20.20 | 41.60 | 19.33 | 60.92 | 15.23 |
| | 华南 | 0.352 | 0.371 | 0.277 | 0.110 | 0.115 | 0.103 | 26.13 | 27.26 | 53.39 | 25.04 | 78.43 | 26.14 |

#### 7.2.5.1　修正后农业水价分担份额的区域特征

根据各地改革进展和粮食生产功能修正后，农业水价分担份额的区域性差异更显著。

# 第7章 农业水价合理分担份额确定和机制建设

(1) 南北方。北方改革进展更好、粮食主产区更多，农户和地方水价分担份额更低，中央分担份额更高；尽管中央水价分担份额有所增加，但南方地区地方政府分担份额仍为最高，且高于北方，更符合南北方地区的经济社会发展水平。

(2) 东中西部。修正后，东中西部农户分担份额普遍降低，中央分担份额普遍提升，区域间差异性变化与改革进展关系显著，激励作用凸显，但仍保持着公平性和对粮食主产区的保护。东部地区中央分担份额超过中部，达到最高，但仍低于地方份额；中部地方政府分担份额提升，超过西部地区，但仍低于中央份额。由于改革进度较好，东部中央分担份额为全国最高，2020年预计完成改革的4省份均位于东部地区。中部地区粮食主产区较多，改革进展较慢，农户分担份额降低后，地方政府分担份额有所提升，但仍低于中央，具有公平性、能够保障粮食主产区权益，但同时地方政府分担份额提升，也能激励地方政府加快改革步伐。西部地区地方和农户份额有所降低，中央份额有所提升，给予了经济欠发达地区一定扶持。

(3) 七大地理区域。有粮食主产区的区域农户份额均有所下降；东北和华中地区改革进展偏慢，地方政府分份额有所增加，对于激励当地加快改革进展有积极作用，其余地区地方政府分担份额均有所降低；中央分担份额整体呈现上升趋势。

**7.2.5.2 修正后各方承担农业水价的区域特征**

农业水价分担份额修正后，对于区域整体水价没有影响，只会对各方承担的农业水价产生影响。修正后，各区域农户和地方政府支付的水价均有降低，中央政府承担的则有增加。

北方地区农户承担的农业水价低于南方，但受供水成本影响，中央和地方政府承担的水价北方仍高于南方。东中西部各方水价均有不同程度变化，但区域间排序没有明显变化，仍然呈现中央水价：东＞西＞中；地方水价：东＞西＞中；农户水价：西＞中＞东的情况，与区域水资源稀缺性和灌溉依赖度表现出重要关系。七大地理区域，农户水价除西北和华南两地没有变化外，均有所降低，与粮食主产区分布有关；地方政府水价，除了华中有所增加、华南没有变化外，其他均有所降低，与当地改革进展关系密切；中央政府水价仅华南没有变化，其余地区均有增加。基本反映了华中和华南地区农业水价综合改革进展缓慢的特征。

**7.2.5.3 修正后各方粮食灌溉水费资金投入需求的区域特征**

修正后，各省粮食灌溉水费资金的投入总需求均没有变化，整体呈现：中央政府资金投入需求普遍上升；地方政府资金投入需求大部分降低，部分改革过慢地区有所增加；包含粮食主产区的省份农户水费负担均有下降的趋势。从资金总投入的变化来看，这样的调整对于改革进展好的地区，有资金上的激励；对于进展较慢的地区，地方水费投入需求有所增加，更能激励地方政府加快改革；对于粮食主产区农民有所倾斜，农户水费负担降低，对保障粮食安全有重要意义。

## 7.3 农业水价合理分担机制

农业水价合理分担机制,是为了更好地实现中央、地方和农户3方共同落实农田水利工程运行维护成本而建立的机制。本书在农业水价合理分担份额评估结果的基础上,建立了"一个核心,四个服务"的机制体系。其中合理定价机制是整个机制体系的核心部分,也是中央、地方政府和农户落实农业水价的实现路径;社会参与、政策倾斜、农户参与和保障机制则是辅助机制,是为了促进农业水价综合改革,实现农业水价合理分担而建立的扶持保障机制。农业水价合理分担机制的内在联系,如图7-1所示。

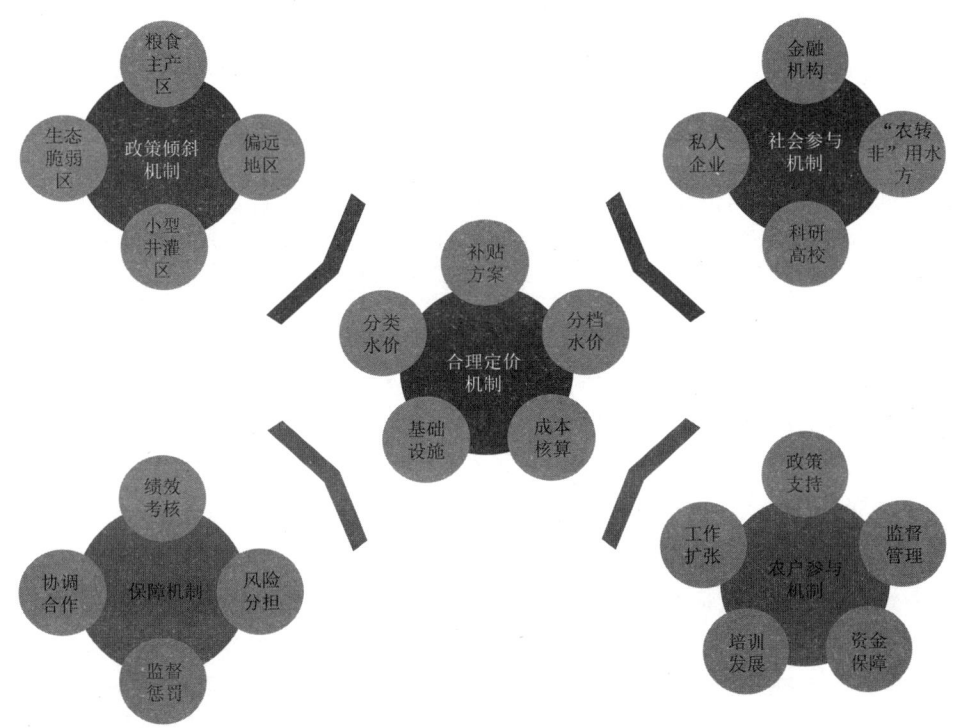

图7-1 农业水价合理分担机制关系图

### 7.3.1 合理定价机制

上述以定性和定量结合的综合方法确定了全国31省份的农业水价合理分担份额,并根据当前工程的运行维护成本,计算了中央、地方和农户实际应承担的农业水价。评价结果能够反映各地灌溉效益、粮食安全保障和生态3方面效益,以及中央、地方和农户3方的利益情况和关系。但缺乏了一定的激励机制,并且对于粮食主产区农户缺少政策倾斜,因此在后文中设计了激励和扶持方案,对评价结果进行修正,得到的农业水价分担份额既能反应各方利益情况,也能发挥激励和扶持意义，具有一定的合理性。可以以此为依据，围绕该研究结果建立合理的定价机制，这是实现农业水价合理分担的第一步。合理定价机制，应该以健康的农田水利供给服务为基础，以完善的计量设施为依托，以准确的农业供水成本核算结果为抓手，以明确的分担份额为标准，以健全的补贴方式为兜底政策。

（1）水利基础设施建设。农业水价政策目标的实现，要以健康地能够良性运转的水利工程体系为基础，只有优质便捷的农业供水服务，才能消除用水农户对农业用水提价政策的抵触心理，提升农户对于农业水费的支付意愿（Postel et al.，1999）。改革实践显示，改革区域加强农田水利工程建设后，能够显著提升灌溉效率，灌溉耗时、耗工、耗水量均显著下降，农户也更愿意为此支付较高水平的水价，甚至部分地区在提升单价后，因为农业节水实现了整体水费支出的下降。农户作为理性人，只有在自身利益获得保障，切实感受到工程建设带来的便捷时，才愿意支付更高的农业水价。由于农田水利工程具有准公共物品的性质，为了保障有效地灌溉供给，必须由政府进行大规模的投资、建设、政策倾斜和价格干预，来保证基本的灌溉需求和其在农田水利工程建设中的主体地位；社会资本的进入也需要在政府引导和约束的基础上展开，保障政府对于定价和供给服务的决策能力，避免完全竞争市场和私人供给对灌溉供水安全的影响。

同时，应及时配套计量设施。为了更好地促进农业节水，改革以实现灌溉用水的按方（量）收费为重要目标。一个相对准确、透明的用水量统计，是决定水费缴纳额度，也是维护社会公平的基本要求。农户和管理方都需要准确地了解农户用水情况，完成农业水费收取。而配套计量设施时，可以结合当地自然气候、地形地势和经济社会发展状况，因地制宜配套不同类型的计量设施。如实力强、管理广的典型地区可以探索实行信息化远程计量，重点改革区域使用精准计量设施，井灌、提灌区可以探索以电、计时、以油"折水"计量，经济实力有限、任务重的地区可以采取量水槽、标尺等简易计量，一些改革难度较大的地区可以采取水票制、打捆分户等"粗"计量方式作为过渡。

（2）供水成本核定。供水成本核定是合理农业水价形成机制的基础，科学合理的供水成本核算结果，是农业水价定价的基本依据。目前各省基本已经完成或开展对域内大型灌区骨干工程和井灌区供水成本的核算，但是由于末级渠系、中小型灌区普遍具有任务重、核算量大、情况复杂等特性，这类灌区的成本核算进度偏慢。为了更好地建立农业水价形成机制，各省政府应以《水利工程供水价格管理办法》和《末级渠系水价测算导则（试行）》为依据，加快对省域内不同类型灌区（特别是中、小型灌区和末级渠系）工程供水成本核算，并根据当地农业发展状况和水资源禀赋确定当前阶段农业水价标准（运行维护成本或全成本）。

（3）执行分类水价。根据《2019年农产品成本收益汇编》统计显示，包括3种粮食作物、2种油料作物、大豆、棉花等粮食和重要农产品生产净利润为负（稻谷效益也相对有限，亩均净收益也仅为65.89元，而稻谷属高耗水作物，对农户来说

## 7.3 农业水价合理分担机制

稻谷灌溉水价的提价空间也非常有限)。因此,对于包括粮食作物在内的负收益农产品,执行 7.2 节中根据各省当前工程供水成本核算结果计算农户应承担的粮食作物灌溉水价。

对于蔬菜、苹果等经济作物,这类作物农业投入产出比较高,多存在可观的净收益,建议根据当地情况将灌溉水价逐步提升到运行维护成本,水资源稀缺地区应尽快达到农田水利工程运行维护成本,并探索尝试执行全成本水价(即包含工程折旧和运行维护成本)。

(4) 执行分档水价。上文从中央、地方和农户 3 方的利益情况出发,核算了各方粮食作物农业水价分担份额,单纯考虑农民承载力和灌溉效益的农业水价虽然能够保障农户利益,但却不好发挥农业水价的经济杠杆作用,不利于农业节水的实现。为了更好地促进农业节水,还要加强相关政策的配套,例如:执行分档水价,激励农户节水。分档水价的最终原则是,将节水省下的水费反馈给农户;定额内用水,补贴后的水费支出不超过农户应分担的水价份额;超定额用水,可以适度提高农户水费支出。

研究显示,适度的水分亏缺不会造成作物减产(石晓华,2013),可能对增产和水分利用效率更加有利(赵永,2004)。专家学者,将非充分灌溉在水稻、小麦、玉米、向日葵(胡淑玲,2010)、棉花(范志超,2013)、马铃薯(石晓华,2013)等诸多中农作物生产中进行试验,均验证了这一灌溉模式的可行性,扩大了我国农业产业的节水潜力。已有研究显示,非充分灌溉条件下,合理的节水效率在 20% 左右,苗庆丰的研究显示小麦的 33%,其他作物(玉米、向日葵)在 20% 以上(苗庆丰,2015),胡淑玲研究认为小麦在 23%,玉米在 12%(胡淑玲,2010)。根据相关研究结果,我们设计分档水价时,将灌溉定额的 80% 水量设置为第一档。

那么分档农业水价,按照表 7-13 所示的标准进行定价。当用水农户用水量在 80% 农业用水定额内时,农业水价按照 7.2 节中计算得的农户分担水价执行,并由政府部门适当进行节水奖励;实际用水量,在 80%~100% 定额范围内时,执行 120% 的农户分担水价,总量不超过定额,则在年底将超出的 20% 以补贴形式行返还;当超出定额 20% 内或 20%~50%,分别按 150% 和 200% 农民分担水价执行,对 80%~100% 定额部分水价不再进行补贴,超出定额部分加收水费用于节水奖励。超出定额 50% 时,可以停止供水。

表 7-13　　分档水价执行标准

| 分档 | 第一档 | 第二档 | 第三档 | 第四档 | 第五档 |
| --- | --- | --- | --- | --- | --- |
| 灌溉定额 | 80%定额及以下 | 80%~100% | 100%~120% | 120%~150% | 150%以上 |
| 农业用水定价 | 100%的农民水价 | 120%的农民水价 | 150%的农民水价 | 200%的农民水价 | 停止供水 |
| 补贴 | 不足部分按量奖励 | 20%水价年底返还 | 超额部分不补贴 | 超额部分不补贴 | — |

(5) 补贴形式和对象。农业水价的分担主体为中央、地方和农户 3 方利益群

体,这也决定了农业水价最主要的分担方式为政府补贴。根据补贴方式可以分为明补和暗补两种,明补为缴纳足够的农业水费后,再对定额内用水进行补贴;暗补则是指直接降低农业水费。研究显示,暗补并不利于促进农业节水(孙梅英等,2011),但根据当前农业生产效益状况,单纯依赖提高农业水价促进节水的策略显然不是最优的选择,反而会威胁粮食安全。在有限定额范围内进行"暗补",并在超出设定定额时提高水价,反而是一种可以选择的节水策略。既能够保障从事粮食种植农户的基本收益,减轻其在灌溉水费上的负担,也能更好地促进农业节水。而补贴对象则应包括供用水双方,涉及用水农户、灌区管理单位、基层水利单位、水利经营者和提供灌溉供水服务的节水灌溉企业等。在农户按照规定水价缴纳水费后,由政府向农田水利工程运行维护管理者补贴,可以解决供水成本倒挂的问题,实现水利工程的良性运转。而对定额内,农户的节水行为和为了促进节水提升的农业水价,也应该进行补贴,以保障农民的权益。

中央和地方政府的补贴规模,在7.2节中按中央和地方各自的分担的农业水价乘以粮食灌溉总量进行了计算。按2018年灌溉用水情况计算,中央政府对粮食作物的农业水价补贴金额在172.1亿元/a,地方政府为165.19亿元/a,农户需要承担的总费用为159.54亿元/a。由于省域间情况存在差异,各省政府对粮食作物农业水价补贴资金投入需求在0.37亿~38.47亿元。全国粮食作物灌溉用水总费用在496.96亿元(中央+地方+农户)。而随着农田水利工程良好率、灌溉供水服务水平、农业节水灌溉技术以及运维管理水平的提升,我国农业节水潜力将逐渐发挥出来,随着农业用水总量逐步降低,在粮食作物灌溉水费中的投入还有一定的收缩空间。

## 7.3.2 政策倾斜机制

根据上述研究结果显示,我国农业水价综合改革任务、进展存在严重的区域性差异。对各省农业水价综合改革进展评估发现,13个粮食主产区中7省份改革综合评价结果排在后11位。省域间改革任务在150万~8899万亩,最大差额达到8749万亩。省域改革进度在3.7%~99.66%,最大差距达到95.96%。大中型灌区改革进度明显超过井灌区和小型灌区。改革实践中发现,资金短缺、水利工程基础薄弱,也是制约改革开展的重要因素。为了更好地完成全国范围内的农业水价综合改革任务,加快任务重、进度慢、改革难度大的区域农业水价综合改革工作的开展,应该建立政策倾斜机制。对于粮食主产区、偏远地区、井灌和小型灌区以及生态脆弱地区,在农业、农田水利项目和资金的分配上面适度倾斜。

倾斜的具体方式,包括:放宽对这类地区高标准农田、高效节水灌溉、灌区改造等项目的申请条件,拨付更多名额;在中央水利资金分解时,根据地方改革任务量和当年计划改革面积进行资金拨付,对于特殊地区中央资金拨付比例提高;在进行重点水利工程项目规划时,更多地将农田水利工程项目需求考虑其中,对特殊地

## 7.3 农业水价合理分担机制

区适度放宽审批要求;探索省域间的帮扶政策,经济实力好、改革进度好、粮食需求大的省份,从改革政策、工程、资金等多方面进行对口支援等。

(1) 粮食主产区。根据 2018 年和 2019 年国家统计数据,可以发现 13 个粮食主产区省份承担了全国 78.69% 和 78.89% 的粮食供给。而根据 6.2.2 节中对于各省粮食产需情况的评估结果显示,8 个高余粮省份中,7 个为粮食主产区;17 个余粮省份中 9 个省份为粮食主产区。同时这 13 个省份改革任务占全国改革任务总量的比例达到 74.65%。而除江苏、陕西、内蒙古、山东、四川等地进展还算良好外,其他省份改革进展均不善乐观,特别是河南、吉林和黑龙江等地改革进展极慢。粮食主产区为维护国家粮食安全做出了重要贡献,这部分地区改革任务普遍较重,且政府经济承载能力有限,单纯依赖地方政府财力完成改革工作存在一定的难度。推动这部分地区的农业水价综合改革对保障国家粮食安全、促进农业节水,以及经济社会的发展均有着重要的意义。无论是从保障种粮农民利益、补偿地方政府的贡献,还是维护中央政府的利益来说,都应为这类地区提供一定的政策和资金倾斜。

(2) 偏远地区。根据各省改革进展的综合评估显示,青海、云南、宁夏、西藏等边远地区农业水价综合改革进度整体偏慢。这类地区,在地理位置和自然气候等多个方面存在劣势,经济实力、社会文化氛围等自然、经济、社会条件都比较特殊,在改革的各方面都比较弱势。需要政府在改革方案设计、工作开展、项目和资金上有所倾斜,推动区域改革开展。推动农业水价综合改革,对于提升当地农业生产力水平、保障灌溉、促进农民增收、推动经济发展有积极作用,让农民生活富裕起来、生产便捷起来,对于促进社会稳定、民族团结有着重要意义。

(3) 井灌、小型灌区。近年来,中央政府在对于大中型灌区的节水改造和续建配套项目建设上投入了巨大的精力,对于井灌区和小型灌区的改造项目则相对有限。而根据发改价格〔2018〕916 号通知,要求涉农涉水项目需同步开展农业水价综合改革,因此灌区改造项目对推动农业水价综合改革工作开展有着重要作用。但是当前阶段政府部门对于井灌区和小型灌区改造项目的关注相对较弱,并未形成全国范围内的规划方案,但相对于大中灌区来说,井灌区和小型灌区改革难度更大,更需要有相关项目依托。因此,随着大中型灌区改造项目接近尾声,开始将改造项目向不满足大中型灌区标准的井灌和小型灌区倾斜,促进这类地区改革工作的推进。

(4) 生态脆弱区。习近平总书记指出"青藏高原是世界屋脊、亚洲水塔,是地球第三极,是我国重要的生态安全屏障、战略资源储备基地","青海对国家生态安全、民族永续发展有重大责任,必须承担好维护生态安全、保护三江源和中华水塔的重大使命"。推动当地农业水价综合改革对于促进农业节水,保障生态安全具有重要意义。

华北地区是我国最严重的地下水超采区,面对华北地区地下水超采带来的植被退化、河流枯竭、地面沉降和地下水倒灌等生态问题,国家在华北地区开展超采区综合治理项目,并在河北省试点区开展农业水价综合改革。华北平原是我国重要的粮食生产基地,生产了全国超过 1/4 的粮食,而农业也是当地最大的耗水产业。农业水价综合改革试点区域实践显示,改革对促进农业节水有着重要作用,详见 3.4 节。在华北平原地下水超采区域应该尽快实施农业水价综合改革工作,并通过项目和资金倾斜,加快区域内改革进度,推动当地下水超采区综合治理。

东北地区也是我国重要的粮食生产基地,产量粮占全国近 1/4,而东北地区也面临着严峻的水资源问题。与全国其他地区相比,东北地区水资源总量相对丰富,但空间分配严重不均,作为老工业基地,水资源污染问题也尤为突出。随着当地农业产业的发展,耕地面积迅速扩张,水资源供需矛盾愈渐突出,对当地生态环境产生了极大影响。出现河流断流、地下水超采、湿地萎缩、土壤荒漠化、盐碱化等一系列生态环境问题。农业是东北地区的重要产业,也是我国马铃薯、水稻、玉米等农产品的优质产区。解决水资源供需矛盾带来的生态环境问题刻不容缓,而开展农业水价综合改革对于促进农业节水,缓解水资源问题,保护生态安全有着积极作用。

### 7.3.3 农户参与机制

随着农业水价综合改革的持续开展,一批较具创新且进展良好的改革典型出现,其中诸多案例说明了农民通过农民用水协会参与改革和工程管理,对于推动改革开展有着重要意义。例如:江苏省阜宁县,实现协会全覆盖,协会负责定价、水费收缴、供水管水、巡查维修,实施报账制,人防、智防、保险防 3 级管护机制;浙江实行"八个一"村级管理体系,以村和协会为单位,承担工程运维管理和灌溉服务,由水管员统一负责灌溉;河南商丘采取末级渠系协会管护模式;宁夏盐池实行"支部+协会"的管理模式;此外,河北、湖南、重庆、广西等农田水利工程管护体系中,都将农民用水协会作为末级渠系管护的主体。

国内外诸多研究成果,也在理论上肯定了农民用水协会在水利工程管理中的重要作用。Daanish(2016)对约旦农民用水协的研究显示,协会在管理中被赋予政治意义,对协调国家与社会的关系和推动不同阶层权利的合法化有积极作用。Bustos(2001)指出,充足的资金和与农户间的沟通是发挥协会作用的重要路径。杨海燕等(2009)指出协会以"水资源配置"为纽带;徐俊英(2009)认为协会对工程经济和生态效益的提升有推动作用;刘志仁等(2013)认为,协会有水资源调配、纠纷协调、政策宣传和公众参与的功能。黄鑫(2018)指出协会在发展新型灌溉模式、完善灌溉秩序方面有重要作用,对于促进农村社会发展方面成效显著。

随着改革的深入,国内农民用水协会的数量持续增长,如图 7-2 所示。但是受人员构成、管理能力、参与程度、资金支持、政府政策等诸多因素影响,持续增加的协会并不能在改革中发挥推动改革开展的积极作用,甚至出现空壳化、僵尸化和注销潮。应若平(2008)、陈靖(2011)、黄鑫等(2018),均指出协会的组织和

## 7.3 农业水价合理分担机制

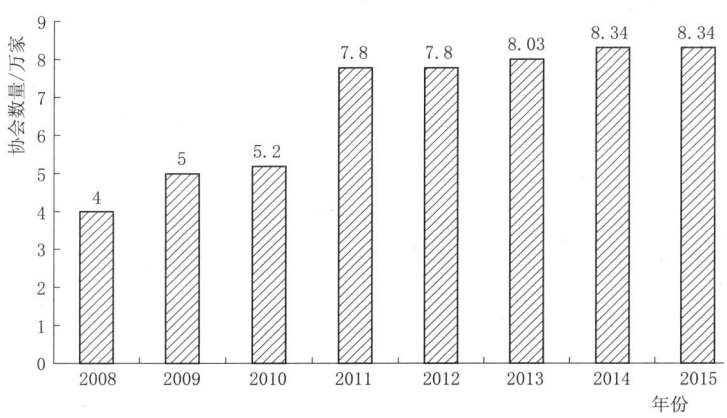

图 7-2 全国农民用水协会数量

运行过程中需要政府部门的干预和支持。造成当前农民用水协会在改革中低效运转的主要因素包括：人员素质低、资金短缺、功能限制、政策环境等。而协会作为农户参与改革和治理的重要介质，对推动改革、提升管理效率有重要意义，政府应该加强对协会的扶持，通过对协会成立和运行过程的干预，维护好农户参与改革和工程管护的途径。

（1）提高协会运行管理能力。造成协会运行管理能力低的关键因素在于，农业生产效益愈渐萎缩导致的农村地区青壮劳力、高素质人才流失。为了破解这一困境，第一，要落实乡村振兴战略，推动农村地区社会经济发展，将人才留住；第二，要建立基层管理人员的定向培养机制，由高校定向培养人才，保障优质人才供给；第三，要组织基层管理人员和协会成员围绕管理、设施维修等专业技能进行培训，通过参观、课程学习和培训，拓展成员眼界、探索协会治理的优质路径、获得专业化的维修技能。

（2）保障资金供给。资金短缺是制约协会工作开展的重要因素，各级政府要优先保障末级渠系补贴资金和项目的落实。基层组织经济实力差、抗击风险能力弱，政府部门要与农户共同分担末级渠系农业水价。末级渠系的运行维护成本多低于骨干工程，对于政府部门来说，这部分补贴的规模相对偏低，一定要及时足量到位，确保工程的运行、管理、维修和人员经费充足。

（3）扩大协会工作范畴。协会工作范畴的有限性，使得在实践工作中，协会并不能实现长效、稳定、持续地日常化运行。一些地区灌溉周期短、工作内容单一，只有在特定的时间和情况下协会才需要进行工作，这不利于协会的专业化运转、管理能力的提升和农户参与管理热情的维持。随着时间的推移，协会的工作内容、热情和能力只会愈渐下降，出现空心化、僵尸化现象。对此，应该给予协会更多的授权，与河湖长制、村委会等基层组织和合作社、种植大户等新兴农业经营主体挂钩；拓展协会工作范围，让其参与到河湖巡视、防汛应急、河岸整治、农业社会化服务等涉农涉水工作中，促进协会的日常化运营。

(4) 营造良好的政策氛围。根据《社会团体登记管理条例》规定，协会缺乏资金和固定办公场所、无法开展正常工作，部分地区民政部门对部分协会进行注销，出现了协会注销潮。而这只是政策环境对协会正常工作产生影响的一个典型案例，协会工作还在诸多方面受地方政策影响，使得原本就困难重重的协会运行工作雪上加霜。政府部门应该为协会参与工作创造更好的政策环境，出台政策法规确定协会在基层水利管理中的合法地位；加强部门间的工作协调，将责权冲突解决在政府机构内部，不影响协会运行；由村委会、基层水利管理部门对协会工作运行展开支援；建立更好的沟通机制，确保协会能够将自身诉求反映给政府部门，并及时做出答复和反应。

(5) 加强监督管理。随着协会合法地位的确定、运行资金的保障、工作职责功能的扩大、政府部门支援保障的到位，协会的权利、资金保障都将显著增强。这就需要加强对协会的监督和管理，实行台账制度、保障制度、费用公示制度、农户和村委会监督投诉制度。加强协会工作的透明度，开展绩效和工作能力评价，约束协会行为。

## 7.3.4 社会参与机制

截至 2019 年年底，全国农业水价综合改革实施总面积达到 2.99 亿亩，占全国改革任务总量的比例仅为 31.15%，根据当前改革进度并不能按时完成 10 年的改革任务。而我国农业水价综合改革走典型引领、逐步扩张的发展路线，改革初期多以工程、农民基础较好的大型灌区开展改革。目前改革进度较好的省份为江苏、北京、上海、浙江和陕西，这些省份地方政府普遍有着较好的经济基础，农田水利工程灌溉服务水平较高。随着改革范围的持续扩大，改革将逐步向基础差、经济弱、改革难的区域拓展，改革难度将进一步增加。仅靠政府部门来承担全国范围内的改革任务显然是不现实的，也是不合理。2021 年水利工作会议中强调："要在争取加大中央和地方水利投入力度的同时，鼓励和引导社会资本参与水利建设"。社会进步促进了社会分工，而社会分工也是促进社会进步的内生动力。农村水利事业的发展也要强化分工这一理念，让社会机构在社会发展过程中在各自领域的专业化发展的效益辐射到水利建设、管理中。与政府部门相比，社会机构在工程建设、维修管理、投资融资、项目规划、人才培养和舆论宣传等多个方面，都有着明显优势。但由于农业和农田水利领域的低效益性，按照当前发展趋势，社会机构很难主动顺利地参与相关改革任务，这就需要由政府部门建立健全社会参与机制，为社会机构参与改革开展创造更好的环境和参与途径。

(1) 私人和企业。私人和企业在参与投资、工程建设、灌溉供水服务、管护维修、市场化运营、水资源优化配置等多个方面存在优势。由于专业化发展和市场机制的综合作用，使得企业和私人为了更好地实现自身利益最大化，不断探索压缩成本提高收益的路径，使得他们在管理和经营方面有着更高的效率。5.2 节和 5.4 节

## 7.3 农业水价合理分担机制

中,已对私人和企业的利益诉求和参与改革的途径进行了描述,但是由于农业和农田水利事业盈利途径有限,使得私人和企业很难愿意参与到改革工作中来。这就需要由政府部门营造更好的环境,通过授予特权、承诺一定的补贴政策、减免税收、保障农民利益的基础上一定的盈利空间等,鼓励和吸引私人和企业参与其中。宁夏推行的 PPP 政企合作模式、BOT 模式,以及重庆探索的节水合同制、江苏的承包制,都是私人和企业参与的典型案例。

(2) 金融机构。根据金融机构的性质,可以将金融机构分为政策性金融机构和商业性金融机构。政策性金融机构(如农发行)通常是以配合社会经济政策为目标的,具有政府主导性、非盈利性和专用性,对于水利建设这种投资周期长、效益有限的项目,应发挥其主导作用。而商业性金融机构以商业银行为主体,以自身利益最大化为诉求,更愿意对国家大力扶持的项目进行投资(何平均 等,2018)。

为了更好地吸引金融机构进行水利投资,政府部门应出台相关政策和法规,来鼓励金融机构参与农田水利事业,并提供保障。对于商业性金融机构,可以通过给予贴息、税收优惠等政策鼓励其向农田水利工程提供小额、短期贷款。对于政策性金融机构来说,应该更多地参与公益性农田水利工程投资,并在利率、期限、额度和贷款条件等方面有所倾斜(李兴华,2021)。金融机构进行水利投资需要以大规模地政府投资为引导,为了更好地促进金融机构投资,政府应进一步扩大水利事业投资规模;拓展水利工程盈利途径,坚持政府主导,在保障灌溉供给的同时,开发工程在其他方面的盈利途径,令金融机构有利可图,自发参与;建立金融机构利益保障机制,使其进行水利事业投资并面临金融风险时,能够获得政府部门的保护;创新水利投资体制改革,探索水利行业的 PPP 模式,拓展水利基金征收范围,建立水利融资平台,发行水利债券等(魏红亮 等,2013)。

(3) 科研机构。1988 年,邓小平同志提出"科学技术是第一生产力";2014 年习近平总书记指出"要发展就必须充分发挥科学技术第一生产力的作用"。近年来技术进步对经济发展和农业生产力提升的贡献率逐渐攀升;在科学技术的指导下社会管理也日趋科学化、现代化,促进了政府治理能力的提升。农业水价综合改革、农田水利管理体制改革过程中,更是要以科学研究为基础。让科研机构以不同形式参与和指导改革工作,对于提升管理水平和节约改革成本有着重要意义。

一方面,可以通过增加农业和农田水利相关的科研基金、项目数量,鼓励相关领域的科学研究;建立政府-科研机构(高校)的政策咨询机制,加强政府和科研机构的联系,将政策咨询日常化、简便化,同时将科研机构的政策服务功能向基层水利管理系统延伸。另一方面,对进行农业和农田水利人才培养的高校在政策、补贴等方面上有所倾斜,为基层输送更多的高水平人才;鼓励高校和科研机构,开设针对基层水利管理人员和协会成员的培训班,提升基层人员管理能力。

(4) 健全农业水权交易机制("农转非"用水方)。农业水权交易是促进农业节水,推动农田灌溉服务水平提升的重要途径。政府与"农转非"用水方,以农业用水使用权为交易对象,通过工程建设、资金、管理服务等多种形式实现农业水权交易。已有案例中,农业水权交易为提升农田水利基础、改善灌溉条件做出了重要贡献,能够有效减少渠道水损失,创造了农业节水的外部条件。交易资金也保障了节水奖励资金的来源,节水有奖励的政策机制,也激发了农户节水的内生动力。对于其他社会部门来说,农业用水使用权缓解了工业和城市用水的短缺危机,创造了远高于农业生产的社会和经济效益。综上所述,在保障农业灌溉用水的基础上,开展农业水权交易是促进农业节水、优化水资源配置、推动社会发展的重要途径。但是当前我国农业水权交易仍在探索和试点的过程中,仍然面临着市场机制不健全、制度建设不完备、交易途径有限等问题。因此,政府部门仍要即使起草和出台农业水权交易领域的法律、法规,为农业水权交易建立合理、合法、有所保障的政策环境;加快健全农业水权交易平台,扩大水权交易所这样的权威机构的服务范围,降低交易成本,使水权交易更便捷、更安全、更透明。

## 7.3.5 保障机制

(1) 协调合作机制。加强政府部门间的分工和合作,将更多部门纳入改革系统,或者明确要求四部委以外的其他部门,要配合改革工作开展。面对改革的各项工作,既要根据部门职能,明确各部门的职责和任务,也要注意加强部门间的沟通合作。由于改革工作的复杂性和耦合性使得部门间在工作任务上存在难以避免的交叉性,单方面处理问题时各部门多以各自的利益为先,由此造成了政策失灵、成本上升等问题。对此,应加强地方政府对改革工作的重视程度,强化联合工作小组对改革工作的干预力度和能力。

加强政府与社会机构的合作,通过健全社会参与机制,吸引更多的社会群体参与改革工作的和农业水利建设,由政府部门主导,建立更好的协调合作路径。探索在不同领域的合作,充分发挥政府的宏观调控能力和社会机构的专业化技能。

(2) 绩效考核机制。关于政府部门改革工作进展的考核机制,应提高改革在"粮食安全"和"最严格水资源管理"考核中的分值,以加大考核力度。在高标准农田建设、高效节水灌溉等项目的考核评价中,增加必须同步实施改革的硬性考核指标;在项目验收评估中,将是否完成农业水价综合改革作为一票否决条款。联合各部门,尽快形成一套完整并且被广泛认可的评价体系。既要通过绩效和监督机制来提升基层对于改革工作的重视程度,促进改革开展;也要注意提升绩效考核和监督惩罚工作的效率,避免增加基层人员的工作负担,出现反复填表、重复工作等低效情况,产生不必要的政策成本。对于企业、协会等其他社会部门参与改革项目建设,也要建立绩效考核机制,确保工程项目建设合格,维护社会公平。

(3) 监督惩罚机制。学者认为完善的监督机制能够更好地约束政府行为;而人和组织的逐利性,决定了要对参与改革的各个利益相关者进行监督,以保障社会的公共利益。监督惩罚机制不仅是上级政府部门约束下级的手段,也是约束所有参与者行为的手段。

对于政府部门来说，主要从改革工作、项目落实、资金使用、职责分担等角度来进行监督。具体的监督方式可以通过建立健全法律法规；建立月度巡查、随机探访、实地调研的巡察制度；建立农业水价综合改革台账，明确记录水费收取和经费使用情况；积极了解基层管理人员和农户、协会的意见和建议；或者通过购买服务的方式，由第三方专业的评估机构对各级政府部门进行专业化、客观地评估。对于工作开展不利的部门和地区，可以通过限制资金补贴和项目分配等手段进行惩罚。

对于农户来说，要建立水费催缴、超定额加价等监督惩罚规则，确保农户支付其应该承担的水费，促进农业节水。对于协会来说建立水费收取和经费使用公示制度，同时由村委会和农户代表政府行使监督职能，对于工作不力的协会可以通过减免补贴资金来进行惩罚。建立健全金融机构和社会资本的监督防控机制，对农田水利融资行为进行风险监控，通过限制融资规模、放款速度来保障金融安全。建立对于企业和私人参与农田水利工程建设和改革相关工作的准入和监督机制，在参与相关项目建设前对其资质和完成项目的能力进行综合评估，并以质押的形式进行担保，确保其按时按质完成相关项目建设。对于水利经营者定期开展用户满意度调研，确保其能够提供符合执行水价的灌溉供水服务，若用户满意度不足，可以采取重新招标、降费、减少补贴等措施。

（4）风险分担机制。成立农业、农田水利、农业保险等涉农涉水领域的风险防控基金。在充分发挥市场化机制对农业和农田水利事业的促进作用的同时，也要保障企业、个人、金融机构和农业保险经营方的基本利益。由于农业生产的高风险性，面临一些不可抗的自然因素时，社会机构参与相关工作也往往面临巨大的风险。譬如农业保险机构在遇到自然灾害时，往往面临巨大的理赔额度，全部由公司和私人机构承担，会造成巨大的亏损，不利于社会机构参与改革的可持续发展。社会机构在参与相关项目建设时，盈利空间相对有限，巨大的亏损风险，无疑在无形中抬高了社会资本参与改革的门槛，与吸引社会参与的初衷相悖离。而政府往往有着更雄厚的经济实力和抗风险能力，由其引导和投资建立风险分担机制更有利于农业和农田水利事业的发展。

## 7.4 小　结

（1）由于定性和定量评价结果，各自具有一定的合理性和局限性，因此选择利用"定量＋定性"综合评价的方法，确定各方农业水价分担份额。结果显示，各省中央政府粮食作物农业水价分担份额在 0.292～0.382，地方政府分担份额在 0.293～0.482，农户分担份额在 0.218～0.395。将运行维护成本作为目标水价，中央、地方和农户承担的农业水价分别在 0.011～0.200 元/$m^3$；0.010～0.241 元/$m^3$；0.009～0.217 元/$m^3$。根据 2018 年灌溉用水和粮食播种情况计算灌溉水费投入需求,总需求达到 496.82 亿元,其中中央 165.77 亿元/a;地方 165.21 亿元;农户为 165.85 亿元/a。

与定量评估相比,综合评价结果中农户农业水价分担份额整体呈现下降趋势,各省农户分担份额均低于农业水价的 40%;整体呈现粮食主产区和欠发达地区农户分担份额高于非粮食主产区和发达地区的情况,可能与粮食主产区和欠发达地区经济社会发展水平偏低,农业与其他产业间的效益差距不明显等因素有关。16 省份地方政府分担份额高于中央,多属经济发达地区,中央政府对农业水价分担向粮食主产区和欠发达地区倾斜。各方承担的农业水价,受灌溉成本影响显著,普遍呈现北方高于南方,缺水区高于丰水区,提水区高于自流灌区的情况。粮食主产区粮食灌溉水费总需求较高,中央总体的资金投入向粮食主产区倾斜。

(2) 从激励地方改革和扶持粮食主产区农户的目标出发,对农业水价分担份额进行了修正。修正后的中央政府农业水价分担份额整体上升;地方政府份额大部分下降,降幅与改革进展挂钩,部分进展过慢的省份略有上升趋势;粮食主产区农户水价分担份额整体呈下降趋势。修正后,中央资金愈发向粮食主产区倾斜,粮食主产区农户和地方政府水费压力降低,有利于保障粮食安全,部分省份由于进展过慢地方政府水费负担有所增加,但幅度并不大,不过有激励改革的作用。修正后,中央分担份额在 0.302~0.399,地方政府分担份额在 0.292~0.472,农户分担份额在 0.21~0.395。中央、地方和农户承担的农业水价分别在 0.011~0.204 元/$m^3$;0.010~0.236 元/$m^3$;0.009~0.217 元/$m^3$。2018 年粮食灌溉水费投入总需求仍为 496.82 亿元,其中中央投入调整为 172.1 亿元/a,地方为 165.19 亿元/a,农户为 159.54 亿元/a。

(3) 综合评价和修正后的农业水价分担份额均表现了显著的区域特征。北方地区中央分担份额高于南方,农户分担份额低于南方。东部地区经济发达,地方政府分担份额高于中央,中央水价分担对中西部地区有明显的倾斜,由于东部灌溉效益不显著,所以农户分担份额普遍偏低;华东、华南、华北等地经济发展较好,地方政府分担份额更高;西北、西南、东北、华中等地属经济落后和粮食主产区,中央政府则有所倾斜。农户需要分担的农业水价受地方供水成本影响显著,整体呈现北方高于南方,东部高于西部和中部,华北西南高于华东华南的情况。其中,北方水资源稀缺性更强;华北依赖地下水,西南地区地势复杂,需要提水,所以导致这部分地区供水成本偏高。

# 第 8 章 结论与展望

　　研究基于利益相关者理论、准公共物品理论、社会分工理论和效益价值理论，以国家和各省农业生产及农业水价相关数据为基础，运用文献整理、加权 TOPSIS、"Micthell"评分法、专家咨询、模糊数学、C-D 生产函数等模型和方法。在充分了解我国农业水价综合改革进展和问题的基础上，对我国 31 省份农业水价综合改革进展进行综合评估；对农业水价利益相关者进行识别、判定、分析和评价，初步提出农业水价综合改革合理分担方式；在定性和定量评价结果的基础上，综合评价并修正了各省主要利益相关者的农业水价分担份额；并在此基础上初步建立了农业水价合理分担机制，为推动我国农业水价综合改革提供理论支撑。

## 8.1 主要结论

　　（1）划分了农业水价综合改革的阶段，阐明了我国农业水价综合改革阶段性特征。在梳理政府政策和改革材料的基础上，将农业水价综合改革划分为初始-深入试点-全面推开-分类失策的四个阶段，分析了改革制度变迁和四大机制的形成过程。总结了全国农业水价综合改革在任务分配和改革进展在空间分布特征。从全国层面，分析了改革区域水价、管护、工程配套和奖补机制的区域性特征，以及在节水、增效方面取得的显著成效。在此基础上，指出了改革工作中，面临的主要问题。

　　（2）构建了农业水价综合改革评估指标体系，进行了各省农业水价综合改革进展评价。基于改革目标、进展和相关政策文件，提出了农业水价综合改革评估的指标体系。利用文献分析法、专家咨询和加权 TOPSIS 法，分别从指导政府决策和客观定量评估两个角度出发，对 31 省份农业水价综合改革进展进行评价。结果显示，全国 31 省份改革进展评价在 43.332~99.97 分，整体呈现"南方＞北方""东部＞西部＞中部""华北＞华东＞西北＞西南＞华中＞华南＞东北"的形势。进展最好 5 省份为北京、上海、江苏、陕西、浙江，西藏、宁夏、黑龙江、河南、吉林等地进展偏慢。13 个粮食主产区省份中，7 省份改革进展综合评估排在 20 位之后，这部分地区改革任务重、难度大、农民承载力低，改革多面临着资金短缺、工程条件差、农民种粮热情降低等挑战，而探索农业水价合理分担，正是推动这些区域改革的重要途径。

　　（3）明确了农业水价利益相关者识别和评价方法，丰富了农业水价利益相关者研究的理论。基于利益相关者理论，对农业水价利益相关者进行定义、识别和分类，分析了利益相关者在改革中的利益诉求、利益关系和影响水价的机理，建立农业水价利益相关者研究的理论基础。基于"Mitchell"评分法和专家咨询法，对利益相关者进行利益评价，结果呈现"水资源供给方＞水资源使用方＞支援保障方""政府部门＞农户及自治组织＞社会机构"。根据评分结果进行农业水价分担份额的计算，其中政府的分担份额超过50%，说明了政府在农业水价分担中的主体地位。而科研学者和改革实践工作者在对中央与地方政府、农户与自治组织、农转非用水方和节水灌溉企业的评价上存在一定差异，这与理论和实践工作的特性相关。从利益评价和利益诉求出发，提出农业水价综合改革中各方利益相关者的农业水价分担方式，并认定"中央、地方政府和农户"3方为农业灌溉成本水价的分担主体。

（4）提出了农业水价分担份额研究方法，确定了各省主要利益相关者的农业水价分担份额。农业水价分担份额研究方法包含，定性评价、定量评价和激励扶持机制修正3个部分。第一，基于利益相关者理论进行利益评价，确定农业水价分担份额的定性评价结果。第二，利用C-D生产函数、单位效益和模糊数学模型，从粮食安全、灌溉效益和生态价值3个角度，定量评价主要利益相关者的农业水价分担份额。第三，对定性和定量研究结果进行综合分析，并从激励地方改革和扶持粮食主产区农户的目标出发，对研究结果进行修正，最终确定主要利益相关者的农业水价分担份额。研究结果显示，中央、地方政府和农户的农业水价分担份额分别在 $0.302\sim0.399$，$0.292\sim0.472$ 和 $0.21\sim0.395$；中央、地方和农户承担的农业水价分别在 $0.011\sim0.204$ 元$/m^3$，$0.010\sim0.236$ 元$/m^3$，$0.009\sim0.217$ 元$/m^3$；根据2018年粮食播种和灌溉情况，确定当年粮食灌溉水费投入总需求为496.82亿元、中央172.1亿元、地方165.19亿元、农户159.54亿元。

（5）建立了农业水价合理分担机制，提供了破解农业水价综合改革困境的途径。在充分了解31省份农业水价综合改革进展和存在问题的基础上，从农业水价利益相关者的利益诉求出发，结合农业水价分担份额计算结果，建立了包含基础设施建设、成本核算、分类分档水价和补贴方案几部分内容的合理定价机制。出于对农业水价综合改革的复杂性和耦合性的认识，围绕合理定价机制提出了政策倾斜、农户参与、社会参与和保障机制，建立了"一个核心，四个服务"的农业水价合理分担机制，提供了破解改革困境的有效途径，有利于推动和保障农业水价综合改革的开展及农业水价合理分担的实现。

## 8.2 研究展望

农业水价综合改革是推动农田水利发展、促进农业现代化、优化水资源配置和农民增产增收的重要变革，农业水价合理分担能够在促进农业节水的同时保障粮食安全。中央、地方和用水农户是农业水价的主要分担对象。但改革终究是个复杂的

## 8.2 研究展望

大工程，还需要社会各界的共同参与，未来研究中还要深入探索其他农业水价利益相关者对农业水价的不同分担形式，吸引和鼓励更多的社会机构和农户参与到改革中。在政府引导和宏观调控的基础上，促进农业用水和农田水利供给的市场化机制构建，发挥社会分工对促进社会进步、成本节约和技术进步的积极作用。

# 参 考 文 献

薄茜,2012. 博弈视角下的乡村旅游利益相关者研究 [D]. 沈阳:沈阳师范大学.

边豪,朱满林,2013. 基于价值—价格模糊模型的东雷二期抽黄水资源定价研究 [J]. 水资源与水工程学报,24 (1):164-167.

卜训娜,2019. 我国共享单车市场发展中政府角色定位研究 [D]. 北京:北京工业大学.

蔡臣,于苏俊,2007. 模糊数学在成都市水资源评价中的应用 [J]. 四川环境,(1):63-66.

蔡炯,田翠香,冯文红,2009. 利益相关者理论在我国应用研究综述 [J]. 财会通讯,(12):51-54.

蔡守华,张展羽,2008. 灌溉效益分摊系数计算的研究现状与新方法 [J]. 节水灌溉,(2):25-27.

蔡威熙,周玉玺,胡继连,2020. 农业水价改革的利益相容政策研究——基于山东省的案例分析 [J]. 农业经济问题,(10):32-39.

曹金萍,宫永波,黄乾,2014. 山东省基于财政补贴的农业阶梯水价改革探讨 [J]. 中国水利,(14):54-58.

曹璐,刘小勇,张洁宇,等,2015. 国外水价现状分析及启示 [J]. 中国水利,(21):55-57.

曹峥林,2019. 农业生产环节服务外包对规模经济的实现机理研究 [D]. 重庆:西南大学.

陈超,郭高轩,2012. 北京市第四系地下水资源价值模糊数学综合评价 [J]. 城市地质,7 (2):14-17,5.

陈宏辉,2003. 企业利益相关者理论与实证研究 [D]. 杭州:浙江大学.

陈欢,向昭,胡英国,等,2009. 漳河灌区水价政策综合效应的分析 [J]. 现代商业,(6):70.

陈菁,陈丹,代小平,等,2008. 基于利益相关者理论的灌溉水价改革研究 [J]. 节水灌溉,(9):40-43.

陈菁,李建国,张建,等,2016. 农业水价综合改革项目实施效果评价模型构建及应用 [J]. 三峡大学学报 (自然科学版),38 (5):1-6.

陈靖,2011. 灌区参与式管理改革的双向互动:甘肃个案 [J]. 重庆社会科学,(10):39-44.

陈琳,2019. 新安江流域生态补偿的机制与对策研究 [D]. 杭州:中共浙江省委党校.

陈龙,2018. 集体产权视域下我国农业水权制度研究 [D]. 西安:陕西师范大学.

陈志恺,2000. 人口、经济和水资源的关系 [J]. 水利规划设计,(3):1-7.

成波,李怀恩,徐梅梅,2017. 西安市农业灌溉水效益分摊系数及效益的时间变化研究 [J]. 水资源与水工程学报,28 (1):244-248.

程文辉,2017. 沈阳市居民阶梯水价模型及应用研究 [D]. 哈尔滨:哈尔滨工业大学.

崔海峰,2015. 农业水价改革研究 [D]. 泰安:山东农业大学.

崔俊,2016. 基于节水激励的农业水费分担模式设计 [J]. 山西农业科学,44 (10):1546-1549,1567.

崔新玲,张春玲,付意成,2019. 农业水价综合改革试点背景下成安县农业水权交易初探 [J]. 中国水利,(8):11-13,62.

戴冠来,2012. 农业供水特点对其价格的影响 [J]. 中国物价,(9):18-22.

董文福,2007. 农业水资源价值计算方法研究 [J]. 资源开发与市场,(12):1093-1095.

董小菁,纪月清,钟甫宁,2020. 农业水价政策对农户种植结构的影响——以新疆地区为例 [J]. 中国农村观察,(3):130-144.

杜杰,2009. 开都河上游灌区农业水价改革与农民承受能力分析 [J]. 水利发展研究,9 (3):33-

34,42.

杜俊平,2018. 农业灌溉水价与农户承受力及补偿机制研究进展[J]. 环境保护与循环经济,38(9):52-56.

杜俊平,2019. 西部干旱区农业灌溉水价的间接补偿机制研究[J]. 长春大学学报,29(9):24-30.

杜俊平,叶得明,2018. 干旱区农民农业灌溉水价承受能力及其影响因素研究——以甘肃省民勤县为例[J]. 贵州商学院学报,31(4):64-70.

杜丽娟,柳长顺,2008. 财政直接补贴农业水费研究[J]. 资源科学,(11):1741-1746.

杜丽永,张旭青,2020. 农业水价综合改革与农户承受能力研究——以江苏省苏北灌区为例[J]. 新疆农垦经济,(9):9-17.

段治平,2003. 借鉴美国水价管理经验,推进我国水价改革[J]. 山西财经大学学报,(3):38-41.

鄂竟平,2020. 坚定不移践行水利改革发展总基调 加快推进水利治理体系和治理能力现代化——在2020年全国水利工作会议上的讲话[J]. 中国水利,(2):1-15.

鄂州银监分局课题组,2011. 对银行业支持农田水利建设力度弱化的理性思考——关于鄂州市农田水利建设贷款情况的调研报告[J]. 武汉金融,(12):64.

范志超,2013. 不同时期非充分滴灌对棉花光合生产及产量、品质影响的研究[D]. 乌鲁木齐:新疆农业大学.

封志明,2004. 资源科学导论[M]. 北京:科学出版社.

冯保清,2013. 我国节水灌溉利益相关者关系分析[J]. 中国水利,(21):32-34.

冯广志,2010. 完善农业水价形成机制若干问题的思考[J]. 水利发展研究,10(8):26-32.

冯欣,2018. 农业水价利益相关者研究[D]. 北京:中国农业科学院.

冯欣,姜文来,2018. 我国农业用水利益相关者研究进展与展望[J]. 中国农业资源与区划,39(2):8-12.

冯欣,姜文来,刘洋,2019. 农业水价利益相关者定量排序研究[J]. 中国农业资源与区划,40(3):173-180,187.

冯颖,2013. 农业节水技术补偿机制研究[D]. 杨凌:西北农林科技大学.

甘泓,秦长海,汪林,等,2012. 水资源定价方法与实践研究Ⅰ:水资源价值内涵浅析[J]. 水利学报,43(3):289-295,301.

高而坤,2016. 设定水资源消耗上限——严格实行用水总量控制[J]. 中国水利,(13):1-2.

高铭泽,2020. 马克思分工理论研究[D]. 西安:西北师范大学.

高永,王玖,石德文,2007. 加权TOPSIS法综合评价在Excel中的实现[J]. 中国卫生统计,(4):428-429.

高媛媛,姜文来,殷小琳,2012. 典型国家农业水价分担及对我国的启示[J]. 水利经济,30(1):5-10,71.

高志玥,李怀恩,张倩,等,2018. 宝鸡峡灌区农业供水效益C-D函数岭回归分析[J]. 干旱地区农业研究,36(6):33-40.

古璇清,罗怀彬,李跃祥,等,2005. 水稻灌溉效益的田间直接对比试验研究[J]. 广东水利水电,(2):24-27.

顾宏,贾仁甫,李江安,等,2015. 农业用水精准补贴机制研究——以高邮市农业水价综合改革试点为例[J]. 江苏水利,(10):10-12.

关鑫,2019. 基于水-能源-粮食关联性的粮食安全研究[D]. 北京:中国农业科学院.

郭靖,2016. 劳动分工协调成本研究[D]. 青岛:中国石油大学(华东).

郭明远,2006. 节水农业的形成与灌溉水价改革[J]. 干旱地区农业研究,(2):122-124.

黄臻,2014. 我国粮食生产影响因素分析——基于C-D生产函数的岭回归分析[J]. 税务与经济,(5):50-54.

# 参 考 文 献

海洋，龙爱华，张沛，邓晓雅，李扬，2019. 基于Cobb-Douglas生产函数的新疆各地区典型作物生产水足迹驱动因素研究［J］. 冰川冻土，41（2）：494-503.

何平均，刘思璐，2018. 农业基础设施PPP投资：主体动机、行为响应与利益协调——基于利益相关者理论［J］. 农村经济，（1）：76-81.

贺雪峰，郭亮，2010. 农田水利的利益主体及其成本收益分析——以湖北省沙洋县农田水利调查为基础［J］. 管理世界，（7）：86-97，187.

胡继连，崔海峰，2017. 我国农业水价改革的历史进程与限制因素［J］. 山东农业大学学报（社会科学版），（4）：22-29.

胡继连，王秀鹃，2018. 农业"节水成本定价"假说与水价改革政策建议［J］. 农业经济问题，（1）：120-126.

胡淑玲，2010. 立体种植条件下作物需水量与非充分灌溉制度研究［D］. 呼和浩特：内蒙古农业大学.

黄天柱，白秀，2014. 中国水危机：困境与出路［J］. 生态经济，30（3）：8-11.

黄鑫，2018. 农民用水协会组建中利益相关者的行为策略研究［D］. 南京：南京农业大学.

贾大林，姜文来，1999. 农业水价改革是促进节水农业发展的动力［J］. 农业技术经济，（5）：4-7.

贾亦真，沈菊琴，王晗，等，2018. 兰州市水资源价值模糊评价研究［J］. 人民黄河，40（9）：68-73.

姜松，王钊，黄庆华，等，2012. 粮食生产中科技进步速度及贡献研究——基于1985—2010年省级面板数据［J］. 农业技术经济，（10）：40-51.

姜文来，1998. 水资源价值论［M］. 北京：海洋出版社.

姜文来，1998. 水资源价值模型研究［J］. 资源科学，（1）：37-45.

姜文来，2003. 农业水价承载力研究［J］. 中国水利，（11）：41-43.

姜文来，2010. 我国农业水价合理分担机制研究［R］. 北京：中国农业科学院农业资源与农业区划研究所.

姜文来，2011. 我国农业水价改革总体评价与展望［J］. 水利发展研究，11（7）：47-51.

姜文来，2012. 建立农业水价合理分担机制［J］. 中国水利报，（3）.

姜文来，2012. 农业水价合理分担研究［J］. 中国市场，（16）：45-51.

姜文来，2016-04-21. 因地制宜 持续推进农业水价综合改革［N］. 中国水利报，（005）.

姜文来，2018-07-04. 深入推进农业水价综合改革［N］. 经济日报，（007）.

姜文来，冯欣，刘洋，等，2019. 合理农业水价形成机制构建研究［J］. 中国农业资源与区划，（10）：1-4.

姜文来，刘洋，伊热鼓，等，2015. 农业水价合理分担研究进展［J］. 水利水电科技进展，35（5）：191-195.

姜文来，刘洋，张涵宇，等，2015. 农业水价合理分担研究进展［J］. 水利水电科技进展，35（5）：191-195.

姜翔程，解小爽，孙杰，2020. 农业水价综合改革的利益相关者分析［J］. 水利经济，38（1）：49-53.

蒋晓婧，2014. 基于行为经济学视角的干旱内陆区农户灌溉水价承受能力分析［D］. 兰州：甘肃农业大学.

JOHN R，TEERINK，2000. 加利福尼亚州水价研究［J］. 海河水利，（5）：44-46.

雷波，姜文来，2004. 节水农业综合效益评价研究进展［J］. 灌溉排水学报，（3）：65-69.

雷宏军，乔姗姗，潘红卫，商崇菊，2016. 贵州省农业净灌溉需水量与灌溉需求指数时空分布［J］. 农业工程学报，32（12）：115-121.

李百全，2008. 基于分质供水的地下水资源模糊定价模型研究［J］. 中国农村水利水电，（12）：39-

41, 44.

李宝萍, 2008. 基于模糊综合评价模型的水价计算 [J]. 水力发电, (8): 88-90.

李鸿雁, 2011. 黄河水权转换农业风险补偿主体确定分析 [J]. 世界农业, (9): 78-82.

李凌, 2005. 相关利益主体的互动对参与式灌溉管理体制发育的影响 [D]. 北京: 中国农业大学.

李青, 薛珍, 陈红梅, 等, 2016. 基于CVM理论的塔里木河流域居民生态认知及支付决策行为研究 [J]. 资源科学, 38 (6): 1075-1087.

李然, 田代贵, 2016. 农业水价的困境摆脱与当下因应 [J]. 改革, (9): 107-114.

李生潜, 2015. 西北干旱地区农业水价分担模式探讨 [J]. 中国水利, (6): 15-17.

李兴华, 2021-02-25. 浅析金融支持水利建设的方法 [N]. 中国县域经济报, (011).

李一凡, 刘福胜, 2016. 以色列农业水价分担制度对我国的启示 [J]. 灌溉排水学报, 35 (S1): 108-111.

李毅华, 张国珍, 杨改强, 2007. 黄河兰州市区段水资源价值的研究 [J]. 兰州交通大学学报, (3): 41-44.

李钰, 郑若娟, 2014. 上市公司信息透明度评价研究——基于主成分分析与熵权法 [J]. 工业技术经济, 33 (9): 105-113.

李远, 崔月琴, 2019. 公益组织参与农村公共性建构的内涵、困境与出路 [J]. 江汉论坛, (11): 116-122.

栗欣如, 2020. 中国水利绿色发展研究 [D]. 北京: 中国农业科学院.

梁伟森, 2015. 农村水利公共服务探讨——以供给分析为主 [J]. 现代农业科技, (12): 303-304, 310.

廖金萍, 2015. 社会公益组织参与农村留守儿童教育的调查与研究——以江西微爱留守公益组织为例 [J]. 农村经济与科技, 26 (11): 162-163, 14.

廖永松, 鲍子云, 黄庆文, 2004. 灌溉水价改革与农民承受能力 [J]. 水利发展研究, (12): 29-34.

刘昌明, 周长青, 张士锋, 等, 2005. 小麦水分生产函数及其效益的研究 [J]. 地理研究, (1): 1-10.

刘河元, 范金星, 2015. 小型水库灌溉系统利益相关者的行为博弈分析 [J]. 湖南农业科学, (6): 67-69.

刘红梅, 王克强, 黄智俊, 2006. 农业水价格补贴方式选择的经济学分析 [J]. 山西财经大学学报, (5): 81-85.

刘红艳, 张慧颖, 黄海燕, 等, 2018. 模糊数学在农业水价中的应用 [J]. 农业工程, 8 (10): 81-85.

刘宏让, 2010. 灌区农业水价成本补偿机制探究 [J]. 中国水利, (12): 29-32.

刘建英, 吴玉娟, 2007. 农业末级渠系水费核算和征缴中各利益相关者的界定与其寻租行为分析 [J]. 科技信息 (学术研究), (7): 12, 14.

刘利, 干胜道, 2009. 利益相关者理论在我国的研究进展 [J]. 云南财经大学学报 (社会科学版), 24 (2): 120-129.

刘梅芳, 2013. 我国农田水利供给的利益关系与激励机制构建研究 [D]. 云南: 云南财经大学.

刘维哲, 常明, 王西琴, 2018. 基于随机前沿的灌溉用水效率及影响因素研究——以陕西关中地区小麦为例 [J]. 中国生态农业学报, 26 (9): 1407-1414.

刘维哲, 唐溧, 王西琴, 等, 2019. 农业灌溉用水经济价值及其影响因素——基于剩余价值法和陕西关中地区农户调研数据 [J]. 自然资源学报, 34 (3): 553-562.

刘维哲, 王西琴, 张馨月, 2018. 关中地区灌溉水经济价值与水价上涨空间研究 [J]. 中国物价, (8): 23-25, 29.

刘笑可, 2019. 基于G1法与熵权法的新型研发机构备案指标筛选研究 [D]. 石家庄: 河北科技大学.

刘艳萍, 2018. 基于利益相关者理论的中国农业节水灌溉激励机制研究 [J]. 世界农业, (6): 57-62.

刘莹, 黄季焜, 王金霞, 2015. 水价政策对灌溉用水及种植收入的影响 [J]. 经济学 (季刊), 14 (4): 1375-1392. DOI: 10.13821/j.cnki.ceq.2014.04.08.

刘渝, 李凌, 2013. 我国农业用水补贴"暗改明"的经济分析与方式比较 [J]. 价格理论与实践, (11): 43-44.

刘增进, 王松林, 潘乐, 等, 2008. 模糊数学模型在水价计算中的应用 [J]. 人民黄河, (7): 45-47.

刘志仁, 严乐, 2013. 当前西北内陆河流域农民用水者协会健全法制路径探析 [J]. 宁夏社会科学, (1): 29-34.

柳长顺, 2010. 关于新时期我国农业水价综合改革的思考 [J]. 水利发展研究, (12): 16-20.

龙开胜, 王雨蓉, 赵亚莉, 等, 2015. 长三角地区生态补偿利益相关者及其行为响应 [J]. 中国人口·资源与环境, 25 (8): 43-49.

龙通平, 2014. 农水变革要吸引农民参与带给农民利益 [J]. 农村工作通讯, (14): 1.

龙玉婷, 2019. 政府同公益组织合作治理的博弈模型及参与机制研究 [D]. 重庆: 西南财经大学.

卢金锁, 刘飞, 李绥龙, 2017. 内蒙古水资源费征收标准的测算 [J]. 中国给水排水, 33 (7): 76-79.

卢竹生, 刘品章, 梁金文, 2015. 江西大型灌区农业水价分担模式探——以锦北灌区为例 [J]. 中国水利, (12): 35-37.

罗其友, 唐华俊, 2008. 农业区域发展学导论 [M]. 北京: 科学技术出版社.

罗乾, 魏广平, 2015. 能值法计算农业灌溉效益分摊系数 [J]. 水利科技与经济, 17 (6): 61-63.

马国勇, 陈红, 2014. 基于利益相关者理论的生态补偿机制研究 [J]. 生态经济, (4): 33-36, 49.

孟召娣, 李国祥, 2020. 中国粮食产需平衡的时空格局演变分析——基于粮食用途和省域层面的视角 [J]. 农业现代化研究, 41 (6): 928-936.

苗庆丰, 2015. 内蒙古河套灌区地面灌溉技术评价及优化决策研究 [D]. 呼和浩特: 内蒙古农业大学.

潘海英, 汪欣, 2019. 典型流域水权市场建设中利益相关者利益冲突与平衡 [J]. 水利经济, 37 (5): 66-72, 80.

彭补拙, 黄贤金, 濮励杰, 2008. 资源科学概论 [M]. 北京: 科学出版社.

彭晓明, 王红瑞, 董艳艳, 等, 2006. 水资源稀缺条件下的水资源价值评价模型及其应用 [J]. 自然资源学, (4): 670-675.

乔旭宁, 詹慧丽, 唐宏, 等, 2018. 渭干河流域农业灌溉用水的农户支付意愿及影响因素分析 [J]. 干旱区资源与环境, 32 (11): 22-28.

秦长海, 2013. 水资源定价理论与方法研究 [D]. 北京: 中国水利水电科学研究院.

邱立波, 2020. 基于生态系统服务价值的灌区灌溉全成本水价核算方法研究 [D]. 扬州: 扬州大学.

邱书钦, 2016. 我国农业水价分担模式比较及选择——兼析国际农业水价分担模式经验借鉴 [J]. 价格理论与实践, (12): 52-55.

屈晓娟, 2018. 基于利益相关者的引黄灌区农业水资源节水激励研究 [D]. 西安: 陕西师范大学.

任梅芳, 2010. 农业节水灌溉水价形成机制与农户承载力分析 [C] //现代节水高效农业与生态灌区建设 (上). 北京: 中国农业工程学会.

任梅芳, 2012. 基于节水技术推广的农业节水水价研究 [D]. 杨凌: 西北农林科技大学.

石晓华, 2013. 非充分灌溉对滴灌马铃薯生长发育规律及养分利用效率的影响 [D]. 呼和浩特: 内蒙古农业大学.

# 参 考 文 献

仕玉治，范明元，刘军，2018. 农业用水精准补贴与节水奖励机制探讨 [J]. 山东水利，（3）：18-19.

水利部水资源司，全国节约用水办公室，2004. 全国节水型社会建设试点经验资料汇编 [M]. 北京：中国水利水电出版社.

孙梅英，马素英，顾宝群，等，2011. 农业灌溉水费"暗补"改为"明补"的必要性与可行性 [J]. 水利经济，29 (1)：35-38，74-75.

谈靓婧，2019. 公益组织促进农村学校发展的研究——以立德未来助学基金会为例 [J]. 科技视界，(4)：125-126.

田贵良，孙兴波，石常峰，等，2014. 农民减负与节水激励双重约束下我国农业水费补偿机制设计 [J]. 价格理论与实践，(2)：57-59.

田野，2004. 关于粮食安全问题的几个认识误区 [J]. 中国农村经济，(3)：64-68.

涂兆宇，2018. 一汪"甘泉"带来的温暖——记"甘泉公益专项基金"系列扶贫项目 [J]. 中国社会组织，(19)：39-40.

庹国柱，2017. 正确认识农业保险发展中的几个重要问题——写在中央财政支持农业保险十周年之际 [J]. 中国保险，(1)：15-23.

庹国柱，谢小亮，2017. 十年农业保险发展特点和未来期望 [J]. 中国保险，(7)：18-21.

万昌明，2006. 国外水价形成机制的比较研究 [J]. 金融经济，(2)：155-156.

汪国平，2011. 农业水价改革的利益相关者博弈分析 [J]. 科技通报，27 (4)：621-624.

汪少文，胡震云，2013. 基于利益相关者的农业节水补偿机制研究 [J]. 求索，(12)：227-229.

王国振，2020. 丹江口库区及上游水土保持工程生态效益评价 [D]. 北京：中国科学院大学（中国科学院教育部水土保持与生态环境研究中心）.

王海静，2016. 水权交易中的政府角色——以东阳、义乌水权交易案例为视角 [J]. 法制与社会，(21)：67，76.

王浩，黄海珍，沈大军，2008. 面向可持续发展的水价理论与实践 [M]. 北京：科学出版社.

王建浩，时卫平，王西琴，2018. 关中地区农民水价支付意愿及其影响因素分析 [J]. 干旱区资源与环境，32 (3)：77-82.

王静，于洋，董丽丹，2016. 用 C-D 生产函数模型计算灌溉效益分摊系数 [J]. 东北水利水电，34 (11)：64-66.

王静，于洋，孙磊，2017. 省区尺度的灌溉效益分摊系数计算与分析 [J]. 东北水利水电，35 (9)：56-59，72.

王丽香，2019. 内蒙古沿黄地区水权交易潜在风险的政府规制研究 [D]. 呼和浩特：内蒙古财经大学.

王密侠，汪志农，尚虎君，等，2005. 关中九大灌区农业水价与农户承载力调查研究 [J]. 灌溉排水学报，(3)：1-4，22.

王思博，张开玄，2015. 农业水价综合改革背景下节水收益分配机理研究 [J]. 安徽农业科学，43 (27)：282-284.

王西琴，刘维哲，孙爱昕，2020. 华北地下水超采区灌溉用水经济价值研究 [J]. 西北大学学报（自然科学版），50 (2)：212-218.

王西琴，王建浩，高佳，等，2016. 陕西关中地区农民对水价上涨承受能力研究 [J]. 中国物价，(8)：70-72，91.

王西琴，尹华玉，罗予若，2020. 河北地下水超采区基于农户水费承受能力的水价提升空间 [J]. 西北大学学报（自然科学版），50 (2)：234-240.

王绪颖，2013. 引黄灌区水权转换市场上的利益相关者分析 [D]. 银川：宁夏大学.

王学渊，赵连阁，2008. 中国农业用水效率及影响因素——基于1997—2006年省区面板数据的SFA

分析 [J]. 农业经济问题，(3)：10-18, 110.

王一新，2017. 超大城市洪涝灾害情景评估及其在太湖流域应用研究 [D]. 天津：天津大学.

王勇，肖洪浪，任娟，等，2008. 基于CGE模型的张掖市水资源利用研究 [J]. 干旱区研究，(1)：28-34.

WARFORD G S J，杨宜勇，1992. 资源、环境管理与经济发展——发展中国家的资源环境管理与经济政策 [J]. 中国人口·资源与环境，(1)：78-84.

魏红亮，张旺，2013. 水利发债融资的必要性和可行性思考 [J]. 水利发展研究，13 (5)：60-61, 64.

魏帅，2019. 基于农业水价的区域农业水资源优化配置 [D]. 哈尔滨：东北农业大学.

吴红霞，李荆荆，聂艳，等，2017. 基于偏最小二乘回归模型的湖北省粮食产量影响因素分析 [J]. 湖北农业科学，56 (13)：2553-2559.

吴立娟，2015. 河北省井灌区农业节水管理机制研究 [D]. 保定：河北农业大学.

武豹，张传忠，2018. 对社会公益组织实现自身价值诉求的思考 [J]. 科技经济导刊，26 (13)：92-93.

谢开勇，张婷婷，王倩，2012. 产学研合作各方利益诉求下的政府作为分析 [J]. 科技管理研究，32 (21)：30-33, 37.

谢栌乐，2015. 基于灌溉效益和碳足迹的河北省农业可持续发展研究 [D]. 石家庄：河北科技大学.

谢文新，2018. 分工比较视阈中当代中国人的存在与发展研究 [D]. 广州：华南理工大学.

邢夏洁，袁汝华，2017. 农业灌溉用水补偿博弈研究 [J]. 节水灌溉，(3)：70-73.

徐俊英，2009. 农民用水协会在灌区水管工作中的作用 [J]. 甘肃水利水电技术，45 (11)：43-44.

徐璇，毛春梅，2013. 我国农业水价分担模式探讨 [J]. 水利经济，31 (2)：19-22, 26.

徐增阳，杨翠萍，2010. 村委会与村集体经济组织的关系 [J]. 村委主任，(14)：29-30.

杨斌，2007. 农业水价改革与农民承受能力研究 [J]. 价格月刊，(12)：21-24.

杨斌，闫桦，2009. 基于粗糙集理论的农业水价承受能力研究 [J]. 中国管理科学（专辑：第十一届中国管理科学学术年会论文）：6.

杨海燕，贾艳彬，2009. 农民用水协会功能与绩效分析 [J]. 吉林水利，(12)：72-74.

杨旭，于水利，由海波，2008. 模糊数学综合评判在水资源价值评估中的应用 [J]. 海河水利，(2)：49-51.

杨怡红，2018. 准公共物品供给中的政府角色定位——以公私合作制为视角 [J]. 上海市经济管理干部学院学报，16 (6)：44-51.

杨振亚，2017. 农业水价定价与生产用水补偿耦合模型研究 [D]. 杨凌：西北农林科技大学.

殷俊，段亚男，2020. 准公共物品理论下我国养老服务财政补贴政策的失衡与纠偏 [J]. 决策与信息，(8)：34-42.

尹庆民，马超，许长新，2010. 中国流域内农业水费的分担模式 [J]. 中国人口·资源与环境，20 (9)：53-58.

尹小娟，蔡国英，2016. 基于CVM的农户水价支付意愿及其影响因素分析——以张掖市甘临高三地为例 [J]. 干旱区资源与环境，30 (5)：65-70.

应若平，2008. 国家介入与农民用水户协会发展——以湖南井塘农民用水户协会为例 [J]. 湖南农业大学学报（社会科学版），(3)：38-41.

张建斌，张雅丽，朱雪敏，2020. 激励相容农业水价补贴：一个政策框架分析 [J]. 价格月刊，(7)：1-7.

张明炷，李远华，崔远来，等，1994. 非充分灌溉条件下水稻生长发育及生理机制研究 [J]. 灌溉排水，(4)：6-10.

张妮，2015. 农业灌溉水费政策性亏损补偿机制探讨 [J]. 时代金融，(23)：208-209.

## 参 考 文 献

张宁，华楠，2014. 农村水利管理的利益相关者博弈均衡分析——以浙江省为例 [J]. 杭州电子科技大学学报（社会科学版），(6)：7-14.

张秋平，郝晋珉，白玮，2008. 黄淮海地区粮食生产中的农业水资源经济价值核算 [J]. 农业工程学报，(2)：1-5.

张鑫，王家辰，2012. 农田水利设施建设中村社力量不足的研究——基于利益相关者的视角 [J]. 改革与战略，28（2）：92-94.

张雅君，杜晓亮，汪慧贞，2008. 国外水价比较研究 [J]. 给水排水，(1)：118-122.

张永久，马忠明，邓斌，等，2006. 有限灌溉条件下春小麦的蒸散特征及其与产量的关系 [J]. 麦类作物学报，(4)：98-102.

张煜，2019. 关于农业投入产出的线性回归模型 [J]. 农村经济与科技，30（18）：227-228.

张志霞，秦昌波，贾仰文，等，2012. 缺水地区水资源经济价值的异同辨析——以北京市和陕西省为例 [J]. 中国人口·资源与环境，22（10）：19-25.

赵娟，2008. 陕西省宝鸡市水资源价值研究 [D]. 杨凌：西北农林科技大学.

赵平萍，温小虎，毕延凤，等，2010. 青岛市水资源价值模糊综合评价 [J]. 人民黄河，32（7）：66-67，70.

赵奇瑞，2010. 我国高等教育评估中介机构的利益关系研究 [D]. 沈阳：东北大学.

赵文杰，唐丽霞，刘鑫淼，等，2016. 利益相关者视角下农村水资源管理模式实证分析 [J]. 节水灌溉，(2)：75-78，83.

赵永，2004. 作物需水量计算方法比较与非充分灌溉预报研究 [D]. 杨凌：西北农林科技大学.

赵永，窦身堂，赖瑞勋，2015. 基于静态多区域 CGE 模型的黄河流域灌溉水价研究 [J]. 自然资源学报，30（3）：433-445.

赵勇，邵奇，2010. 滨州市小开河灌区农民灌溉水价经济承受能力分析 [J]. 水利科技与经济，16（9）：965-968.

郑军，张航，2018. 美国农业保险的利益相关者分析与成功经验 [J]. 华中农业大学学报（社会科学版），(2)：88-96，159.

中华人民共和国水利部，2019. 2018 年中国水资源公报 [M]. 北京：中国水利水电出版社.

钟炎军，2009. 公立医院利益相关者及其利益诉求研究 [D]. 武汉：华中科技大学.

钟玉秀，陈博，王亦宁，等，2013. 宁夏中部干旱带水权转让中的利益保护机制建设 [J]. 水利发展研究，13（9）：18-21，32.

钟涨宝，2010. 农村社会学 [M]. 北京：高等教育出版社.

周晓平，2007. 小型农田水利工程治理制度与治理模式研究 [D]. 南京：河海大学.

周晓熙，郑旭荣，2007. 节水农业补偿实践——以新疆奎屯河流域灌区为例 [J]. 中国农村水利水电，(4)：50-51.

周晓熙，郑旭荣，刘坤，2005. 不完全信息政府提高农业水价再补贴政策分析 [J]. 灌溉排水学报，(6)：68-70.

朱莲，夏明，2011. 宗教旅游地利益相关者的界定与分类研究 [J]. 中国集体经济，(31)：148-149.

朱钟麟，赵燮京，2001. 西南地区节水农业的特点和技术模式 [J]. 西南农业学报（S1）：108-112.

禚元荟，2016. 农村饮用水价格测定及管理研究 [D]. 武汉：武汉理工大学.

ABUZEID M，2001. Water Pricing irrigated agriculture [J]. Water Resources Development，17（4）：527-538.

BERBELA J，GOMEZ-LIMONB J A，2000. The impact of water-pricing policy in spain：an analysis of three irrigated areas [J]. Agricultural Water Management，43：219-238.

BUSTOS R，MARRE M，CHAMBOULEYRON J，2001. Performance of Water Users' Associations in the Lower Tunuyan Area，Argentina [J]. Irrigation and Drainage Systems，15（3）.

# 参 考 文 献

CORNISH G A, PERRY C J, 2003. Water Charging in Irrigated Agriculture: Lessons from the Field [R]. Wallingford: HR Wallingford Group Ltd.

DAANISH M, AMELIA A, LAURA M S, 2016. Water User Associations and the Politics of Water in Jordan [J]. World Development: 79.

DAVIS S, POCOSANGRE A, HICKS P, 2014. Six factors for improving rural water services in Central America [J]. Global Water Initiative: 25.

DUAN Y Z, LIU G J, 2016. Water Resource Pricing Study Based on Water Quality Fuzzy Evaluation: A Case Study of Hefei City [J]. Computational Water, Energy, and Environmental Engineering, 5 (4).

FAKHRAEI S H, NARAYANAN R, HUGHES T C, 1984. Price Rigidity and Quantity Rationing Rules Under Stochastic Water Supply [J]. John Wiley & Sons, Ltd, 20 (6).

GARRIDO A, CALATRAVA J, 2010. Agricultural water pricing: EU and Mexico [R]. Paris: OECD.

HAGGARD, TEPHAN, STEVEN, 1996. In voting for reform [M]. New York: Oxford University Press: 112 – 113.

HEWITT H, JULIE A, MICHAEL H, 1995. A Discrete continuous choice approach to residential water demand under block rate pricing [J]. Land Economics, 71 (2): 173 – 192.

JAMES E N, OGURA C, 2010. Agricultural water pricing: Japan and Korea [R]. Paris: OECD.

JAMES E T, MONCUR, 1987. Urban water pricing and drought management [J]. John Wiley & Sons, Ltd, 23 (3).

JUSTIN D D, PAUL J B, 2018. Promoting Competitive Water Resource Use Efficiency at the Water - Market Scale: An Intercooperative Demand Equilibrium - Based Approach to Water Trading [J]. Water Resources Research, 54 (8).

LATINO P D, 2003. Economic Valuation of Irrigation Water: Impleation from a Meta – analysis [J]. Environmental Science and Technology: 531 – 538.

LINDA S P, 2009. Determinants and Benefits of Household Level Participation in Rural Drinking Water Projects in India [J]. Journal of Development Studies, 4 (45): 471 – 495.

FALKENMARK M, 1992. Water Scarcity and Population Growth: a Spiraling Risk [J]. Ecodeision, 21 (9): 498 – 502.

MARZIEH M, ZAHRA Z, MOJTABA E, et al., 2019. Comparative analysis of agricultural water pricing between Azarbaijan Provinces in Iran and the state of California in the US: A hydro – economic approach [J]. Agricultural Water Management: 223.

Michael J de SMITH, Michael F GOODCHILD, Paul A LONGLEY, 2007. Geospatial Analysis: A Comprehensive Guide to Principles, Techniques and Software Tools (2nd ed.) [M]. Leicester, UK: Troubador Publishing.

MITCHELL A, WOOD D, 1997. Toward a theory stakeholder identification and salience: principle of who and what really counts [J]. Academy of Management, 22 (04): 853 – 886.

PAOLO D, DAVIDE D C, LORENZO R, et al., 2020. The global value of water in agriculture [J]. Proceedings of the National Academy of Sciences, 117 (36).

PARKER S, SPEED R, 2010. Agricultural water pricing: Australia [R]. Paris: OECD.

PARVANEH N, SAEED Y, REZA M, 2018. The Effects of Agricultural Water Pricing Policies on the Sustainability of the Water Resources: A Case of Irrigation Network in Qazvin Plain [J]. Asian Journal of Water, Environment and Pollution, 15 (4).

POSTEL S, SANDRA, 1999. Pillar of sand: can the irrigation miracle last? [R]. New York:

# 参 考 文 献

W. W. Norton and Company: 235 – 236.

SAPINO F, PÉREZ – BLANCO C D, GUTIÉRREZ – MARTÍN C, 2020. An ensemble experiment of mathematical programming models to assess socio – economic effects of agricultural water pricing reform in the Piedmont Region, Italy [J]. Journal of Environmental Management: 267.

SHIRA Z B, FINKELSHTAIN I, SIMHON A, 2014. Block – rate Versus Uniform Water Pricing in Agriculture: an Empirical Analysis [J]. American Journal of Agricultural Economics, 88 (4): 986 – 999.

TSUR Y, 2005. Economic aspects of irrigation water pricing [J]. Canadian Water Resources Journal, 30 (1): 31 – 46.

VEGA J, LEE D R, BOISVERT R N, 2006. Payments for Watershed Services: An Application to Irrigation Pricing in the El Angel Watershed, Carchi, Ecuador [M]. International Association of Agricultural Economists: 12 – 18.

WANG Z Y, SHEN J Q, SUN F H, et al., 2019. A Pricing Model for Groundwater Rights in Ningxia, China Based on the Fuzzy Mathematical Model. [J]. Pubmed, 16 (12).

YOUN K H, 1995. Marginal cost and second – best pricing for water services [J]. Review of Industrial Organization, 3 (10): 323 – 338.

ZHANG Jingdong, FU Jiatian, LIU Haoyang, et al., 2019. Evaluating Water Resource Assets Based on Fuzzy Comprehensive Evaluation Model: A Case Study of Wuhan City, China [J]. MDPI, 11 (17): 37.

# 附录 I 农业水价承受能力研究

随着农业水价综合改革在全国范围内持续推进，用水农户对于农业水价的承载能力作为定价的基本原则，是改革过程中必须破解的关键问题，也成为国内学者愈加关注的重要研究内容。目前对于农民水价承受能力的概念、内涵，学术界仍然存在不同看法。本附录在界定农业水价承受能力内涵的基础上，对影响农业水价承受能力的自然因素、社会因素、经济因素和心理因素进行简要分析，研究探讨了农业水价承受能力判别标准，并运用推荐的判别标准对我国农业水价承受能力进行了评判，包括全国、区域、县和村等层面。

## 1 农业水价承受能力内涵

### 1.1 农业水价承受能力提出

"水费一定要让农民承担得起，努力减轻农民负担"，这样的思想可以追溯到更久远的水利工程之中。尽管这萌芽产生很久，但一直没有一个确切的词汇来描绘，水价承受能力概念明确提出还是 20 世纪 90 年代前后。

1989 年，笔者在做硕士学位论文时，对水价承受能力进行了初步探讨。笔者硕士论文为《水资源核算及其纳入国民经济核算体系研究》，该项目系我国著名经济学家李金昌教授主持的美国福特基金会资助的《资源核算及其纳入国民经济核算体系研究》的一个专题，此专题具体由吉林大学于连生教授、韩国刚教授主持。笔者博士论文《水资源价值研究》接续了硕士论文水价承受能力的思想（姜文来，1998），本论文经过修订后，以《水资源价值论》书名于 1997 年科学出版社出版发行（姜文来，1998）。在此文中涉及的最大承受能力，是指人们在某种信号的刺激下仍能保持常态的容忍能力，它有一个最高限度，超过这个限度人们的心理和行为将出现异常变化（姜文来，1998）。

2000 年 10 月 17 日，国家发展计划委员会发布了《关于改革水价促进节约用水的指导意见》（计价格〔2000〕1702 号），在此意见中，提出了水价改革的四项基本原则：一是发挥价格杠杆作用，促进节约用水，保护和合理利用水资源；二是充分体现供水的商品价值，使水价达到合理水平；三是将水价改革与改革水资源管理体制、改造供水设施、推行科学节水制度结合实施；四是综合考虑水利工程供水、城市供排水和污水处理的需要，兼顾社会各方面的承受能力，统筹规划，分步实施。通过改革，建立合理的水价形成机制和管理体制，促进水价管理规范化、法制化，使供水管理单位具有自我积累、自我发展的能力，实现良性循环；并进一步明确提出了农业水价改革的实施意见："妥善处理农业水价改革与农民承受能力的关系。农业用水价格也要在清理整顿中间环节乱加价乱收费的基础上适当调整，但要注意农民的承受能力。可以考虑对农民采取核定合理灌溉用水定额，定额外用水较大幅度提价的办法。"这是中华人民共和国成立以来首次在官方文件中明确提出水价与承受能力的关系，自此，水价承受能力得到更加广泛的关注。

2009年7月6日，国家发展和改革委员会、住房和城乡建设部联合发出《关于做好城市供水价格管理工作有关问题的通知》（发改价格〔2009〕1789号），该通知针对"少数地方因调价方案和调价程序不完善，宣传解释工作不到位，群众反映强烈，为确保水价调整工作的规范有序"而下发的，其中在"做好对低收入家庭的保障工作"中，提出"为避免调价对低收入家庭产生较大影响，各地在调整水价时要充分考虑低收入家庭的承受能力。要根据水价调整的影响，对低收入家庭因地制宜地采取提高低保标准、增加补贴等多种方式，确保其基本生活用水，保障其基本生活水平不降低"。值得说明的是，该通知是针对城市供水价格的，但对低收入家庭的承受能力给予了特别的关注。可见承受能力在政府制定水价时占有特别重要的地位。

## 1.2 农业水价承受能力学术认知

尽管水价承受能力的概念提出了很长时间，但学术界对其概念并不统一。下面列举部分学者对其认识和理解。

贾大林、姜文来认为，承受能力是指人们在某种信号刺激下仍能保持常态的容忍能力，它有一个最高限，包括物质与心理两个方面（贾大林 等，1999）。

姜文来认为，承载力水价，就是考虑用水者承受能力的水价。承受力是制定水价的重要指标，水价只有在用户承受力范围之内，用户才能接受，如果水价超过承受力，就会引起各种问题。此概念中所提到的承载力水价，其实质就是承受能力水价。

王浩等认为，水价承受能力是指用水户能够承受某种水价水平下的水费支付能力，即用户支付水费后对其生存与发展不会受到太大的影响（王浩 等，2003）。

廖永松等认为，农民灌溉水价承受能力存在一个可承受范围或空间，其决定性因素是灌溉投入成本占农业生产成本和生产利润的比例（廖永松 等，2004）。

任梅芳等认为，所谓的承受能力，它有一个最高限，超过这个最高限，人们的心理和行为将会出现异常的变化，节水灌溉水价改革的幅度也应该在可承受能力范围之内进行（任梅芳 等，2010）。

## 1.3 农业水价承受能力评价与内涵

### 1.3.1 农业水价承受能力涵义评价

水价承受能力概念明确，是制定合理水价的基础性工作。综观我国此方面的研究和应用，水价承受能力概念应用比较广泛，无论是城市水价还是农业水价屡屡提及，特别是水价听证会频繁召开，承受能力成为不可缺少的要素。而关于水价承受能力研究则相对薄弱，特别是对其内涵的探讨则更少。从目前提出的内涵来看，概念比较模糊，只给出了一个轮廓。有关农业水价承受能力定义尚需要进一步完善，完善的方向则是简明扼要、通俗易懂。

### 1.3.2 农业水价承受能力的新内涵

综合学术界对水价的认知，结合本人实际研究经验，笔者试图给水价承受能力和农业水价承受能力一个新的内涵。

在对水价承受能力进行定义时，必须对承受能力有一个清晰的认识。"承受"本身有三个层次的含义：①接受，承担，如：他对我的打击我承受了；②支承或经受（重量或压力），如：此梁不能承受那么重的屋顶；③继承，承受遗产。对于"能力"而言，本意指能胜任某项任务的主观条件，也有解释为才能和办事的本领。综合"承受"和"能力"的含义，笔者认为"承受能力"解释为接受、接受胜任某项任务的主观条件，为简单起见，简称为接受能力或承担能力（能力本身不再进一步解释）。

水价承受能力是指用水户对支付的水费接受或承担能力，农业水价承受能力是指农业用水户对支付的农业用水费用的接受或承担能力。值得说明的是，接受或承担能力并不仅仅指经济承受能力，还应包括心理承受能力和支付意愿承受能力。

## 2 影响农业水价承受能力因素分析

影响农业水价承受能力因素很多，但可以概括为自然因素、社会因素、经济因素、心理因素（支付意愿）。

## 2.1 自然因素

自然因素是影响农业水价承受能力的首要因素。自然因素包括降水、地貌、土壤、气候等诸多因素。

降水对农业水价承受能力有很大的影响。在作物生育期内，降水及时，满足作物的需求，就减少了灌溉水的利用，水费自然会减少。我国降水总体趋势是南多北少，而耕地分布却是北方大于南方，北方粮食生产更依赖于灌溉，所以灌溉用水单位面积作物整体上北方大于南方。

地貌对农业水价承受能力的影响主要表现在取水的难易上。如果水低天高，就要通过泵站等取水设施进行取水,必然增加取水的成本,水费偏高。如果是平原水库,蒸发量大,分摊到灌溉用水的费用也必然高。田地地貌复杂,高低不平,灌溉用水比平地就多,自然也增加了耗水的费用。

土壤对农业水价承受能力影响是通过保水等途径实现的。如果是沙壤土,保水能力差,灌溉的次数或者灌溉量增加,水费必然随之增加。如果灌溉土地是盐碱土,要有冲洗盐碱的水量,用水自然就增加。

气候对农业水价承受能力影响不能忽视。风调雨顺,农业水价承受能力自然强。但如果遇到特殊干旱年份,为了保障农作物的生存,灌溉是拯救作物的重要途径,自然会增加灌溉的水量,如果对水价不进行调整,水费支出会增加。当然,对于特殊干旱国家或地方政府对水价采取特殊的政策则另当别论。

## 2.2 社会因素

社会因素是影响农业水价承受能力的重要因素。影响农业水价承受能力的主要社会因素包括法规、政策制度、管理、媒体等。

有关农业水价的法规对农业水价承受能力有重要影响。我国相关的法规对农业水价进行了相关的约束。《中华人民共和国价格法》《中华人民共和国水法》是制定农业水价的重要法律。1985年依据《中华人民共和国水法》制定了《水利工程水费核订、计收和管理办法》(通常简称《水费办法》),2003年该办法废止,代之是2004年1月1日起施行了国家发展和改革委员会与水利部共同制定了《水利工程供水价格管理办法》(以下简称为《水价办法》),其中规定农业用水价格按照补偿供水生产成本、费用的原则核定,这实际上提出了农业水价承受能力上限问题。《水价办法》第五条规定:"水利工程供水价格采取统一政策、分级管理方式,区别不同情况实行政府指导价或政府定价。政府鼓励发展的民办、民营水利工程供水价格,实行政府指导价;其他水利工程供水价格实行政府定价。"这样的规定对水价承受能力还是有一定影响的。

政策对农业水价承受能力影响是不能忽视的。我国先后出台文件,强调农业水价的改革,要充分考虑农民的承受能力,水价限定在农民的承受能力范围之内。由此一些地区出现将农业水费取消,用财政转移的方式支付农业水费的现象,可见政策对农业水价承受能力的影响是非常大的,政策对农业水价承受能力影响可以称为政策性农业水价承受能力。长期不收水费或尽可能少收取水费的政策,令农民对于农业水价的心理承受能力极低,也为近年来农业水价综合改革工作的开展带来了极大障碍。尽管当前农业水价远低于农民对水价的经济承受能力,且改革后随着灌溉工程和管理水平的提升,农业水价提升后农民在灌溉上的投入整体不会增加,但农户仍然对农业用水收费和提价存有较大的抵触情绪。

管理对农业水价承受能力影响是直接的。实际上我国对农业水价的管理更注重于斗渠以上,对于末级渠系水价管理还缺乏强有力的法律规范,这样,实际上农民支付的水费远高于干渠的水费，在末级水价中还有其他一些因素加入，如管理费、其他各种名义的附加费，无形提高了农业水费，降低农业水价承受能力。

现代社会，媒体作为重要的社会发展力量，对于农业水价承受能力也有一定影响。近年来，水价听证会频繁召开，媒体对其进行了广泛的报道，并从不同角度进行了分析，对水价改革起到了宣传、监督等作用。尽管有关农业水价没有召开过听证会，但对农业水价的报道也很多，如农业水费过于便宜等报道，在社会上形成了农业水价低是导致农业用水浪费的重要原因的氛围，无疑对农业水价改革起到助推作用。有关媒体对农业水价究竟有多大影响，目前还没有定量和定性的研究结果，但媒体对农业水价承受能力的影响必须关注。

## 2.3 经济因素

经济因素对农业水价承受能力影响不能忽视，其主要因素包括农业用水收益（农业用水经济收入）、家庭总收入和收入结构等。

农业用水是农业生产之要。农业用水能增加农业增产效益是农民灌溉的动力，目前，也通常用水费占农业净受益的比例作为重要指数来衡量农业水价承受指数。农业水价承受能力指数与农业用水受益呈反比例的关系，农业用水收益越高，指数越小，农业水价承受能力越强；反之，指数越大，农业水价承受能力向不可承受方向偏移，直至难以承受。

家庭总收入对农业水价承受能力有一定的影响。如果家庭总收入偏低，农业水价承受能力弱，对水价敏感。如果家庭总收入特别高，尽管农业水费占家庭的收入比较小，但农业在高收入家庭中的地位不高，稍高的农业水价对其也比较敏感。

收入结构对农业水价承受能力影响比较现实。对于以农业收入为主体的收入结构，由于农业收入是家庭收入的主要来源，即便水价高一些，也得承受，没有别的选择，这样的结构农业水价承受能力比较大。如果农业收入占家庭收入的比例低，则水价比较敏感，甚至可能导致农民不灌溉。因此，农业水价承受能力制定的时候，应该适当考虑收入结构因素。

## 2.4 心理因素

尽管现在还无法准确地评估心理因素对农业水价承受能力影响，但这一因素确实在不同程度地发挥作用。

心理因素可以用支付意愿来表达。支付意愿是指消费者接受一定数量的消费物品或劳务所愿意支付的金额，它是消费者对特定物品或劳务的个人估价，带有强烈的主观评价成分。

影响支付意愿的因素很多，包括物品的可替代性、宏观经济背景、舆论、重要性等。

农业用水对农业生产来说是不可替代的，但可以通过节水技术等减少水的利用。宏观经济背景如物价指数不断攀升，在消费者心目中产生什么都涨价的心态，当然对农业水价承受能力更富有冲击力。舆论对心理因素有引导作用，重视舆论的引导作用，有利于农业水价调整。

农业水费是目前农业生产唯一生产资料收费的项目。多年的农业税免掉了，农业也采取"多予少取"的扶持政策，目前有关农业补贴包括粮食直补、农资综合补贴、良种补贴、农机具购置补贴、测土配方施肥补贴等，补贴额度逐年增大，这对农业水价承受能力造成一定的冲击，农民对取消农业水费的呼声不断，个别地区确实取消了农业水费。在此背景下，农业水费支付意愿不高，即便在可承受的范围之内，农民也不愿意支付。农业水价承受能力研究应该考虑此种因素。

# 3 农业水价承受能力判别标准

## 3.1 现行农业水价承受能力判别标准

### 3.1.1 我国国内农业水价承受能力判别标准

目前，国内对农业水价承受能力很重视，许多学者对此展开了探讨。苗慧英等较早在《农业用水水价承受能力分析》一文中对此进行了总结（苗慧英 等，2004）。

目前，国内普遍采用水费承受指数进行农民农业水价承受能力计算。水费承受指数方法简单实用，可以清晰地了解与灌溉水费直接相关的农民农业生产经营活动，尤其是成本构成及利润情况（杜杰，2009）。主要通过水费占农业生产成本比例、水费占农业总产值比例、水费占农业净收益比例，水费占农民年收入、占农民年支出比例，水费占增产效益比例等指标计算。其中，农业水费占农业生产成本、产值、收入（效益）的比例在当前的农业水价承受能力研究中最为常见。

（1）农业水费占农业生产成本。农业用水是农业生产不可缺少的物质，用水获取的费用即水费是农业生产成本重要组成部分。通过农业用水费用与农业生产成本的比值确定农业水价承受能力成为重要手段。其基本的算法是：

农业水费占农业生产成本的比例＝（农业水费/农业生产总成本）×100%

通常认为，水费占农业生产成本的比例以20%～30%为宜。

（2）农业水费占农业产值。农业产值是以货币形式表现的农业产品总价值量。农业水费占农业产值的比例也是衡量农业水费承受能力的重要参数。通常认为，农业水费占亩产值的比例为5%～15%较合理。

（3）农业水费占农业收入。农业收入是指使用农业用水的农业产品的收入，并非家庭的全部农业收入，它在一定环境下与农业产值具有相同的含义。农业收入分为毛收入或者纯收入，与效益或者净收益相当（毛收入＝效益；纯收入＝净收益）。纯收入或者净收益是指收入扣除所用成本后剩余部分。我国普遍认为，水费占亩均净收益的比例以 10%~20%为宜。

**案例一**

2003 年卓汉文等以河南人民胜利渠灌区为例对农业水价与农民承受能力进行了调查研究。人民胜利渠是中华人民共和国成立后在黄河中下游兴建的第一个大型灌溉工程，位于河南省北部，包括新乡、焦作、安阳三市 8 个县（市郊区），自 1952 年灌区建立以来，实灌面积一般维持在 3 万~4 万 $hm^2$，最高达到 6.1 万 $hm^2$。本次调查在参考乡镇政府统计数据的基础上，在全灌区范围内有代表性地选择了 60 家农户进行调查，其中旱作区和水稻区各选取 30 户，值得说明的是，灌区农民人均耕地面积大约为 1.5 亩，县、乡、村之间虽有差别，说明调查结果代表了灌区的整体情况。其部分成果见表Ⅰ-1（卓汉文 等，2005）。

表Ⅰ-1　　　　　　　　水费所占各种比例与农民反映

| 水费占农户年均总收入的百分比/% | 水费占农户总支出的百分比/% | 水费占单位面积投入的百分比/% | 水费占单位面积净收益的百分比/% | 农民对水价所持的态度 | 农民对灌区供应的农业用水所做出的反映 |
|---|---|---|---|---|---|
| 1.0 | 2.0 | 4.0 | 3.0 | 水价很低，乐意缴纳 | 按面积缴费的用水户浪费较为严重 |
| 2.0 | 3.5 | 6.0 | 5.0 | 水价偏低，乐意缴纳 | 没有节约意识，按面积缴费，导致奢侈用水 |
| 3.0 | 4.5 | 8.0 | 6.5 | 水价低，乐意缴纳 | 正常用水，不注意节约 |
| 3.5 | 6.0 | 9.5 | 7.0 | 水价不高，可以接受 | 正常用水 |
| 4.5 | 7.0 | 11.0 | 8.5 | 水价合理，可以接受 | 用水正常，以量缴费，有节约意识 |
| 5.5 | 7.5 | 12.0 | 10.0 | 基本合理，可以接受 | 正常用水，以量缴费，有节约意识 |
| 6.5 | 8.5 | 13.0 | 11.0 | 水价偏高，不乐意接受 | 以量缴费的滞后用水，有盼雨现象 |
| 7.5 | 9.5 | 14.0 | 12.0 | 水价很高，勉强接受 | 以量缴费的用水不正常，考虑浇关键水 |
| ≥8 | ≥11 | ≥15 | ≥13 | 水价过高，难以承受 | 退出灌区，自行寻找水源（抽地下水） |

从表Ⅰ-1 可以看出，人民胜利渠农民对农业水价改革的承受能力并不高，当农业水费占到农民年收入的 4%~6%（支出的 6%~8%）、农业投入的 10%~12% 和产出的 8%~10%时，农民普遍认为水价合理或者基本合理，表示可以接受、愿意缴纳，说明水费没有超出农民的经济和心理承受能力。

**案例二**

石津灌区是河北省规模最大、经营管理和灌溉效益最好的灌区，也是河北省最缺水的地区，苗慧英对石津灌区开展调查研究，结果分析表明：石津灌区农户水费支出占净效益的适宜比重为 22.78%～27.18%，水费占总成本的比重为 9.38%～12.41%，水费占总产值的比重为 6.64%～8.51%，与国内通行的研究成果相比，有一定的差距（苗慧英 等，2004）。

### 3.1.2 国外农业水价承受能力判别标准

目前，国内尚未见到系统研究国外农业水价承受能力判别标准的文献，有部分研究对于部分国家农业水费标准进行记述。整体来看，受农户承受能力限制，世界各国的农业水费标准普遍偏低。

苗慧英等较早对亚洲一些国家农业水费标准进行了概述，亚洲部分国家农业水费标准见表Ⅰ-2（苗慧英 等，2004）。从表Ⅰ-2可以看出，亚洲也有很多国家将农业水费占灌溉增产效益的比例作为判断农业水价承载能力的关键指标。其中亚洲占比最高的是印度，达到17%；世界银行的灌溉项目范围更大，在5%～33%（平均为17%）。

表Ⅰ-2 亚洲部分国家农业水费标准

| 国家（组织） | 印度 | 印度尼西亚 | 菲律宾 | 泰国 | 韩国 | 世界银行灌溉项目 |
|---|---|---|---|---|---|---|
| 农业水费占灌溉增产效益的比例/% | 17 | 8～12 | 10 | 9 | 9～15 | 5～33（平均为17） |

高媛媛等对典型国家的农业水价标准进行了研究，指出：印度规定灌溉水费不应超过农民增加净收入的50%，一般控制在总收入的5%～12%；澳大利亚畜牧业用水水费约占收入的6%，水果和谷物的水费占成本的比例约在8%，棉花的水费占成本的比例仅为1%；法国农民的灌溉成本占主要作物种植总成本的20%左右；泰国、新加坡和印尼规定灌溉水费占农户收入的比重低于3%（高媛媛 等，2012）。

肖佳的研究中，对日本农户在1998—2006年灌溉排水的支出情况及其占生产成本的比例进行了展示。研究显示日本农户灌排支出及其占生产成本的比例均呈现下降趋势，灌溉支出占生产成本的比例在7.9%～10.2%（肖佳，2020）。

## 3.2 现行农业水价承受能力判别标准评价

综合分析国内外农业水价承受能力判别标准，可知国内外多对农业水价承受能力比较重视，也形成了一定的研究成果，对农业水价承受能力的研究起到了积极的推动作用。但认真审视这些研究成果，并不令人十分满意，还存在一些问题，主要表现如下：

（1）评价指标尚未统一。究竟采用什么指标来评价农业水价承受能力，目前尚未统一，从现在研究成果来看，农业水费占灌溉增产效益的比例、农业水费占农业生产成本比例、农业水费占农业产值比例、农业水费占农业收入比例、水费占农户总支出比例、水费占家庭收入比例等，究竟哪个指标更能反映农业水价承受能力，还没有定论，这种"百花齐放"的状态虽然有利于农业水价承受能力纵深研究，但不利于指标的普适性，评价指标相对统一是完全必要的。

(2) 数据来源不规范。数据来源规范、指标相同，所获取的农业水价承受能力才具有可比性。目前，在农业水价承受能力研究中，选定的指标不一致，各具千秋，如农业生产成本，究竟哪些因素应该纳入生产成本，并没有一致的要求，有的将土地也纳入成本，有的将劳动力不纳入成本，其所得结果相差很大；如收入，有的将全部收入都纳入进行考虑，包括农副产品（如秸秆等），有的根本就没有考虑这些因素，只考虑产品产值等。数据来源也不一致，大部分数据都是来自农户调查，而农户调查由于受时间和成本限制，农户样本偏低，这对准确地度量农业水价承受能力是不利的。

(3) 评价标准笼统。目前农业水价承受能力标准比较笼统，大多数给出的评价是适宜或者接受、难以承受等，虽然大致划分出承受能力的等级，但不十分明确，导致评价标准模糊空间很大。当然，无论怎么界定，最终农业水价承受能力的评价都是一个模糊概念，"强""小""大"等都是模糊概念，评价标准尽可能将这些模糊概念数量化定义，可减少模糊空间，获得"相对模糊的不模糊"的评价。

(4) 评价结果权威性不高。由于评价指标不统一，数据来源不规范，评价标准笼统，因此所得农业水价承受能力结果权威性不足，特别是目前我国宏观性的农业水价承受能力还没有定量的评价，这不利于我国农业水价的进一步改革，建立权威的农业水价承受能力评价体系是非常必要的，具有急迫性。

## 3.3 农业水价承受能力判别标准确立原则

农业水价承受能力判别标准的确立，首要任务是应该确立其基本原则。笔者认为，其基本原则应包括科学性原则、可操作性原则、差别化原则和标准化原则。

(1) 科学性原则。科学性是农业水价承受能力判别标准的首要原则。其科学性主要体现在农业水价承受能力标准符合客观实际，相应的概念、定义明确，论点正确，论据充分，数据翔实可信，能充分地反映农业水价承受能力的本质和规律。

(2) 可操作性原则。科学性是农业水价承受能力判别的最重要原则，可操作性是将科学性原则落实到实际工作中的不可或缺的原则。可操作性就是指农业水价承受能力判别标准在实际工作中可以运用，判别标准符合社会期待，数据容易获得，能够落到实处。

(3) 标准化原则。标准化原则是指在农业水价承受能力判别标准中，对数据的获得、评价具体指标、评价综合指标等制定统一的标准，提高评价标准的权威性和可比性。目前农业水价承受能力评价中标准化问题突出，应该在此方面进行规范。

(4) 差别化原则。受经济结构、地域因素等限制，农业水价承受能力判别标准在尽可能统一的同时，要充分考虑其差异性。差异性主要体现在两个方面，其一，标准不是定值，而是一个区间，在某区间给定一个定性的描述，如可承受、不可承受等；其二，区域的差异性，要考虑富裕、贫困、粮食主产区和非主产区差异，这样制定的标准才更加符合中国国情。

## 3.4 农业水价承受能力判别推荐标准

### 3.4.1 数据来源与范围推荐

国家发展和改革委员会价格司每年发布的《全国农产品成本收益资料汇编》(以下简称《汇编》),是我国农产品成本效益最权威的资料(全国性数据均未包括香港、澳门特别行政区和台湾省数据)。《汇编》共分七个部分:第一部分,综合;第二部分,各地区粮食、油料;第三部分,各地区棉、烟、糖料;第四部分,各地区蚕茧、水果;第五部分,各地区肉、禽、蛋、奶;第六部分,各地区蔬菜;第七部分,各地区畜产品。如在种植业中,包括粮食、蔬菜、油料等,其中"三种粮食平均"指稻谷、小麦、玉米平均;稻谷指早籼稻、中籼稻、晚籼稻和粳稻平均;"两种油料平均"指花生、油菜籽平均;蔬菜平均指西红柿、黄瓜、茄子、圆白菜、菜椒、大白菜、马铃薯 7 种蔬菜平均,《汇编》对各种成本和效益进行分析,数据资料翔实可靠,推荐作为农业水价承受能力研究标准数据库。三种粮食产品成本效益数据结构见表Ⅰ-3。

表Ⅰ-3　　　　　　　三种粮食产品成本效益数据结构

| 项目 | 单位 | 2013 年 | 2014 年 | 2015 年 | 2016 年 | 2017 年 | 2018 年 | 2018 年较 2017 年的变化率/% |
|---|---|---|---|---|---|---|---|---|
| 每亩: | | | | | | | | |
| 主产品产量 | kg | 444.67 | 470.93 | 467.41 | 457.13 | 468.72 | 449.30 | −4.14 |
| 产值合计 | 元 | 1099.13 | 1193.35 | 1109.59 | 1013.34 | 1069.06 | 1008.18 | −5.69 |
| 主产品产值 | 元 | 1077.29 | 1171.46 | 1086.99 | 990.97 | 1046.04 | 985.40 | −5.80 |
| 副产品产值 | 元 | 21.84 | 21.89 | 22.60 | 22.37 | 23.02 | 22.78 | −1.04 |
| 总成本 | 元 | 1026.19 | 1068.57 | 1090.04 | 1093.62 | 1081.59 | 1093.77 | 1.13 |
| 生产成本 | 元 | 844.83 | 864.63 | 872.28 | 871.35 | 866.01 | 868.90 | 0.33 |
| 物质与服务费用 | 元 | 415.12 | 417.88 | 425.21 | 441.78 | 428.83 | 419.35 | 2.83 |
| 人工成本 | 元 | 429.71 | 446.75 | 447.21 | 441.78 | 428.83 | 419.35 | −2.21 |
| 家庭用工折价 | 元 | 397.32 | 414.18 | 415.74 | 408.63 | 393.89 | 383.70 | −2.59 |
| 雇工费用 | 元 | 32.39 | 32.57 | 31.47 | 33.15 | 34.94 | 35.65 | 2.03 |
| 土地成本 | 元 | 181.36 | 203.94 | 217.76 | 222.27 | 215.58 | 224.87 | 4.31 |
| 流转地租金 | 元 | 26.28 | 32.46 | 36.41 | 38.51 | 38.40 | 41.29 | 7.53 |
| 自营地折租 | 元 | 155.08 | 171.48 | 181.35 | 183.76 | 177.18 | 183.58 | 3.61 |
| 净利润 | 元 | 72.94 | 124.78 | 19.55 | −80.28 | −12.53 | −85.59 | 582.88 |
| 现金成本 | 元 | 473.79 | 482.91 | 492.95 | 501.23 | 510.52 | 526.52 | 3.13 |
| 现金收益 | 元 | 625.34 | 710.44 | 616.64 | 512.11 | 558.54 | 481.69 | −13.76 |
| 成本利润率 | % | 7.11 | 11.68 | 1.79 | −7.34 | −1.16 | −7.83 | 575.00 |
| 每 50kg 主产品: | | | | | | | | |

续表

| 项 目 | 单位 | 2013年 | 2014年 | 2015年 | 2016年 | 2017年 | 2018年 | 2018年较2017年的变化率/% |
|---|---|---|---|---|---|---|---|---|
| 平均出售价格 | 元 | 121.13 | 124.38 | 116.28 | 108.39 | 111.58 | 109.66 | -1.72 |
| 总成本 | 元 | 116.09 | 111.37 | 114.23 | 116.98 | 112.89 | 118.97 | 5.39 |
| 生产成本 | 元 | 93.10 | 90.12 | 91.41 | 93.20 | 90.39 | 94.51 | 4.56 |
| 净利润 | 元 | 8.04 | 13.01 | 2.05 | -8.59 | -1.31 | -9.31 | 610.69 |
| 现金成本 | 元 | 52.21 | 50.33 | 51.66 | 53.61 | 53.28 | 57.27 | 7.49 |
| 现金收益 | 元 | 68.92 | 74.05 | 64.62 | 54.78 | 58.30 | 52.39 | -10.14 |
| 附: | | | | | | | | |
| 每亩用工数量 | 日 | 6.17 | 5.87 | 5.61 | 5.31 | 5.04 | 4.81 | -4.56 |
| 每亩主产品出售数量 | kg | 287.32 | 344.17 | 346.51 | 341.89 | 371.17 | 344.05 | -7.31 |
| 每亩主产品出售产值 | 元 | 685.72 | 849.68 | 800.61 | 742.56 | 821.06 | 745.79 | -9.17 |
| 每亩成本外支出 | 元 | 0.83 | 0.70 | 0.63 | 0.76 | 0.59 | 0.41 | -30.51 |

资料来源:《全国农产品成本收益资料汇编2019》。

值得注意的是,在本数据结构中,明确了作物的总产值、总成本、总利润等关键要素,为计算我国农业水费的承受能力提供了重要的数据基础。但表Ⅰ-3中并没有对水费成本的统计,包含在"物质与服务费用"之中,所以需要参考产品成本结构表中的数据,其中明确了灌排费和水费的投入,见表Ⅰ-4。

表Ⅰ-4 三种粮食产品成本结构

| 项 目 | 单位 | 2013年 | 2014年 | 2015年 | 2016年 | 2017年 | 2018年 | 2018年较2017年的变化率/% |
|---|---|---|---|---|---|---|---|---|
| 一、每亩物质与服务费用 | 元 | 415.12 | 417.88 | 425.07 | 429.57 | 437.18 | 449.55 | 2.84 |
| (一)直接费用 | 元 | 402.35 | 405.03 | 411.21 | 415.03 | 421.82 | 433.68 | 2.81 |
| 1. 种子费 | 元 | 55.37 | 50.82 | 59.43 | 60.73 | 62.43 | 63.82 | 1.36 |
| 2. 化肥费 | 元 | 143.31 | 132.42 | 132.03 | 128.93 | 130.90 | 139.02 | 6.20 |
| 3. 农家肥费 | 元 | 11.28 | 10.73 | 10.87 | 13.67 | 15.14 | 15.17 | 0.20 |
| 4. 农药费 | 元 | 26.97 | 27.56 | 29.15 | 29.48 | 30.68 | 31.37 | 2.25 |
| 5. 农膜费 | 元 | 2.99 | 3.05 | 3.04 | 2.99 | 2.89 | 2.97 | 2.77 |
| 6. 租赁作业费 | 元 | 155.42 | 166.21 | 169.33 | 171.84 | 172.03 | 174.27 | 1.30 |
| 机械作业费 | 元 | 124.92 | 134.08 | 139.60 | 142.79 | 145.72 | 148.81 | 2.12 |
| 排灌费 | 元 | 23.44 | 5.62 | 23.91 | 23.72 | 22.19 | 22.20 | 0.05 |
| 其中:水费 | 元 | 7.42 | 7.28 | 7.24 | 7.63 | 7.39 | 7.34 | -0.68 |
| 畜力费 | 元 | 7.06 | 6.51 | 5.82 | 5.33 | 4.12 | 3.26 | -20.87 |
| 7. 燃料动力费 | 元 | 1.34 | 1.53 | 1.57 | 1.71 | 2.09 | 2.07 | -0.96 |

续表

| 项　　目 | 单位 | 2013年 | 2014年 | 2015年 | 2016年 | 2017年 | 2018年 | 2018年较2017年的变化率/% |
|---|---|---|---|---|---|---|---|---|
| 8. 技术服务费 | 元 | 0.01 | | 0.01 | 0.01 | 0.02 | 0.01 | −50.00 |
| 9. 工具材料费 | 元 | 4.06 | 4.14 | 4.19 | 4.17 | 4.10 | 4.01 | −2.20 |
| 10. 修理维护费 | 元 | 1.59 | 1.56 | 1.57 | 1.49 | 1.48 | 1.49 | 0.68 |
| 11. 其他直接费用 | 元 | 0.01 | 0.01 | 0.002 | 0.01 | 0.06 | 0.02 | −66.67 |
| （二）间接费用 | 元 | 12.77 | 12.85 | 13.86 | 14.54 | 15.36 | 15.87 | 3.32 |
| 1. 固定资产折旧 | 元 | 4.62 | 4.61 | 4.95 | 4.88 | 4.87 | 4.85 | −0.41 |
| 2. 保险费 | 元 | 5.63 | 5.97 | 6.61 | 7.41 | 8.26 | 8.87 | 7.38 |
| 3. 管理费 | 元 | 1.22 | 1.23 | 1.29 | 1.24 | 1.14 | 1.05 | −7.89 |
| 4. 财务费 | 元 | 0.03 | 0.03 | 0.03 | 0.03 | 0.01 | 0.04 | 300.00 |
| 5. 销售费 | 元 | 1.27 | 1.01 | 0.98 | 0.98 | 1.08 | 1.06 | −1.85 |
| 二、每亩人工成本 | 元 | 429.71 | 446.75 | 447.21 | 441.78 | 428.83 | 419.35 | −2.21 |
| 1. 家庭用工折价 | 元 | 397.32 | 414.18 | 415.74 | 408.63 | 393.89 | 383.70 | −2.59 |
| 家庭用工天数 | 日 | 5.84 | 5.57 | 5.33 | 5.02 | 4.74 | 4.52 | −4.64 |
| 劳动日工价 | 元 | 68.00 | 74.40 | 78.00 | 81.40 | 83.10 | 84.89 | 2.15 |
| 2. 雇工费用 | 元 | 32.39 | 32.57 | 31.47 | 33.15 | 34.94 | 35.65 | 2.03 |
| 雇工天数 | 日 | 0.33 | 0.30 | 0.28 | 0.29 | 0.30 | 0.29 | −3.33 |
| 雇工工价 | 元 | 99.05 | 107.49 | 112.39 | 114.31 | 116.47 | 122.93 | 5.55 |

资料来源：《全国农产品成本收益资料汇编2019》。

### 3.4.2 农业水价承受能力指数确定

究竟选择哪个指数作为农业水价承受能力，表Ⅰ-3和表Ⅰ-4给了很大的启示，从表中可以看出，水费占总产值的比例、水费占总成本的比例、水费占现金收益（更能体现农民的实际收益）的比例都具有可操作性。因此，可以选择上述三个指数作为农业水价承受能力指数，与其相对应应该有三个判别标准。

### 3.4.3 农业水价承受能力指数判别标准确立

农业水价承受能力指数判别标准可以采取理论与实践相结合的办法进一步确立。笔者认为，农业用水作为农业生产不可或缺的要素，与种子、土地、化肥共同参与生产，其价值贡献比种子高，至少应该与化肥相当。但必须注意的是，由于农业用水的特殊性，它具有一定的公益性和准商品特性，其费用应该低于土地。因此，在确立农业水价承受能力指数的时候，以土地费用作为重要的参考标准是符合现实的。达到土地费用的农业用水费用，应该是超出农业水价承受能力的。在确立标准时，也将种子、化肥占产值（净收益或总成本）的比例作为一个参考值，从侧面说明标准的确立合理性。

由于价格变化很大，为了更符合实际，采取2013—2018年6年平均值作为基

## 附录Ⅰ 农业水价承受能力研究

本参考值。将农业水价承受能力指数分为强、较强、可承受、超出承受和不可承受5个等级,相对应的水价评价是低、较低、适宜、高和很高。

### 3.4.4 农业水价承受能力指数判别推荐参考标准

(1) 农业水价承受能力(水费/总成本)判别参考标准。表Ⅰ-5是主要生产要素占总成本的比例。

表Ⅰ-5　　　　　　　　　主要生产要素占总成本的比例

| 项　　目 | 2013年 | 2014年 | 2015年 | 2016年 | 2017年 | 2018年 | 平均 |
|---|---|---|---|---|---|---|---|
| 总成本/元 | 1026.19 | 1068.57 | 1090.04 | 1093.62 | 1081.59 | 1093.77 | 1075.63 |
| 种子/总成本/% | 5.40 | 4.76 | 5.45 | 5.55 | 5.77 | 5.83 | 5.46 |
| 土地/总成本/% | 17.67 | 19.09 | 19.98 | 20.32 | 19.93 | 20.56 | 19.61 |
| 化肥/总成本/% | 13.97 | 12.39 | 12.11 | 11.79 | 12.10 | 12.71 | 12.50 |

以土地/总成本的19.6%为超出承受能力的最高点,大于19.6%不可承受,将19.6%按照等差序列进行划分,参考种子/总成本、化肥/总成本,给出农业水价承受能力——水费/总成本指数参考判别标准,见表Ⅰ-6。

表Ⅰ-6　　　　　　农业水价承受能力(水费/总成本)判别标准

| 标准值 | <4.9% | 4.9%~9.8% | 9.8%~14.7% | 14.7%~19.6% | >19.6% |
|---|---|---|---|---|---|
| 水价承受能力 | 强 | 较强 | 可承受 | 超出承受能力 | 不可承受 |
| 水价 | 低 | 较低 | 适宜 | 高 | 很高 |

(2) 农业水价承受能力(水费/产值)判别参考标准。表Ⅰ-7是主要生产要素占产值的比例。

表Ⅰ-7　　　　　　　　　主要生产要素占产值比例

| 项　　目 | 2013年 | 2014年 | 2015年 | 2016年 | 2017年 | 2018年 | 平均 |
|---|---|---|---|---|---|---|---|
| 总产值/元 | 1099.13 | 1193.35 | 1109.59 | 1013.34 | 1069.06 | 1008.18 | 1082.11 |
| 种子/总产值/% | 5.04 | 4.26 | 5.36 | 5.99 | 5.84 | 6.33 | 5.43 |
| 土地/总产值/% | 16.50 | 17.09 | 19.63 | 21.93 | 20.17 | 22.30 | 19.50 |
| 化肥/总产值/% | 13.04 | 11.10 | 11.90 | 12.72 | 12.24 | 13.79 | 12.42 |

以土地/产值的19.5%为超出承受能力的最高点,大于19.5%不可承受,将19.5%按照等差序列进行划分,参考种子/产值、化肥/产值,给出农业水价承受能力——水费/产值指数参考判别标准,见表Ⅰ-8。

表Ⅰ-8　　　　　　农业水价承受能力(水费/产值)判别标准

| 标准值 | <4.8% | 4.8%~9.75% | 9.75%~14.6% | 14.6%~19.5% | >19.5% |
|---|---|---|---|---|---|
| 水价承受能力 | 强 | 较强 | 可承受 | 超出承受能力 | 不可承受 |
| 水价 | 低 | 较低 | 适宜 | 高 | 很高 |

(3) 农业水价承受能力（水费/净收益）判别参考标准。表Ⅰ-9是主要生产要素占净收益（按照现金收益计算）的比例。

表Ⅰ-9　　　　　　　　　主要生产要素占净收益的比例

| 项　　目 | 2013年 | 2014年 | 2015年 | 2016年 | 2017年 | 2018年 | 平均 |
|---|---|---|---|---|---|---|---|
| 净收益/元 | 625.34 | 710.44 | 616.64 | 512.11 | 558.54 | 481.69 | 584.13 |
| 种子/净收益/% | 8.85 | 7.15 | 9.64 | 11.86 | 11.18 | 13.25 | 10.06 |
| 土地/净收益/% | 29.00 | 28.71 | 35.31 | 43.40 | 38.60 | 46.68 | 36.12 |
| 化肥/净收益/% | 22.92 | 18.64 | 21.41 | 25.18 | 23.44 | 28.86 | 23.01 |

以土地/净收益的36%为超出承受能力的最高点，大于36%不可承受，将36%按照等差序列进行划分，参考种子/净收益、化肥/净收益，给出农业水价承受能力——水费/净收益指数参考判别标准，见表Ⅰ-10。

表Ⅰ-10　　　　　农业水价承受能力（水费/净收益）判别标准

| 标准值 | <9% | 9%～18% | 18%～27% | 27%～36% | >36% |
|---|---|---|---|---|---|
| 水价承受能力 | 强 | 较强 | 可承受 | 超出承受能力 | 不可承受 |
| 水价 | 低 | 较低 | 适宜 | 高 | 很高 |

值得说明的是，上述参考标准适用于三种粮食（小麦、玉米和稻谷）平均，其他作物的标准，可参考上述标准的做法进行制定。

# 4　我国农业水价承受能力总体评价

## 4.1　我国农业水价承受能力

### 4.1.1　我国总体农业水价承受能力评价

以《全国农产品成本收益资料汇编2019》为基本数据，对我国农业水价承受能力进行评估，农业水价承受能力指数等基本数据见表Ⅰ-11。当前农业水价的核定原则基本是按照农田水利工程供水成本确定，包含骨干工程和末级渠系两部分，基本不包含水资源费，可以认为水费支出就是为了实现灌溉的过程中产生的费用，因此选择将灌排费占总产值、总成本和净收益的比例作为衡量农民水价承受能力的重要指标。

表Ⅰ-11　　　　2013—2018年我国农业水价承受能力指数及相关的数据

| 项　　目 | 2013年 | 2014年 | 2015年 | 2016年 | 2017年 | 2018年 | 平均 |
|---|---|---|---|---|---|---|---|
| 产值/元 | 1099.13 | 1193.35 | 1109.59 | 1013.34 | 1069.06 | 1008.18 | 1082.11 |
| 总成本/元 | 1026.19 | 1068.57 | 1090.04 | 1093.62 | 1081.59 | 1093.77 | 1075.63 |
| 净收益/元 | 625.34 | 710.44 | 616.64 | 512.11 | 558.54 | 481.69 | 584.13 |
| 灌排费/元 | 23.44 | 5.62 | 23.91 | 23.72 | 22.19 | 22.2 | 20.18 |

续表

| 项目 | 2013年 | 2014年 | 2015年 | 2016年 | 2017年 | 2018年 | 平均 |
|---|---|---|---|---|---|---|---|
| 灌排费/产值/% | 2.13 | 0.47 | 2.15 | 2.34 | 2.08 | 2.20 | 1.86 |
| 灌排费/总成本/% | 2.28 | 0.53 | 2.19 | 2.17 | 2.05 | 2.03 | 1.88 |
| 灌排费/净收益/% | 3.75 | 0.79 | 3.88 | 4.63 | 3.97 | 4.61 | 3.45 |

数据来源：根据《全国农产品成本收益资料汇编2019》整理计算。

从表Ⅰ-11可以看出，我国农业水价承受指数——灌排费/产值、灌排费/总成本和灌排费/净收益的平均值分别为1.86%、1.88%和3.45%。和上节推荐的农业水价承受能力指数相比，分别在上节推荐的相应最低标准<4.9%、<4.8%和<9%范围内。因此，从全国的角度进行评价，我国农业灌溉水价承受能力强，当前统计方式下农业生产的灌排投入费用相对偏低。

### 4.1.2 我国分地区农业水价承受能力评价

从表Ⅰ-12可以看出，我国不同区域三大作物水价承受指数具有明显的差异性，出现以下两个方面的特点：①南方地区农业水价承受指数低于北方农业水价承受指数，南方水费/总成本为1.9%~2.2%，平均为2.1%，北方水费/总成本为5.3%~6.5%，平均为6.4%，北方比南方平均高出4.3%；②井灌区和扬程灌区农业水价承受指数偏高，黄淮海地区以井灌区为主，水费/总成本为6.5%，西北地区井灌区和扬水灌区多，水费/总成本达到7.5%。

与推荐标准相比较（水费/产值），长江中下游地区（1.9%）、西南地区（2.2%）、华南地区（2.3%）都小于3%，整体看来水价低，农业水价的承受能力强；东北地区（5.3%）、黄淮海地区（6.5%）、西北地区（7.5%）在6%~8.9%，农业水价较低，农业水价承受能力较强。

表Ⅰ-12　　　　我国不同区域三大作物水价承受指数

| 作物及指标 | | 东北地区（黑、吉、辽） | 西北地区（陕、宁、甘、新） | 西南地区（云、贵、川、渝） | 华南地区（粤、桂） | 黄淮海地区（豫、冀、鲁、晋） | 长江中下游地区（湘、鄂、苏、徽、浙、赣） |
|---|---|---|---|---|---|---|---|
| 稻谷 | 水费/总成本/% | 6.8 | 6.4 | 2.6 | 2.3 | 7.4 | 3.2 |
| | 水费/产值/% | 5.1 | 4.5 | 1.6 | 1.9 | 5.0 | 2.2 |
| 小麦 | 水费/总成本/% | | 8.9 | 1.5 | | 7.1 | 1.3 |
| | 水费/产值/% | | 6.5 | 1.7 | | 5.2 | 1.0 |
| 玉米 | 水费/总成本/% | 3.8 | 7.1 | 2.5 | | 5.1 | 1.2 |
| | 水费/产值/% | 6.5 | 12.8 | 5.3 | | 10.6 | 2.6 |
| 平均 | 水费/总成本/% | 5.3 | 7.5 | 2.2 | 2.3 | 6.5 | 1.9 |
| | 水费/产值/% | 5.8 | 7.9 | 2.9 | 1.9 | 6.9 | 1.9 |

## 4.2 典型地区农业水费承受能力研究

笔者课题组在过去的研究中曾针对黄淮海、西北等典型地区开展实践调研，并分别从经济和心理两个角度开展农业水价承受能力研究。

### 4.2.1 典型案例一：黄淮海地区山东陵县农业水费经济承受能力研究

山东陵县位于黄淮海平原腹地，距省会济南 90km、德州市 30km、天津 270km，地处鲁北黄泛平原，地理位置为东经 116°21′～116°57′、北纬 37°13′～37°37′。土地总面积为 180.1 万亩，耕地面积为 93.74 万亩。

陵县多年平均降雨为 552.61mm，年水面蒸发量为 1702.59mm，蒸发量大于降雨量。由于受降雨、蒸发影响，多呈现春旱、秋涝、晚秋又旱，旱涝交潜发生，给农业带来一定灾害。

陵县地形地貌平缓，地貌类型多样，适宜性强，有利于农、林、牧、副、渔各业的发展。陵县辖 13 个乡镇，990 个行政村，总人口为 58.49 万人，其中：农业人口为 46.2 万人，农业劳动力为 25.6 万个。2009 年年底，全县国民生产总值为 134.38 亿元，农业总产值为 44.4 亿元，农业增加值为 21.7 亿元，农民人均纯收入为 6084 元。

陵县是我国农业产粮大县，2010 年全县粮食总产为 104.98 万 t，其中小麦总产为 47.55 万 t，比 2005 年增加 20.3 万 t；玉米总产为 52.94 万 t，比 2005 年增加 21.8 万 t。2010 年农民人均纯收入达到 7620.57 元，比 2005 年增长 3059.57 元，年均递增 13.2%。2010 年农民从事种植业人均纯收入为 4375.11 元，种植业纯收入占农民全年纯收入的比重为 52.7%。

2010 年 12 月，陵县县经管局对全县 6 个乡镇 13 个村庄 90 个农户，采取随机听汇报、入户调查和召开座谈会等形式，对全县农民收入现状进行了调查。调研对象分布情况分别是：陵城镇蒙家 10 户、陆家庙 10 户，徽王镇申家湾 10 户、徽王街 10 户、西角寨 10 户，丁庄乡河沟刘 5 户、丁庄街 5 户，义渡乡北小高 5 户、鲍家 5 户，边临镇仁义店 5 户、南北辛 5 户，神头镇槐里 5 户、祁屯 5 户。以此为依据，确定山东陵县主要作物成本收益情况见表 I-13，主要作物生产成本构成见表 I-14，主要作物农业水价平均承受能力指数见表 I-15。

表 I-13　　　　　　　　　　山东陵县主要作物成本收益　　　　　　　　单位：元/亩

| 作物名称 | 年份 | 收入 | 纯收入 | 总成本 |
|---|---|---|---|---|
| 小麦 | 2009 | 1092.96 | 760.47 | 332.49 |
| | 2010 | 1213.06 | 853.56 | 359.50 |
| 玉米 | 2009 | 1034.55 | 874.01 | 160.54 |
| | 2010 | 1084.55 | 920.90 | 163.65 |
| 平均 | 2009 | 1063.76 | 817.28 | 246.51 |
| | 2010 | 1148.81 | 887.23 | 261.56 |

资料来源：山东陵县种植业收入成本调查，2010。

## 附录Ⅰ 农业水价承受能力研究

表Ⅰ-14　　　　　　　　山东陵县主要作物生产成本构成　　　　　　　　单位：元/亩

| 作物 | 年份 | 总成本 | 种子 | 耕地 | 播种 | 土杂肥 | 农药 | 肥料 | 农膜 | 水费 | 收割 |
|---|---|---|---|---|---|---|---|---|---|---|---|
| 小麦 | 2009 | 332.49 | 32.45 | 37.50 | 14.70 | 30.06 | 21.20 | 109.68 | 0.00 | 40.70 | 46.20 |
|  | 2010 | 359.50 | 34.00 | 44.80 | 15.00 | 31.72 | 21.30 | 131.48 | 0.00 | 31.70 | 49.50 |
| 玉米 | 2009 | 160.54 | 32.76 | — | 9.15 | — | 21.70 | 60.63 | 0.00 | 24.60 | 11.70 |
|  | 2010 | 163.65 | 33.73 | — | 10.20 | — | 16.40 | 65.32 | 0.00 | 24.90 | 13.10 |
| 平均 | 2009 | 246.51 | 32.61 | 37.50 | 11.93 | 30.06 | 21.45 | 85.16 | 0.00 | 32.65 | 28.95 |
|  | 2010 | 261.56 | 33.87 | 44.80 | 12.60 | 31.72 | 18.85 | 98.4 | 0.00 | 28.30 | 31.30 |

资料来源：山东陵县种植业收入成本调查，2010。

表Ⅰ-15　　　　　　　陵县主要作物农业水价平均承受能力指数

| 年份 | 水费/(元/亩) | 净效益/(元/亩) | 总成本/(元/亩) | 水费/净收益/% | 水费/成本/% |
|---|---|---|---|---|---|
| 2009 | 32.65 | 817.28 | 246.51 | 3.99 | 13.24 |
| 2010 | 28.30 | 887.23 | 261.56 | 3.19 | 10.82 |

陵县农业水价承受能力指数2009年水费/净收益为3.99%，水费/总成本为13.24%，高于水费/总成本推荐的标准（<4.9%），但总成本中未考虑人力成本，显著低于水费/净收益推荐的标准（9%～18%），总体判断农业水价承受能力较强，水费较低。2010年比2009年水价承受能力指数低，水价承受能力强，水价低。

### 4.2.2 典型案例二：西北典型地区农业水费心理承受能力研究

为了分析农业用水户水费支付意愿，并以此来判断其对农业水价的心理承受能力，笔者课题组对内蒙、新疆的部分典型地区的农业用水户采用入户调查的方式进行了问卷调查。

（1）调查问卷设计。调查针对农业用水户的问题专门设计了农户调查问卷。农户问卷主要包括：家庭基本特征、地块投入特征、灌溉基本情况、水费变化及种植意愿、节水技术推广、家庭收入情况以及农户对农业水价态度7个部分，调查内容见表Ⅰ-16。

表Ⅰ-16　　　　　　　　　农户调查问卷基本内容

| 调查对象 | 主　要　内　容 |
|---|---|
| 家庭基本特征 | 家庭人口数、教育程度、主要非农工作性质及收入 |
| 地块投入特征 | 地块面积、灌溉条件、种植情况、投入要素基本情况、产量 |
| 灌溉基本情况 | 灌水条件、灌溉次数、灌溉水量、灌水是否及时、灌水方式、灌溉支出 |
| 水费变化与种植意愿 | 水费变化与种粮意愿、水费变化与农作物替代 |
| 节水技术推广 | 田间节水、农业节水、工程节水 |
| 收入情况 | 种植业收入、畜牧业收入、其他收入 |
| 对水价态度 | 是否了解本地区用水情况、是否了解灌区基本情况、是否觉得水价偏高或偏低、水价变化是否会影响用水量 |

(2) 调查农户特征分析。调查期限为 2010 年 8 月 6—29 日，共调查了 3 个灌区内 16 个村共 80 户农户。每一户选择种植面积最大的两个地块，调查了主要作物投入情况。在回收的 80 份调查问卷中，整理后共有 68 份调查问卷符合设计要求，基于此展开分析研究。

在 68 份有效问卷中，有 29 份来自内蒙古河套灌区乌兰布和灌域磴口县，31 份来自内蒙古杭锦旗南岸自流灌区，8 份来自新疆头屯河灌区。调查农户家庭的基本特征见表Ⅰ-17。

表Ⅰ-17　　　　　　　　　调查农户家庭基本特征

| 地　区 | 家庭平均人口/人 | 人均耕地面积/亩 | 人均总收入/(元/人) |
|---|---|---|---|
| 磴口县 | 4.34 | 4.98 | 6422 |
| 杭锦旗 | 3.61 | 15.08 | 10729 |
| 头屯河 | 4.00 | 9.53 | 7145 |
| 三地平均 | 3.79 | 9.71 | 8294 |

资料来源：课题组调查。

农户家庭人口统计是按户籍人口统计，包括常年在家人口和在外打工人口。主要是考虑在外打工人口的非农收入也被计算到家庭总收入中，并且许多家庭会将外出打工收入用于农业生产投资。根据表Ⅰ-17 显示，三地家庭平均人口规模为 3.79 人，其中杭锦旗的人口规模最小，为户均 3.61 人，磴口县最多，为户均 4.34 人，新疆头屯河灌区则为户均 4 人。人均耕地面积最少的是磴口县，为 4.98 亩，最多的是杭锦旗，人均耕地达到 15.08 亩；而新疆头屯河灌区人均耕地也有 9.53 亩。2009 年，三地农民人均总收入为 8294.30 元，其中磴口县最低，为人均 6422 元，杭锦旗最高，为 10729 元，而新疆头屯河灌区则为 7145 元。在收入构成方面（表Ⅰ-18），三地人均纯收入中农业收入比例为 83.89%。磴口县的农业收入比例最低，为 66.71%，杭锦旗地方的最高，达到 91.89%，而头屯河的农业收入比例则为 79.17%。农业收入的比例与人均耕地面积排序刚好成反比，这一方面反映了杭锦旗地区农业发展的规模效益，而磴口县地区农业生产比较落后，农民外出打工现象的比例最高。

表Ⅰ-18　　　　　　　　　调查农户人均纯收入及来源结构

| 地　区 | 人均纯收入/元 | 农业收入占比/% | 非农收入占比/% |
|---|---|---|---|
| 磴口县 | 5137.6 | 66.71 | 33.29 |
| 杭锦旗 | 6973.85 | 91.89 | 8.11 |
| 头屯河 | 5144.4 | 79.17 | 20.83 |
| 三地平均 | 5900.11 | 83.89 | 16.11 |

(3) 调查农户水费支出情况。从调查的地区来看，三地在水费核算中均实行按立方米计费，但实际征收时则有所差别。有些地方实行按亩次交费，有些地方实行

按年按亩交费，少数试点地区则实行按次、按立方米收费。为了便于总体分析和比较，现将各地区的收费情况统一起来，均折算成按亩收费。三地农业水费支出情况如图Ⅰ-1所示。

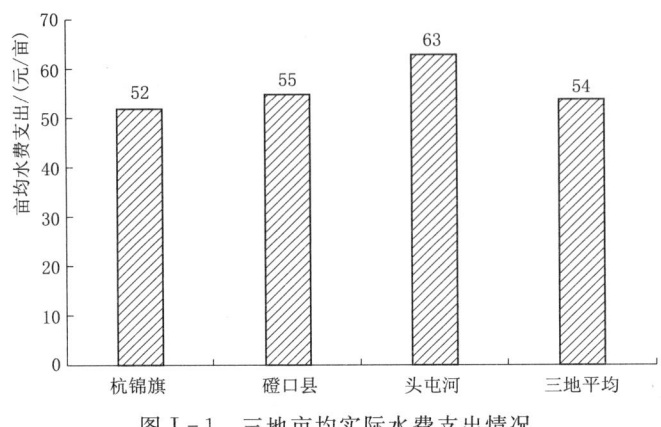

图Ⅰ-1 三地亩均实际水费支出情况

根据对68户农户2009年农业水费支出情况的分析，新疆头屯河的水费水平最高，达到63元/亩；磴口县次之，为53元/亩；杭锦旗最低，为52元/亩。具体到每个灌区而言，杭锦旗亩均水费支出范围为20～100元/亩（图Ⅰ-2）。磴口县亩均水费支出范围为2.9～50元/亩（图Ⅰ-3）。

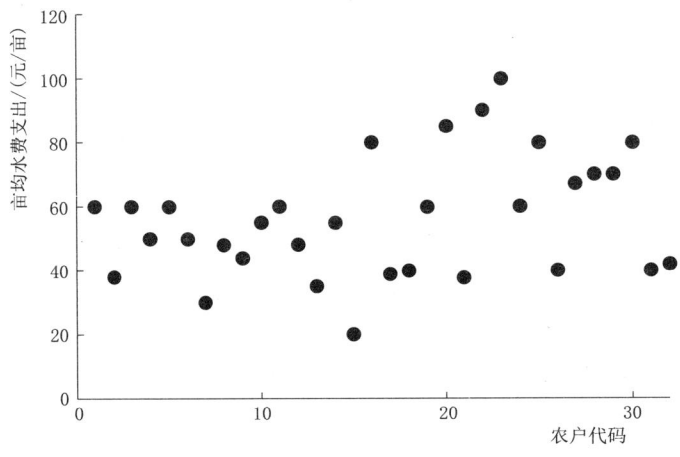

图Ⅰ-2 杭锦旗亩均水费支出情况统计

之所以在同一个灌区有这么大的浮动范围，其原因有三个：部分农户拒交水费或缓缴水费；种植的作物灌水量较少；地块处于渠道末端，无法及时灌溉，只能用机井灌溉。

（4）调查农户对水价的支付意愿。为了了解农户对农业水价的态度，设计了两个问题对农户进行调查：①是否应该缴纳农业水费；②认为目前的农业水价是偏高还是偏低。

## 附录 Ⅰ 农业水价承受能力研究

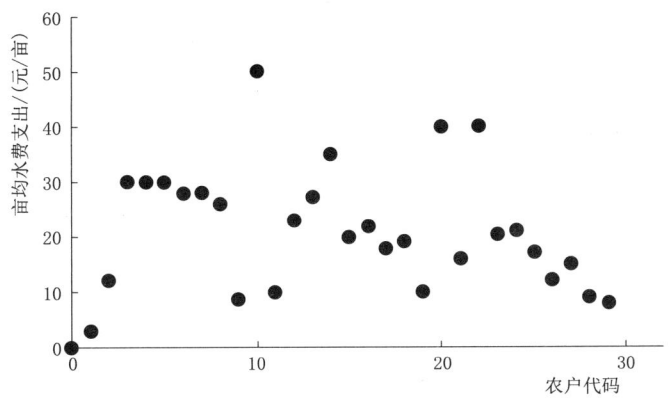

图 Ⅰ-3 磴口县亩均水费支出情况统计

对于第一个问题,在 68 份有效问卷中,回答应该缴纳农业水费的农户总共有 55 户,占总户数的 80.8%;认为不应该缴纳的有 8 户,回答不知道或者不清楚的则有 5 户(表 Ⅰ-19)。其中磴口县农户对农业水价认识的情况最不理想,在总共 29 份问卷中,有 6 户农户认为不应该交农业水费,比例 20.6%,如果算上回答不知道的 5 户,则比例更是高达 37.8%。而新疆头屯河农户对农业水价的认识程度最高,8 户农户均认为应该缴纳农业水费。在 8 份认为不该交水费的回答中,最主要的有两点:一是认为水利工程是大家共同修的,国家不应该收水费;二是认为农业税费已经免除,则水费也应该免除。

表 Ⅰ-19　　　　　　　　　　农户缴纳水费的态度

| 地　区 | 应该收 | 不应该收 | 不知道 |
| --- | --- | --- | --- |
| 磴口县 | 18 | 6 | 5 |
| 杭锦旗 | 29 | 2 | 0 |
| 头屯河 | 8 | 0 | 0 |
| 三地平均 | 55 | 8 | 5 |

对于第二个问题,有 18% 的农户认为水价很高;有 36% 的农户认为水价偏高;有 43% 的农户认为水价恰好;有 5 户农户没有回答这个问题,并且这 5 户农户主要来自磴口县,其解释主要是说不清楚或不知道。此外,还有 1 户农户回答水价偏低,但偏低多少没有说明,没有人选择很低。

结合两个问题分析可以发现,当前农户对农业水价支付意愿不高,对于农业水费的心理承受能力也整体偏低,超过半数的农户认为当前水价偏高或很高。对于造成农业水费心理承受能力偏低的原因,主要有以下几点:一是磴口县的部分地区农业供水秩序相对较乱,农民用水得不到保障,因此农民自然对农业水价不满。而对于管理较好的杭锦旗和头屯河灌区,尽管供水组织比较好,水费也比较公平,但由于供水单位机构比较臃肿,也使农户对供水单位产生一定的不满情绪。二是一些农户认为农业水费主要用于供水单位的人员费用，而很少用于水利工程的维修。三是认为现在的农业水利工程大多是农户自身或者他们的父辈亲自修建的，因此不应该收水费；认为水费也应该像农业税那样免除。

## 5 小结

水价承受能力这一概念的正式提出应在 20 世纪 90 年代前后，并随着我国水价政策改革的推进逐渐被关注和重视，目前在政府制定水价的过程中被作为重要的参考因素。学术界对于水价承受能力的概念一直有所讨论，但目前尚未形成统一的观点。本研究中对于农业水价承受能力进行了定义，明确其应包含经济和心理承受力两部分，同时指出农业水价承受能力受自然、经济、社会和心理等多重因素影响。

国内外对于农业水价承受能力的判定研究较多，通常利用农业水费占农业生产成本、产值、收入（效益）的比例来判定。但不同国家、不同研究结果的差异相对较大，缺乏统一的原则。本书以《全国农产品成本收益资料汇编》相关数据为支撑，结合土地、种子和化肥等重要农业生产要素指出占比为标准，初步确定了三大粮食作物农业水价承载力的判定标准，并将承受能力分为强、较强、可承受、超出承受和不可承受 5 个等级。

利用统计数据和实地调研数据，计算了全国、分地区和典型区域粮食作物农业水价情况，并判定其承受能力。其中全国三大粮食作物的灌排费/产值、灌排费/总成本和灌排费/净收益的平均值分别为 1.86%、1.88% 和 3.45%，低于上述确定的承载力的，故我国农业灌溉水价承受能力强，当前统计所得的灌排费用整体偏低。六大区域中，长江中下游地区、西南地区、华南地区整体来看水价低，农业水价的承受能力强；东北、黄淮海、西北地区农业水价较低，农业水价承受能力较强。典型地区调研中，黄淮海山东陵县农业水价承受能力指数水费/净收益为 3.99%，总体判断农业水价承受能力较强，水费较低；根据在内蒙古和新疆的调研，认定当地农民的水价支付意愿不强，水价心理承受能力偏低。

## 参考文献

姜文来，1998. 水资源价值论 [M]. 北京：科学出版社.
姜文来，1998. 水资源价值模型研究 [J]. 资源科学，(1)：37-45.
贾大林，姜文来，1999. 农业水价改革是促进节水农业发展的动力 [J]. 农业技术经济，(5)：4-7. DOI：10.13246/j.cnki.jae.1999.05.002.
王浩，阮本清，沈大军，2003. 面向可持续发展的水价理论与实践 [M]. 北京：科学出版社.
廖永松，鲍子云，黄庆文，2004. 灌溉水价改革与农民承受能力 [J]. 水利发展研究，(12)：29-34.
任梅芳，胡笑涛，蔡焕杰，等，2010. 农业节水灌溉水价形成机制与农户承载力分析 [C] //现代节水高效农业与生态灌区建设（上）. 北京：中国农业工程学会，7.
苗慧英，聂建中，李素丽，2004. 农业用水水价承受能力分析 [J]. 南水北调与水利科技，(3)：42-44. DOI：10.13476/j.cnki.nsbdqk.2004.03.014.

## 附录Ⅰ 农业水价承受能力研究

杜杰,2009. 开都河上游灌区农业水价改革与农民承受能力分析 [J]. 水利发展研究,9 (03):33-34,42. DOI:10.13928/j.cnki.wrdr.2009.03.017.

卓汉文,王卫民,宋实,等,2005. 农民对农业水价承受能力研究 [J]. 中国农村水利水电,(11):1-5.

高媛媛,姜文来,殷小琳,2012. 典型国家农业水价分担及对我国的启示 [J]. 水利经济,30 (01):5-10,71.

肖佳,2020. 典型国家农业水价政策对我国农业水价改革的启示 [J]. 治淮,(6):55-58.

# 附录Ⅱ 我国历史时期农田水利修复和水费分担研究

自古以来，我国农业水费都是以实现农田水利工程良性运转、支付工程维修养护产生的费用为基本原则。历史时期，农业水费的支付方式基本是以出工、出资维修养护工程渠道为主。总结唐代到民国时期我国农田水利工程修建、维修和养护的历史，基本上展示了历史上我国农业水费支付和政府农户间分担的方式方法。通过梳理相关史料和文献，我们惊奇地发现，当前农业水价综合改革中，长效养护、按亩收费、奖惩补贴、水权分配、农户参与管理、贷款融资等重要管理环节和方式，都已在我国农田水利发展史中经过实践检验，对于当前改革工作的推进有着重要借鉴意义。

## 1 唐朝农田水利治理

唐代将治水作为治国安邦的大计，在工部下设水部专司水，使唐朝农田水利得到普遍发展，据《旧唐书》记载唐代全国建有灌区250余处，是官修水利工程最多的朝代，并在农田水利治理、管护等方面做出重要贡献。具体包括：①将农田水利管护上升至法律，提供法律基础；②制定了我国历史上有记载的第一部系统性的水资源管理专门法规；③通过管护责任的分担，一定形式上实现了对农业水费的分担。

### 1.1 《唐律疏议》将农田水利管护上升法律

唐代农田水利设施管理的相关制度被写进相关法律制度中，包含国家的大法、综合性水利法规和专项灌溉专项法规等，为当时水利事业的发展提供准则，更是为唐代农田水利和农业生产、经济的发展提供了重要支撑（侯江红，2010）。以《唐律疏议》为代表，其中的杂律规定有水利条款："近河及大水有堤防之处，刺史、县令以时检校。若须修理，每秋收讫，量功多少，差人夫修理。若暴雨汛溢损坏堤防交为人患者，先即修营，不拘时限"，如果维修不及时致使造成财物损失和人员伤亡，要比照贪污罪和争斗杀人罪减等处罚。本条款中，明确刺史县令有巡检堤防的责任，将及时维护损毁的农田水利设施上升为法律，为农田水利的正常运行提供了法律基础。

## 1.2 《水部式》有记载的第一部水资源管理专门法规

《水部式》是唐朝中央政府制定的关于水资源管理的专门行政法规,也是现存有文字记载的最早的一部水资源专门法规。《水部式》对水资源的使用和管理作了较为具体的规定,涉及水利设施管理、农田灌溉、用水量和用水时间、节约用水等。

1899年,甘肃敦煌鸣沙山石窟发现了一大批古代文献(原件被掠夺,现藏于法国巴黎国立图书馆)。我国学者罗振玉等得到部分敦煌古籍摄影胶片,陆续编印了《教煌石室遗书》《鸣沙石室佚书》《鸣沙石室古籍丛残》等书。唐《水部式》残卷就收在《鸣沙石室佚书》影印本第二册中,共2600余字。罗振玉依据《白氏六帖》引文,考证出它即为唐《水部式》。日本仁井田升的《中国法制史》第三部第十九章确定为开元十三年(725)以后的开元年间,我国大多数学者也认为如此。赵吕甫认为《水部式》文制作公布的时间在乾元元年(758)、二年(759)的两个年头内(赵吕甫,1991)。唐朝统治者采用了多种法律手段调整社会关系,其中式是有关各级政权组织或各类机关活动的规则(曾宪义,2002)。有关农田水利费用的条文如下:

"龙首、泾堰、五门、六门、升原等堰,令随近县官专知检校。仍堰别各于州县,差中男二十人、匠十二人,分番看守,开闭节水,所有损坏,随即修理,如坏多人少,任县申州,差夫相助。

河西诸州用水溉田,其州、县、府、镇官人公廨田及职田,计营顷亩,共百姓均出人功,同修渠堰。若田多水少,亦准百姓量减少营。

沧、瀛、贝、莫、登、莱、海、泗、魏、德等十州,共差水手五千四百人:三千四百人海运,二千人平河。宜二年与替。不烦更给勋赐,仍折免将役年及正役年课役,兼准屯丁例,每夫一年各沾一丁。其丁取免杂徭人,家道稍殷者,人出二千五百文资助。"

农田水利修复是农田水利持续利用的基础,《水部式》对农田水利工程的运行维护管理和由此产生费用(人力)的分担做出了规定。从上述条文中可以得知,对于较大的灌区,州县要派20个强壮的男人和12个工匠轮番看守,负责放水,如有损坏要及时修理,如果损害较大,可由县向州申请帮助。对于河西诸州,无论是公田还是私田,均有官府和百姓共同修渠,且按亩数均摊出工修理渠堰,在田多水少的情况,也可减少百姓的出工。对于沧、瀛、贝、莫、登、莱、海、泗、魏、德等十州被征为"水手"的,两年更换一次,并减免课税,家庭富裕的人,也可以人出二千五百文资助。

## 1.3 唐代西周诉词看农田水利管护

唐代西州农田水利维护由政府和民间共同维护,政府承担按时修理渠堰的责任，同时西州的百姓也有修理、维护水渠的义务。自古以来，农业水费都是以实现农田水利工程的运转产生的费用为主，唐代政府与民间共同维护水利工程的这可以从《唐勋官某诉辞为水破渠路事》中西州百姓关于渠水使用纠纷的诉词得到验证："上口先溉，合修理；渠后，始合取水。不修渠取水，数以下口人，水破渠路；小桃内过乘开水，渠破[墙]倒，重溉先盛桃水满逸；千不收，当日水……检具知。比共前件人论理不伏，今请追过处……曰百姓[勋]。"其中，上口是指渠的上游渠口，即入水口；下口是渠的下游渠口，即出水口（唐长儒，1996）。

在这个案件中，上口附近的百姓没有及时修理渠路，导致水渠破损，渠水流出。下口溉田的百姓得不到足够的水溉田，就去找先溉田的百姓理论，没有得到理想的答复，就诉诸官府。文书中清楚的提出了"合修理渠后，始合取水"，就是说取水灌溉的百姓同时也有修理渠路的义务，履行了修渠的义务，才能享受用水的权利（高鹏举，2011）。

## 2　宋朝"四方争言水利"

宋朝王安石变法中颁布《农田利害条约》，是我国历史上一部著名的水利法令。是鼓励兴修农田水利的办法，总体精神是采取激励措施鼓励公私大修农田水利。此法令鼓励各级官吏和平民百姓向政府提出兴修农田水利的各种具体方案，按实施后功利大小加以酬奖，并量材录用。对推行新法兴修水利的县令，论功行赏，功绩大者，提拔重用。同时，制定借贷政策，支持水利建设，并派出大批官员下各地检查督促。变法期间，形成了"四方争言水利"的社会现象，出现了我国历史上空前的水利高潮。

宋朝农田水利工程建设、管理、维修和水费分担等方面突出的贡献包含以下几点：①奖惩和激励机制的建立；②官方支持下，贷款修建农田水利工程模式的出现；③还有用水农户的农田水利自治、私人修建水利设施等现象出现；④维修管护制度的进一步完善。日常维护由农户出资出力，大型维修可申请上级地方政府，按亩收费。

## 2.1　《农田利害条约》鼓励公私共修水利

王安石变法发生于据今900多年前的北宋熙宁年间，《农田利害条约》就是此次变法中重要的新法，颁布于北宋神宗熙宁二年（1069年）十一月。《宋史·神宗本纪》《宋史·食货志》《续资治通鉴》等皆称它为《农田水利约束》。因《宋史·王安石传》中有"而农田水利、青苗、均输、保甲、免役、市易、保马、方田诸役相继并兴，号为新法……颁行天下"的记载，部分学者将其称为《农田水利法》，《农田利害条约》则是宋朝的官方叫法。《农田利害条约》是我国历史上一部著名的水利法令，此法令鼓励各级官吏和平民百姓向政府提出兴修农田水利的各种具体方

## 附录Ⅱ 我国历史时期农田水利修复和水费分担研究

案，按实施后功利大小加以酬奖，并量材录用。对推行新法兴修水利的县令，论功行赏，功绩大者，提拔重用。同时，制定借贷政策，支持水利建设，并派出大批官员下各地检查督促。变法期间，"四方争言水利"，形成了中国历史上空前的水利高潮。据记载，1070—1076年7年间，京畿及各路兴修水利有10793处36万多顷。

有关农田水利建设、维修和费用相关的条文如下：

"有碍条贯及计工浩大，或事关数州，即奏取旨。其言事人并籍定姓名、事件，候施行讫，随功利大小酬奖。其兴利至大者，当议量材录用。内有意在利赏人，不希恩泽者，听从其便。

应逐县各令具本管内大川沟渎行流所归，有无浅塞合要浚导，及所管陂塘、堰堞之类可以取水灌溉者，有无废坏合要兴修，及有无可以增广创兴之处。如有，即计度所用工料多少，合如何出办。若系众户，即官中作何条约，与纠率众户不足，即如何擘画假贷，助其阙乏。

应有开垦废田、兴修水利、建立堤防、修贴圩埠之类，工役浩大，民力不能给者，许受利人户于常平广惠仓系官钱斛内，连状借贷支用。仍依青苗钱例，作两限或三限送纳。如是系官钱斛支借不足，亦许州县劝谕物力人出钱借贷，依例出息，官为置簿及催理。诸色人能出财力，纠众户，创修兴复农田水利，经久便民，当议随功利多少酬奖。其出财颇多兴利至大者，即量才录用。

应逐县计度管下合开沟洫工料，及兴修陂塘圩埠堤堰斗门之类，事关众户，却有人户不依元限开修及出备名下人工物料有违约束者，并官为催理外，仍许量事理大小，科罚钱斛。其钱斛官为置簿拘管，收充本乡众户工役支用。所有科罚等第，令管勾官与逐路提刑司以逐处众户见行科罚条约，共同参酌，奏请施行。

应知县县令能用新法兴修本县农田水利，已见次第，令管勾官及提刑或转运使本州长吏保明闻奏，乞朝廷量功绩大小与转官、或升任减年磨勘循资，或赐金帛令再任，或选差知自来陂塘圩埠、堤堰沟洫、田土堙废最多县分，或充知州通判令提举部内兴修农田水利，资浅者且令权入。其非本县令佐，为本路监司管勾官差委擘画兴修，如能了当，亦量功利大小，比类酬奖。"

《农田利害条约》总体来看是鼓励兴修农田水利的办法，总体精神是采取激励措施鼓励公私大修农田水利。主要内容翻译成现代文是：工程浩大或者工程涉及多州，应该皇上批准。根据农田水利工程效益大小得到奖励，效益大的可"量材录用"。如有能兴修农田水利工程的，就预算所需工料多少，讨论如何兴办，如果涉及众多户，与政府签订何种条约和组织各户，如果费用不足，如何贷款帮助渡过难关。有开垦废田、兴修水利、建立堤防、修贴圩埠等，工程量大，民力不足，允许受益人用政府的钱借贷支用，如果管钱不足，州县出钱借贷，依照惯例出利息，政府设置账簿并催办。各类人出钱出力率领各户兴修水利，经久便民就可根据效益多少奖励，出钱越多，兴利越大，即"量才录用"。如果有人户不按照规划兴修或者出工物料与约束不一致，由官府处理，可根据具体情况罚款，罚款由政府设置账簿监管，用于本乡众户工役支用。罚款等数量与政府和各众户根据科罚条约共同商定，批准后实行。私人兴办农田水利工程的，经费物料负担重，可以向官府贷款，凡出力出资兴办水利的，按效益大小，官府要给予奖励和录用。不按计划施工要罚款，罚款用作工程经费，兴修水利有成绩的官员给予升赏，即便是临时委派的官员也要奖励。

## 2.2 《通济堰规》著名的地方水利工程管理条例

通济堰在浙江丽水碧湖镇，初建于南朝萧梁初年，始为柴木拱形堰坝，宋开禧元年（1205年）改建为石坝时保留了拱坝的形式。通济堰地处浙南山区，龙泉大溪和松阴溪在此地汇合形成了东西长约45里❶，南北宽10余里的冲积平原——碧湖平原。

北宋乾道年间范成大制定的《通济堰规》，是现存最早最详细的通济堰管理条例，《括苍金石志》称："范公条规，百世遵守可也。"范成大是南宋著名诗人，与尤袤、杨万里、陆游齐名合称南宋四大家，他一生创作了近两千首诗，其中大部分为田园诗，被称为中国古代田园诗的集大成者。他出任处州知府虽然只有短短的9个月时间，却在中国农田水利史上留下了名垂千古的《通济堰规》（张慧琴，2005）。

《通济堰规》碑现存于通济堰旁的詹南司马庙内。堰规有20余项规定，分堰首、田户、甲头、堰匠、堰工、堰夫、堰司等条款，对人员选拔、田户等级划分、用水管理、工程大修、工费摊派与开支、监督追责等内容都有详细的规定。其中和农田水利费用的支出和分担等密切相关的内容，主要涉及以下几点：

（1）农户自治模式。"堰首"为一堰总管，由三源田户推荐，当选人必须有相当的家财（十五工以上，一工相当于五百把秧田）和德望，执管二年后替换，其职责是根据实际情况即时组织堰工修治，任职报酬为免去本户堰工；监当辅佐堰首工作，由每源选举有"十五工以上"的田户一名充当，分管各源事务，二年一换；同时将三源分为十甲，每甲选一甲头监督具体工作，甲头在三工至十四工的田户中以田亩多少轮流委任，每年轮换，甲头保管催工历一本，负责登记当年堰工，由堰首派遣，并监督堰首分工的公正性。

（2）管护责任的落实。石涵、斗门、渠堰容易淤积，必须随时修理疏浚，规定十甲每年各留五十工，隔一年由堰首于农用将尽时组织疏浚。若遇大堰倒损，维修工程浩大，还可申请上级地方政府帮助。

（3）工程运行维护费用（水费）的分担。夫役、经费由受益田亩摊派："每秧五百把以上敷一工，下户（贫寒者）二百把以上敷一工，一百至二百把，出钱八十文，二十至一百把出钱四十文。"乡村实行三分法，二分敷工，一分敷钱，城

---

❶ 1里＝500m。

镇（主要指碧湖镇）三工以下者全敷钱，三工以上者依乡村分法。每工折钱一百文，如遇币值浮动，随时申官增减。夫役必须按时上工，每天早晚点名。同时设堰山一座专供维修所用材木。

综上所述，《通济堰规》所述，基本呈现了农民用水协会的雏形，协会由农户推举"堰首"作为管理者，负责域内农田水利工程的治理。明确了协会的职责、人员构成，工程维修管护的周期、方式等。同时，为了保障运行维护工作的开展，明确了产生费用的分担方式，即按亩计算的人工、经费和物料的分摊和筹集方式等。从中也可以看出，农田水利维护费用是由受益者负担，但受益农户出工的数量根据田亩来定，亩数较少时可以出钱，这样的处理解决了出钱和出力问题。此外，可知作为堰首是有"工资"的，其"工资"就是免除本户的堰工。当农田水利工程维修浩大，超出农户承受能力时候，可以申请上级帮助。

## 3 元朝水权制度的建立

元朝极重视水利建设，据不完全统计共修建260多处工程，有效改善了北方干旱和南方洪涝灾害问题，变大片荒地为宝地（陈贤春，1996）。同时，元代在水权制度法律的建设也非常突出，在《长安志图》下卷《用水则例》和《洪堰制度》之中，对于灌区用水制度做出了详细规定，并出现了"将灌溉用水的权利分配给上一年度出工维修渠道的家庭"的水权制度（王培华，2009），"制度"要求应根据出工数量分配灌溉面积，违反相关要求则通过罚粮和笞刑等形式进行惩罚。

### 3.1 元朝对水利建设的重视

元朝政府对水利建设和工程良性运转的重视，可以在关于其行政机构和相关制度建设的记述中得以体现。

元世祖即位之初就设立司农司"专主农桑水利"，并重用水利专家郭守敬、王允中等规划全国水利建设，先在北方地区修建陂塘，广兴屯田，西自甘肃瓜、沙，东至渤海沿岸，都有引水灌溉农田的水利工程的经营，农业生产因而得到恢复与发展。在南方地区，特别是对太湖流域的水利灌溉事业不断兴举，如疏浚河湖、建筑围岸、修造闸堰，抗御水旱灾害，也使"苏湖熟，天下足"的情况有了进展（金日寿，1962）。至元二十八年（1291年）设立都水监和河渠司，以"兴举水利，修理河堤为务"。在元政府的组织和督促下，全国各地兴修了许多水利灌溉工程。据不完全统计，从世祖到顺帝共修大型水利工程260多处，使许多土地得到灌溉，从不毛之地变为膏腴。因此后人称赞说"元人最善治水"（陈贤春，1996）。

同时，元世祖忽必烈也非常重视农田水利的维修管护，《农桑》中规定，"若有微损，即时修补"，要求工程出现小的损坏，就要立刻进行修补。《洪堰制度》有定期修理渠道、防止漏水等浪费水现象发生的规定："……修改，仰巡监官，斗门子予为催促利户,修理渠道,或令石砌木围,无致损坏渗透漏费水"。《长安志图》中关于渠堰维修规定:"凡修渠,自八月兴工,九月工毕,春首则植榆柳,以坚堤岸。"修渠堰时,"先于七月委差利户,各逐地面开淘,应于行水渠道,需管行水通畅"❶,其中,明确了修渠从筹备、动工到完工的修建周期,修建的主体为"利户",同时要求其负责及时维护设施,并指出春天要植柳护堤。

## 3.2 元朝水权制度的建立

元代的水权制度法律突出之处在于对于灌区用水制度详细的规定,主要体现在《长安志图》下卷《用水则例》和《洪堰制度》之中。

其中,《长安志图》记载了泾渠"分水""用水则例"的主要内容。至元《用水则例》第三条规定:"每夫一名,溉夏秋田二顷六十亩,仍验其工给水。"类似的规定还包括"照得旧日渠下可浇地九千余顷,每夫一名浇地一顷三十亩"。"各斗下若有在前不出夫役,使水之家无得使水"。并规定官吏如不遵守,则"依例断罚"。至元十一年(1274年)大司农规定:"若有违犯水法,多浇地亩,每亩罚小麦一石",至元二十年(1283年)修改为"不做夫之家,每亩罚小麦一石;星宫利户每亩五斗",至元二十九年(1283年)又修改为"违犯水法,不做夫之家,每岁减半罚小麦五斗;兴工利户每亩二斗五升,另加笞刑每亩笞七下,罪止四十七下"❷。相关记载显示,泾渠用水的分配是与水利工程的维修紧密地联系在一起,当时维修的费用基本是以人工为主。出夫之家获得灌溉之力,换句话说要获得灌溉之权利必须出夫维修渠道(王培华,2001)。在具体的水权分配过程中,以渠水所能灌田的顷亩为总数,根据上年度出夫修渠的人数来分配水,分水的计量单位以灌溉面积为准。即把泾渠水量分配给上一年度维修渠道的丁夫户田,再根据每户灌溉顷亩决定交纳税粮数量。

## 4 明朝农田水利费用分担

元朝末期,经过长达20多年的战争洗礼,社会经济凋零、民不聊生、土地荒芜,农田水利长年失修,功能受到极大的损伤。明朝政府建立之初的首要任务是迅速恢复经济,发展生产,促进民生向更好的方向发展,获得人民的支持。在农业经济起主导作用的社会,采取政策推动农业的发展成为不二的选择。明朝政府采取了"重农务本"的政策,并出台了一系列鼓励发展农田水利建设的政策和措施。主要包括:①为决策需要,政府要求各地逐月上报雨情,供皇帝决策参考;②求计于民,规定凡是有关农田水利的意见或建议直接报送皇帝;③规定了农田水利修建的

---

❶ 《长安志图》卷下。
❷ 《长安志图》卷下。

时间，在农闲时间内修建不影响农业生产，当然洪涝灾害时要及时修筑，修建农田水利工程要因地制宜；④设置专职官员督修农田水利工程；⑤将农田水利工程业绩纳入官员考核的范畴，其业绩作为各级主管官员考核升降的依据（鲍彦邦，2012）。但从总体来看，明朝政府农田水利建设方面应承担的责任认识不足，分担远远不够。明朝政府有关农田水利政策重点是要各地在原有水利设施的基础上，进行维护和修理，而非兴建，明朝政府政策还规定，各地水利设施的兴修，经费由当地自理（成淑君，2007）。

## 4.1 明朝水利修建费用的分担机制

纵观明朝农田水利修建的出资方式总体可以分为 3 类，包括"官修""官民协修""民修"。般而言，民间自修的工程规模都不大，"较大规模水利工程的创修、大修，需要官府主持、组织、协调以及筹措经费；而其一般性的维修工程，则由民间负责，乃是堰渠水利的内在特点所决定的。"（路其首，2019）

"官修"是指对于重要的农田水利工程，由中央或地方政府出资或者出料来修建。通常有两种形式：一是中央或地方财政拨款修建，如明万历四十四年（1616年）广东高要县发生重大水患，广东省府立即投资修复，并责成肇庆府督修；二是中央或各地政府给予物料资助修筑，如正德年间兰州引阿干河水工程，文武诸官协力处置木料，期间还得到了肃王的支持。

"官民协修"是指官民以某种合作的方式修建农田水利工程，由政府和民众以出资、出料或出力等不同方式来共同修建。一种方式是水利费用按照一定比例进行分摊，如明万历四十四年（1616年）广东高要县西江遭遇洪灾，冲毁了大量堤坝，省府采用"官六民四"的出资办法抢修，广东个别地方采取"官二民一"的办法。另一种方式官给物料、民出劳力的方式，正德时，由地方政府资助青竹、监督编制竹笼，"以粮三石派夫一名，分八班，凡八年一周。而蜀府每年亦助青竹数万竿，委官督织竹笼装石焉"（康熙《成都府志》卷28）。

"民修"农田水利工程，修建者为地方或者民间组织。通常由一县或者数县、一乡或数乡宗族或族姓修建，或者由乡绅、士人及富裕大户民间集资或合股修建。一些跨县农田水利工程，需要大量的人力物力和财力，要集中力量才能修建，这样便会组织集中修建，资金基本来源于民间。如明洪武二十九年（1396年）广东新会县修筑的天河、横江大围，工程规模浩大，长达数十里，由该县人民出资、派工修建而成；洪武初年南雄府城西"叶公陂"由知府叶景龙率领河塘村乡民修建，广告五千余亩；万历年间广东平远县大户刘光套出资"筑河陂水路八十余丈"，为山区灌溉提供了便利。

## 4.2 区域性水利工程修建费用的分担

### 4.2.1 四川（蜀）地区广泛兴修水利

明王朝建立后，对农田水利也非常重视。以著名的都江堰为例，曾经多次进行整修，也取得了明显的社会宏观经济效益。都江堰维修任务重，有着巨大的资金需求，最初是由各受益地区分担，摊派经费、丁夫完成，如成化初年，"以地远者疲于奔赴，令专供工料，乃蠲郫、灌二县杂泛科差，专事工役"（高韶《铁牛记》，载《灌县文征》卷5）。四川还兴修了大量堰、塘，如洪武、永乐年间，便对大型水利工程通济堰分别进行了修治，"水自彭山而出，分为十六渠，溉田二万五千余亩，民获其利"。宣德七年（1432年），洪水冲决堰堤，新津民请有司组织民众修筑"如洪武、永乐故事，以时发民修筑"（《明宣宗实录》卷90）。这些中小渠堰工程，大多由农户集资，共建共享，地方官起到督导作用。如嘉靖时，井研县有塘450座，堰11道，维修经费由公众分摊，向官府报备立案，制定公约，勒石为盟；同时还设塘基户，负责日常性疏浚事务；用水时则"量田之多寡，为泄水之久暂"（光绪《井研县志》卷4）（张学君，2015）。

#### 4.2.2 西北地区大量开辟水田

明万历四年，徐贞明撰写《潞水客谈》，论述了发展西北农田水利建设的重要性，认为发展西北农田水利能就近解决京师及北方地区的粮食供应问题，缓解东南地区的经济压力，是国家大计和急务，并指出了发展西北水利的可行性，同时提出了开发西北水利的具体措施。如对于水田的建设，徐贞明主张采用"民垦"和"军垦"两种方案。军垦就是带领戍边将士开垦荒地。民垦则有两种情况：一是"优复业之人，立力田之科，开赎罪之条"。意思是招徕流民，减免其赋役，并给予赈贷；依据垦田纳税数额来定等级，以此为依据将开垦之人推送吏部等待铨选，或者授给一定的散职；允许罪犯捐钱垦田代替刑罚，一些重犯可以就近垦田不发配边疆，以此鼓励他们开垦荒田。二是鼓励富民投资垦田，根据垦田数量授以世袭官爵（葛文玲，2007）。

#### 4.2.3 太湖地区完善圩田修建制度

太湖圩田需要经常维修，完善的施工章程是顺利维修的基础。明万历六年（1578年）水利御史林应训制定了圩田施工章程，其中：①圩堤有固定的尺寸规格要求，临近河荡深处的断面应适当增加；②明确了补偿方案，取土筑圩之田，其损失由全圩田计亩出银津贴，日后再陆续取河泥填平；③按亩分担经费，圩堤修筑经费和劳务计亩摊派，施工前塘长分段插标；④落实监管责任，开创了以圩长制为代表的乡圩组织，形成以官方为主导、有乡村负责的水利管理制度（敬森春，2019）。由圩长主持施工、组织防汛、负责日常巡查、收取关乎费用等，建设中负责通知各户按时出工，负责处置违纪者，对不负责的要进行处罚。圩长是义务性质，无津贴，施工结束后，由县府派员查勘，并追究施工草率和拖欠低端的负责人责任。

## 5 清朝多样化的水利费用筹集方式

清朝重视水利设施修建，并在相关制度的建设和完善方面做出了重要贡献。相关制度对于水利工程的修建做出了详细的规定，明确各部门的职责任务，工程修建的标准、用料，奖惩办法等；为了加强水利费用分担的公平性，执行费用公示制度；同时，筹集水里费用的方法也很是多样。

## 5.1 清朝注重水利工程兴修管护制度建设

清朝也非常重视水利设施的修建，以《清会典》为例，共有100卷，其中有31卷涉及水利兴修，包括河工19卷，海塘4卷，水利8卷，且条文规定相当细致。以河工为例，其内容包括：①河务机构、官吏设置、职责范围；②各河工机构的河兵和河夫的种类数量及其待遇；③各地维修抢险工程的经费数量及开支；④木、草、土、石等河工物料的购置、数量、规格；⑤堤、坝、涵洞、木龙等各种工程的施工规范和用料；⑥不同季节堤防的修守；⑦河道疏浚的规格和经费，施工用船只和土车的配备；⑧埽工、坝工、砖工、石工、土工的做法和规格及用料；⑨河工修建保险期限的规定和失事的赔修办法；⑩河工种植苇柳的要求和奖励办法；⑪河工和运河禁令等。

关于水费等各项费用的分摊，一般是按地或按夫均摊，并且各项费用都要列清单，张榜公布，在一定程度上保护了利户的利益和积极性。相关内容包含"本渠（通利渠）各项摊资，以及常年经费，上三村责成兴工，渠长督催"。"本渠常年各正项经费，责令各村沟首向花户按夫均摊。开具逐项花费清单，张贴各处，俾众周知，倘有藉端苛派，浮冒影射情弊，准地产察官究办"。"各渠长津贴之资，原出于合渠公摊……"。

## 5.2 清朝水利工程修建费用的筹集

清代水利设施的修建和发展经费，主要通过政府拨款、士绅捐资、百姓出钱、征收受益土地的水费等几种方式来筹集的。

（1）康熙年间，划定专门的土地租赁，以筹集水利工程的维护费用。"万历四年，兵道副使许宗鉴，躬视修浚，置田征租以备修筑之费，设有椿柞田……，今废，然犹可按籍稽考。"（康熙《建水州志》卷4《隄防》）。椿柞田是清政府为了解决部分水利工程的修缮经费，而划出专门的无主土地，通过租赁土地获取收益，并将租金用作相关水利工程的维护费用。

（2）乾隆年间，以免税鼓励农户在水边垦田，另由政府资助水利工程维修，以促进灌溉农业的发展。乾隆三十一年（1766年）皇帝颁发圣谕，要求在大片有水地方的可耕土地已被开垦的情况下，为了激励百姓积极从事农业生产，对于山脚、河滨的小块土地鼓励农民自行开垦，并免去其租税，以增加百姓收入。至于原先已有的水利工程有需要修缮，而百姓有心无力的地方，可以考虑使用政府资金帮助解决。同时要求地方抚臣竭心尽力，做好水利建设和农业发展事宜，务必做到"尽地力而裕民食"（吴连才，2015）。"谕：滇省山多田少，水陆可耕之地，俱经垦辟无余。惟山麓河滨尚有旷土，向令边民垦种以供口食，而定例山头地角在三亩以上者，照旱田十年之例；水滨河尾在二亩以上者，照水田六年之例，均以下则升科。第念此等零星地土，本与平原沃壤不同，倘地方官经理不善，一切丈量查勘，胥吏等恐不免从中滋扰。嗣后滇省山头地角、水滨河尾，俱著听民耕种，概免升科，以杜分别查勘之累。且使农氓无所顾虑，得以踊跃赴功，力谋本计。至旧有水利地方，如应行开渠筑琐之处，小民无力兴修，及闲扩地亩艰于开垦者，并令确切查明，酌借公项，俾间阎工作有资。该督其董率所属，悉心经理，尽地利而裕民食，用副朕廑念边农之至意"。（《清高宗实录》卷764，乾隆三十一年丙戌秋七月癸酉条）。

乾隆年间，响水沟地区采用公示制度公开修建水利工程的资金投入，并通过征收受益土地税以作水利维护经费。政府将兴建水利工程后新增的土地租给百姓耕种，收取的租金或缴纳粮食用作水利设施的维护费用，或偿还建设欠款，以这种方式维系水利工程的发展。"响水沟约长三十余里，自乾隆十七年兴工，二十一年蒙陆凉、路南、宜良三州县主亲临踏勘，至三十二年功成告竣。灌溉八村田亩四千余工，共去工本银伍仟陆佰六十余金。"由于新开响水沟，三州县八个村都得益，获得的费用使用情况如下，"今将八村田亩捐收消除银两数目开后，又将十七年兴工至四十七年费用银两共同结算，历年销数开列于后，计开：上自响水龙口，下至前所约长三十余里，石坝、石沟、土沟、石岩、石岸、石枧、沙枧、地枧、涵洞、小坝，共费银伍仟陆佰陆拾余两；七村田户，每成熟田壹工上社谷三京斗，每工扣银畚钱，七村田户共扣银壹仟零伍拾伍两柒钱；上三村下五村自二十二年至四十七年，沟坝、沙枧、过枧、石岩、石岸修理共费银壹仟贰佰壹拾贰两捌钱，后又费银叁佰叁拾两柒钱；施入王音洞功德银拾伍两肆钱；又成熟田柒工沟价，施入大河口航桥功德银拾伍两；蔡家营罗姓公田肆工，该银拾壹两贰钱，麦地两块，以补小河现之资；施入民和乡公所银九两，八村不认。高田伍拾工，平田伍拾工，共折银贰佰陆拾两，偿所借银数。去息银壹仟柒佰两。"

（3）嘉庆年间，面对浙江因干旱导致的粮食减产、粮价上浮的问题，嘉庆十九年（1815年）皇帝颁发圣谕，兴修水利引西湖水灌溉耕地，自己通过从修建景工、海堂等的资金中节约借用，并且计划好如何分年分摊偿还。"御史王嘉栋奏请开水利以济民生一摺。据称浙江杭、嘉、湖三府被旱歉收，现在青黄不接之时又值米价昂贵，贫民艰于谋食，请开浚西湖，以工代赈等语。西湖为浙西水利攸关，田畴广资灌溉。康熙、雍正、乾隆年间节次动项兴修，迄今阅时已久，湖身淤垫，水旱难收蓄洩之利。该御史所奏、自系实在情形。著颜检详加履勘，如应行兴办，并可以工代赈，即奏明妥办。其所请动用景工生息及海塘节省银两，亦著该抚查明应如何借动及分年摊还之处。一并妥议具奏。"（《清仁宗实录》卷300，嘉庆十九年甲戌十二月戊午条。）

# 6 中华民国水利工程费用的分担

中华民国政府在制度上,进一步明确了水利工程建设中中央、地方政府和民间的分工。农田水利设施费用的筹集方式也是多样,包含中央拨款、中央贷款、地方贷款和地方筹款等。特别是贷款兴修水利的方式在全国推广,为地方和民间修建水利设施提供了重要支撑,取得了非常好的效益。此外,在农田水利工程维修管护和水费的分摊上也有非常值得学习的做法,以永济渠和泾惠渠作为典型,均成立了管理局负责工程运行监管,并围绕农田水利工程的监管、维修和收费建立了非常完备的制度体系,落实监管、维修责任、明确水费收取标准、制定奖惩措施等。

## 6.1 中华民国水利工程修建与费用筹集

### 6.1.1 水利工程修建的分工

1940年国民政府颁布的《水利建设纲领》中,明确了中央、地方政府和民众承担的水利工程修建职责。其第18条规定:"全国各主要水道支干流之治本,运河及港湾之开辟,大规模灌溉水力发电及其他有关两省市以上之水利建设,由中央政府主办之,次要航道之开辟,及灌溉排水等工程,由地方政府主办之,小范围农田水利,及水力发电,由政府鼓励人民办理之。"(《国民政府年鉴》第一回,中央之部,第1编,第15章,第2节,第293页。)

### 6.1.2 农田水利设施费用的筹集

对于农田水利建设费用筹集,民国政府采取了中央拨款、中央贷款、各省贷款和地方筹款等多种形式。其中:

(1) 中央拨款一般适用于工程复杂,投资强度大,效益大或者贫困地区。

(2) 中央贷款。如宁夏云亭渠水利工程,1935年由全国经济委员会拨助工款20万元由宁夏省政府筹划兴办;1942年1月,新成立的水利委员会与主持农业贷款的中交农四联总处,洽商联系办法,5月1日,行政院指拨农贷经费,确定为各县农田水利贷款非营业循环基金。经水利委员会与四联总处会商,将1942年中央所拨基金1500万元,酌为配拨济用。1943年,中央共拨贷款基金3000万元,"此项贷款,每年应缴还本息及收入之水费,亦经列入国家预算,以资平衡"。1944年,农田水利工程继续向前推进,除陕西洛惠渠,绥远、宁夏整理旧渠及甘肃河西水利由中央拨款外,余均以贷款方式处理。当年,中央共拨基金5200万元,悉经分配各省作为贷款垫头,中央贷款兴修水利取得了较好的经济效果。

1942年,浙江省政府与中国农民银行签订大型农田水利贷款320万元,连同前水利委员会代拨二成垫头80万元,合计400万元,兴办云和县惠云渠、龙泉县安仁渠、庆元县大畈、泰顺莒江等规模较大的农田水利工程,均于1943年1

月起次第兴工,除莒江外其余工程均于1943年内完工,实拨贷款法币344万元,灌溉面积约14000余亩,竣工迅速,提早收效。而且完工后的1944年和1945年,正逢浙江省连年干旱,而贷款工程区域内的农田岁庆丰登,收成倍于往昔,效果显著,颇得社会好评与农民信仰。"于是一时蔚然成风,嗣历年各地办理农田水利,年有增进,贷款工程实收倡导与示范之功,而奠本省兴修农田水利事业之始基"。

(3) 各省贷款。如广东省,除巨大工程由政府负责办理外,仍以官督民办为主,组织各县水利协会或灌溉生产合作社兴办地方水利事业,指定省行年拨专款200万元,依照广东省小灌溉工程贷款办法大纲之规定贷款,以建设厅农林局为技术辅助机关,求全面之开展。云南省,则与经济部农本局联合贷款,由局方放款150万元,省方自筹50万元,作为办理云南农田水利工程放款基金,并由双方合组云南省农田水利贷款委员会,办理工程实施及贷款事宜。

(4) 地方自筹。如浙江省从1939年至1947年通过征收水利特赋,受益田亩摊派,拨借积谷和自筹工赈物资,以工代赈等方式筹集资金兴办水利工程30项,受益田亩达1532060亩。广西亦有一定成效。

## 6.2 典型水利工程的维修管理

### 6.2.1 永济渠

潇河发源于山西省昔阳县陡泉岭,由太行山区蜿蜒前行,自东向西流经山西中部,是汾河的第二大支流。潇河流域天一渠是历史上有名的灌区之一,天一渠为潇河注入晋中盆地后的第一条引水渠道,原名永济渠。民国时期设定潇河管理局,各村渠长受管理局直接领导,对本村渠道的使用、维护、修整负有直接责任。并通过健全相关制度,进一步落实了水利工程的监管、收费和维修等,为农田水利工程的良性运转做好保障。

各村渠长于每年旧历腊月由旧渠长召集锹头投票选出。"锹"是面积单位,五十五亩为一锹。①设置巡水员,落实田间监管。在各锹地亩进行浇灌之时,渠长有权分配轮派巡水夫数人进行巡查,如有差错,由渠长从重处罚。各村浇地锹头如果人手不足,由渠长增派巡水夫进行帮办。②明确水权,按灌溉面积收取水费。各村渠长在夏秋两季征收水费。渠长没有专门的报酬,而是通过减免水费,避免派夫等特权相抵。天一渠内,每锹设锹头一名,全渠共有四百张锹,平时按锹用水,遇事按锹派夫。天一渠管理局的经费来源主要是水费,各村浇地按锹收费,每张锹全年征收水费大洋三十元,每年分两季交纳,用于整修渠道,兴建涵洞桥梁,堤堰受损后修复,巡查用水情况等。③明确工程维护制度,落实维修人员经费。遇到上述事务时,各村有出夫的义务,自民国十二年(1923年)起,各村担任出夫每年共以四万名为限,如超过此数目,管理局出资另雇,由水费收入开支。各村出夫费用,每年分两季清算,如有短欠夫数,每名按满钱四百文折算,如遇农忙时短欠之夫数加倍折算❶。

### 6.2.2 泾惠渠

泾惠渠是民国时期"关中八惠"的第一个工程，由我国著名的水利专家李仪祉主持修建。1928—1930 年陕西关中地区连年干旱，民不聊生，《岁荒歌》对此有形象的描述："诸物甚是贱，粮食大值钱，斗米钱五串，麦卖四串三，榆树皮、蕳根面，一斤还卖数十钱。大雁粪，难下咽，无奈之得蒙眼餐。山白土，称神面，人民吃死有万千……饥饿甚，实在难，头重脚轻跌倒便为人所餐。别人餐，还犹可，父子相餐甚不堪。路旁行人走，街头有女言：'谁引我，紧相连，不用银子不用钱……。'"干旱成为关中地区危害极大的自然灾害，在此背景下下，李仪祉先生决定采用以工代贩的办法，兴修径惠渠的引径灌溉工程，工程共花费资金 105 万元，其中杨虎城为水利拨款 40 万元，华洋义贩会筹款 40 万元，檀香山华侨捐助 15 万元，国民政府拨 10 万元，另外朱庆澜先生捐水泥 2 万袋。该工程 1930 年 12 月举行开工典礼，两年后工程完工，取名"泾惠渠"，成为民国时期先进的灌区。

为了加强泾惠渠的管理，成立了泾惠渠管理局，其主要职责是负责工程维护、完善配套、灌溉配水和水费征收等，为此建立了相对健全的管理制度。

《泾惠渠养护及修理章程》第一章第二条就明确规定，关于泾惠渠之养护及修理由径惠渠管理局及享受泾惠渠灌溉利益人民共同负责。第四章规定，每年陶浚渠身的责任义务，泾惠渠属于官修渠道，其所有权属于国家，其维护和管理由所有的村社及其村社成员参与，只有承担修理、维护泾惠渠的义务才拥有取水权，并且采取注册制度。

《泾惠渠用水注册章程》对用水细则作了明确规定。如第六条规定，凡经核准注册后，应按亩缴纳注册费向主管机关领取用水证；第七条规定：注册费分左列三种：①耕地每亩一角；②园地每亩五角；③鱼池每亩一元。

《陕西省径惠渠灌溉管理规则》第七章《养护及修理》规定了渠道养护的细则，其中详细规定了大坎、斗门、桥涵跌水等建筑物、渠道和农渠的维护方法和制度。"管理局应分段派员经常巡视干支各渠渠道尤其建筑物，水老斗夫应分段指派渠保及农民巡视各渠渠道及建筑物，遇有损坏事情，随时报告管理局修理"。

## 参考文献

韩榕桑，1993. 唐《水部式》（敦煌残卷）[J]. 整理校点. 中国水利，(7).

韩榕桑，1993. 北宋《农田利害条约》[J]. 整理校点. 中国水利，(3).

王培华，2000. 水资源再分配与西北农业可持续发展——元《长安志图》所载泾渠"用水则例"的启示 [J]. 中国地方志，(5)：48-52.

赵吕甫 1991. 敦煌写本唐乾元《水部式》残卷补释 [J]. 四川师范学院学报（哲学社会科学版），(2)：1-7.

---

❶ "榆次县天一渠简章"，山西省档案馆藏，档案号 B13-2-232。

## 附录Ⅱ 我国历史时期农田水利修复和水费分担研究

曾宪义, 2002. 中国法制史 [M]. 北京: 北京大学出版社, 高等教育出版社, 152.

王劼, 2012. 环境史视角下的水资源开发与管理——以明清至民国时期潇河流域 [D]. 南昌: 江西师范大学.

曹勇, 2011. 泾惠渠与关中水利社会 (1930—1949年) [D]. 西安: 陕西师范大学.

唐长儒, 1996. 吐鲁番出土文书 (图录版) 叁 [M]. 北京: 文物出版社.

高鹏举, 2011. 唐代西州农田水利研究 [D]. 乌鲁木齐: 新疆大学.

秦泗阳, 2001. 制度变迁的理论分析——中国古代黄河流域水权制度变迁 [D]. 西安: 陕西师范大学.

路其首, 2019. 明代西北地区水资源利用与农业发展 [D]. 西安: 陕西师范大学.

敬淼春, 2019. 明清吴江地区水土变化与农业发展 [D]. 苏州: 苏州大学.

吴连才, 2015. 清代云南水利研究 [D]. 昆明: 云南大学.

郑起东, 2005. 国民政府时期农田水利的发展 [J]. 中国经济史研究, (2).

成淑君, 2007. 政府行为对明代山东农业发展的影响 [J]. 济南大学学报, 17 (2).

张慧琴, 2005. 诗人范成大与《通济堰规》[J]. 农业考古, (3): 162-167.

张学君, 2015. 明王朝对四川的治理与经济社会成效 [J]. 文史杂志, (1).

葛文玲, 徐贞明, 2007. 《潞水客谈》研究——一部值得关注的明代西北水利著作 [J]. 古籍整理研究学刊, (4).

金日寿, 1962. 元代的水利建设 [J]. 历史教学, (10).

陈贤春, 1996. 元代农业生产的发展及其原因探讨 [J]. 湖北大学学报 (哲学社会科学版), (3).

鲍彦邦, 2012. 明清侨乡农田水利研究——基于广东考察 [M]. 桂林: 广西师范大学出版社.